大学校长/书记自选集

文化的使命

WenHua De ShiMing

刘　密◎著

中国文史出版社

图书在版编目（CIP）数据

文化的使命／刘密著 . —北京：中国文史出版社，
2013.5

ISBN 978-7-5034-4037-3

Ⅰ. ①文… Ⅱ. ①刘… Ⅲ. ①社会科学—文集
Ⅳ. ①C53

中国版本图书馆 CIP 数据核字（2013）第 115474 号

责任编辑：罗 英 贾志远

出版发行：**中国文史出版社**

网　　址：www. wenshipress. com

社　　址：北京市西城区太平桥大街 23 号　邮编：100811

电　　话：010 - 66173572　66168268　66192736（发行部）

传　　真：010 - 66192703

印　　装：北京天正元印务有限公司

经　　销：全国新华书店

开　　本：170mm×240mm　1/16

印　　张：20

字　　数：348 千字

版　　次：2013 年 8 月北京第 1 版

印　　次：2013 年 8 月第 1 次印刷

定　　价：59.00 元

自　序

年轻时不喜欢老庄的大而无当，但也不反感他们的放达，有时确也觉得天地人我之间，还是随性些好。

所以从未想过要选本集子来出。一些即兴的文字，姑且当成人生的痕迹，留也罢，不留也罢，并不是那么重要的事。但这本集子终于要出了，既不是蓄之已久，其发必然，更不是有什么价值。其实只是一点私心罢了，还是不想抹去这些痕迹。这毕竟是自己走过的路，回头看看，犹如一瞥秋晚的亮色，觉得有些惊异且怡然，这便是要出这本集子的原因了。

第一部分美其名曰"人文演讲"，这是龚晓明先生的美意概括，究其实也只是一些工作报告，因为积习难除，谈了一点文化而已，算是博取了人文的头衔，那是当不得真的。第二部分属论文选辑，那倒是一些认真的文字，不过才识所限，究竟有几分内涵，那怕也只是自我壮胆的几声呐喊，至于可读性，就更不敢奢望了。第三部分的诗词，倒是有些真性情的流露，但亦不乏应时、应酬之作，嚼之如蜡，弃读可也。

但毕竟是文字，文字是神圣的，要对得起友人和社会。类似的责任令我想起我的父亲刘卓然，他对我的期许是殷切的。但我究竟也没做成几件事，甚至是小事。他作古近四十年了，我借此向他伟大的灵魂致意并示歉，没有他也便没有我的这些文字，这聊以塞责的涂鸦。感伤属于过去，感谢还在当下。我还要感谢我的妻子姜慧荣，没有她的支持与鞭策，一些文字和作为将消失于无形。父亲和她，是对我此生影响最大的两个人。我还要感谢我的同事和朋友们，特别感谢办公室的同事们，龚晓明、汤水靖编辑运筹的辛劳，熊淑萍、周艳、任蕾润、赵琰校勘的繁杂，易滨秀、敖美蓉、欧阳富平提供的图片协助等。没有他们的支持，我想这些平凡的文字，不会有整队登场演出的机会。

我曾想构组自己的哲学思考，但终于落空。人是多么脆弱的一株小草，命运若不赋予其思想，从苗壮到枯萎，那也只是一株小草而已。

犹如鲁迅写的过客，一个过客而已。

2013 年 1 月于袁州

目 录
CONTENTS

人文演讲

学术研究

诗词选辑

人文演讲

读书与我

——"读书节"报告会上的演讲

按照中国的传统,请客设宴时,坐上是一种身份的象征,是一种很高的荣耀。我一个已故的姑姑,先前总是很自豪地告诉我,她在1946年就坐上了。我问:"你小小年纪,才十多岁,怎么就可以坐上呢?"她说:"因为我读到了小学毕业。"小学毕业就可以坐上,这说明中国广大农村对读书的重视。

中国共产党的早期领导人里,举人出身的有陈独秀,秀才出身的有董必武、谢觉哉、朱德三人,他们都是清末最后的秀才。朱德考上秀才以后,他的父母看见他要下跪。长辈向晚辈下跪,看似无礼,实则体现了对读书人最高的尊重。在古代,读了书,就表明一个人可以获得某种身份:秀才或者举人,当了官则叫士大夫。这种身份的确立,意味着他进入了国家的公职阶层,可以吃公粮,拿俸禄了。

中国历来重视读书,中国人为了读好书,三更灯火五更鸡,头悬梁锥刺股,是非常肯下功夫的。而且还说"书中自有黄金屋,书中自有千钟粟"、"万般皆下品,唯有读书高"等等,无不显示着中国人对读书的钟情与推崇——读书好!

读书可以传授知识。众所周知,开卷有益。在书中,你能接触到很多你未知的知识,即便是现在进入网络文明时代。那些社会科学或自然科学知识,那些对你有用或暂时没用的知识,它们都能刺激大脑中的100亿个以上的脑细胞。有刺激的脑细胞和没有刺激的脑细胞有天壤之别。鲁迅曾经说过,人和人的差别有时候比人和猿的差别还大。其原因在哪里?就在于你读不读书,你的大脑有没有接收信息,这里的信息就是知识。

读书可以学习经验。人生的、历史的、生活的、工艺的、科学技术、文化等等方面的经验,我们都能从书中学到。你可以自学,也可以别人教;可以讨论,可以交流,可以创造。

读书可以增强能力。毛泽东同志没有上过正规的军事院校,但是他很会打仗。他打仗的办法,很多来源于书本。如《三国演义》中有很多关于怎么打仗,怎么运筹帷幄的故事。其实,中国所有的民间团体、宗教的或非宗教的,包括黑社会组织,它们的组织形式和活动内容等无一不是来源于《三国演义》、《水浒传》、《七侠五义》等封建传统文学作品。通过读书,可以获取军事能力、政治能力、文化能力、生活能力和交际能力等,这已毋庸置疑。

读书可以开阔胸襟,具体表现为三个方面。一是眼界。读书多的人会有一种感觉,每读到一定的层面,就像爬山一样,达到了一定的高度,他看得就更广、更远,思考问题的位置和角度就不一样。所以,眼界是非常重要的,我们现在最重要的眼界是什么呢,除了马克思主义的理论修养和科学技术的基本素质,更重要的就是要有世界眼光,要从世界的角度来看问题。比如说要办好我们的职业教育,那么就要知道日本的职业教育是怎么样的,德国的是怎么样的,英国的是怎么样的,马达加斯加的是怎么样的,新西兰是怎么样的,非洲有没有。当你了解了世界其他国家的职业教育之后,你就知道我们的职业教育应该怎么走,应该怎样适应中国因 GDP 的增长而发生的职业人才的需求规律。二是品位。虽然读书不一定会完全改变人的性情、品德,但是可以提高人的品位。三是情操。读书能够影响一个人的情感,尤其是形象性的作品。当然,非形象性的,但富有激情的、理想的作品也能够影响人的情感,比如《共产党宣言》、车尔尼雪夫斯基的传记。对于种族主义者来说,希特勒的《我的奋斗》也具有极大的感染力。

读书可以确定、改变或者提高一个人的身份。中国是一个讲究身份的社会,什么身份决定了人在社会中处于什么位置,处事的成与败、得与失,和人的身份有极大的关系。但身份在很大程度上是和读书密切联系的。记得法国思想家丹纳说过:一个人有没有高级才智,就看他有没有总体观。什么是总体观?总体观就是对于整个世界的总体看法,比如我们共产党人,也就是马克思主义的世界观、方法论。马克思主义的精髓是唯物辩证法和无产阶级革命理论。毛泽东把马克思主义理论概括得简单明了:无产阶级专政、暴力革命,也就是造反有理。

对于社会、人生,对于历史的总体观,你不读书是不知道的。在爱因斯坦的相对论出来之前,易经是不被世界所知道的,但是易经和相对论有一些共同的论点。一般认为,整个世界、宇宙,是由时间和空间构成的,时间是由前往后无限延伸的,空间是静止不动的。但按照爱因斯坦的相对论,时间、空间都是不动的。这是一个革命性的见解。在时间和空间领域,曾经有过宇宙的大爆炸,但在爆炸之前,是这个时空间,爆炸之后,还是这个时空间。赫胥黎的《天演论》,也叫《进化论与伦理学》,这本书给我最大的震撼就是,整个世界,我们现在人类生活的世界,只是一个小小的宇宙过程。人类有诞生,就有灭亡,它只是一个过程,在这个过程之前,有无数个像人类的这种宇宙过程存在过、发展过、生存过,最后没有了;在我们之后,也会有无数个这种宇宙过程诞生、发展和消亡。我们只是其中的一个。这说明什么呢? 说明整个时空是不动的。在易经里面,第一卦叫乾卦,乾卦就是三个横杠,杠叫做爻,三杠即阳卦。如果中间断掉就是六根短杠,叫坤卦,也就是阴卦。在八卦的乾卦中,就包括这样的思想:整个宇宙的空间、时间是不动的。动的是它的内容,不动的是它本身,也就是佛教中讲的"无",或者说"空"。

再回到丹纳说的那句话,就是读书读得越多的人,越能够达到一个较高的层次,认识世界的水平就必定更高,解决问题的办法就必定更多,对待万事万物的胸襟就必然更开阔。

读书的重要性,一言以蔽之,就是"读书好",体现在知识、经验、能力、胸襟和身份等五个方面。

好(hào)读书就是把读书作为一种生活方式。现在很多人读书是被动的,逼的。1978年我参加高考的时候,听到一个笑话,说有个考生,因为数理化差,一道题也做不出,于是在试卷上写了一首打油诗:小子本无才,父母逼着来,白卷交上去,鸭蛋滚下来。现在很多人读书就是这样,父母逼着来,社会逼着来,单位逼着来,职称逼着来,文凭逼着来,他是被逼着来的,并不是真正喜欢读书。我说的"好(hào)读书",是指要把读书作为一种生活方式,就像我们早上起来散步,这是一种生活方式;我们偶尔打打扑克,这也是一种生活方式;去钓鱼、旅游,这都是生活方式。既然读书好,我们就要好读书,把它作为一种生活方式。读书可以使人平静下来,可以使人消除很多负面的心理,比如愤怒、焦躁、嫉妒、嫉恨、赌气、负气等等。因此,从生理上来说,读书可以降低血压,消除心脑疾患。

当然,在历史上也不乏读书读成书蠹、书虫的人,这种人属于死读书,读死书,最后就读书死,百无一用,只是一个知识的囊袋。纵观古今中外的历史伟人,从读以致用的角度,我们可以将他们概括为三大类。

第一类是空想家。他们读了很多书,也写了很多书,但"知而不行",是为空想家,知道但做不到。最典型的是古希腊的柏拉图,他写了一部《理想国》。欧洲进入中世纪后,莫尔写出了《乌托邦》,思想超前,想象诱人,但就是实现不了,只说不去做。在中国最典型的就是老庄。老子幻想有一种小国寡民的社会,鸡犬之声相闻,老死不相往来。但是老子能去实施这种理想吗? 能够通过战争,通过管理去实现小国寡民的社会吗? 不能。老子大而不当,没有实践能力。庄子更是如此,作"逍遥游",鲲鹏展翅九万里,何等豪迈。他说,天是我的房,地是我的床,何等洒脱。"等生死,齐万物",人死了和活着是一样的,世界上的万事万物是一样的,鸡跟狗是一样的,狗跟人是一样的。他妻子死了,人家都在哭,他却笑，还鼓盆而歌，这又是何等的矛盾和虚妄。鲁迅在20世纪20年代写了一个小剧本讽刺他：一个骷髅，庄子通过魔术把他点一下，复活过来了，是500年前一个被抢劫的、赤身裸体的汉子。他醒过来后就抓住庄子："你把我的衣服剥去了，现在我要剥你的衣服，要不我就叫警察来。"汉子赤裸着身子，不讲道理，就是要抢他的衣服。庄子有宏伟的思想，要逍遥游，要等死生齐万物，到这个时候有什么用呢？一点用都没有。这就是空想家，做不了，做不到，无法做。

第二类是思想家。他们"欲行先知"，计划做一件事，先研究怎么做。比如马克思。马克思出生在1818年，逝世于1883年。在书斋里做了一辈子的学问，著作等身。他就属于"欲行先知"的人，也就是孙中山所说的"先知先觉"的人。但是他没有去实践无产阶级暴力革命，没有直接去实施阶级斗争，只是声援过工人运动，涉及过第一国际的一些组织活动，没有像他的后继者列宁那样去组织城市暴动，更没有像毛泽东那样去动员农民上井冈山，组织游击队，建立根据地，他不会舞枪弄棒，他仅仅是一个思想家。但是他伟大的思想震撼了世界，整个世界为之发生变化。众所周知，20世纪是一个战争与革命的世纪，这是马克思开创的。世界上能够称为思想家的，如果列举十人，马克思可以列上去，中国可以列两个，一个是孔子，一个是慧能。慧能是禅宗的六世祖，也就是佛教与中国本土实际结合，产生的禅宗开天辟地的人物。

第三类既是思想家，又是实践家。他们学以致用，"知行合一"。中国的传统文化讲究实用，又崇拜英雄，景仰圣人。在任何一个时代、一个民族、一个国家，尤其是中华民族，到了灾难深重或者民族危亡的关头，总会有英雄或圣人横空出世，挽狂澜于既倒，扶大厦之将倾。中华民族是一个英雄辈出、圣人迭现的伟大民族，"圣人出黄河清"，天下澄清，整个社会走向繁荣富强。在这些英雄人物里面，湖湘学派最著名、最具有代表性。湖湘学派有三个代表性的人物：曾国藩、左宗棠、毛泽东，如果再加上半个，是死得太早的谭嗣同。他们都是学以致用的人物，学了就做，用了再学，学用结合再提高。

湖湘学派功劳最大的，前有左宗棠，后有毛泽东。左宗棠从小就酷爱天文地理，读了很多的书，无所不通，最后都用到政治、文化、经济建设上面。他还专门研究西北新疆，新疆占中华民族领土的六分之一，失去新疆等于失去六分之一的国土。他后来收复了新疆，可以说，没有左宗棠，就没有今天的新疆。他打仗，让士兵抬着棺材跟着，破釜沉舟，视死如归，其蛮干硬干苦干的精神，可见一斑。左宗棠的部下杨昌浚写有一首诗，颂其率湘军收复新疆的丰功伟绩："大将筹边尚未还，湖湘子弟满天山。新栽杨柳三千里，引得春风度玉关"。

毛泽东秉承了左宗棠这种拼命硬干苦干的精神。我读的最早的一篇毛泽东著作是《体育之研究》，二十多岁就在《新青年》发表。他在书中提出：中国人体质差，关键要发展体育，要文明其精神，野蛮其体肤，而当时中国人是精神上文明不了，体魄上又是东亚病夫，你怎么斗得过人家？他强调体育，强调体育对人的精神的磨炼，对增强体魄的重要性。事实上，后来毛泽东在创建革命根据地，在土地革命战争、抗日战争、解放战争等一系列空前绝后的革命事业中，他的体魄，他的学以致用的精神，他的渊博知识都起到了巨大作用。文化大革命时期，有人说毛泽东同志是当代最伟大的马克思列宁主义者，他天才地、创造性地、全面地继承发展和捍卫了马克思列宁主义，把马克思列宁主义提高到了一个崭新的阶段，500 年才出一个。我认为类似的话有一定的准确性，对毛泽东的评价不算高。

好读书，还得读好书。读好书指的是读书的选择与方法。读好书有两层意思，一是读/好书，就是选择读什么书；二是读好/书，指的是读书的方法。

要读一本好书不容易，很多人不一定知道哪一本书好，哪一本书不好，尤其是现在维护知识产权的时候，出现了盗版的书，翻印的书，还有网络上的书，参差不齐。那么我们应该读什么书呢？我用三个"有"来概括。

第一读"有用"的书。工人应该读钳工知识，药剂师应该把药剂学读好，语文教师应该把写作知识、现代汉语、古代汉语学好。现在一般家庭都备有保健、烹调方面的书以及各种生活小知识、小技巧的书，这都是有用的书，但这些是小有用的书。大有用的书是指马克思主义、毛泽东思想、邓小平理论和科学发展观等方面的书，还有中国传统文化方面的书，包括孙中山的书。要实现中华民族的伟大复兴，我们要看的书太多了，要学的东西太多了。

第二读"有位"的书。"有位"的书就是品位高、影响大的书。包括伟大的书、博大的书和精深的书。

世界上伟大的书并不多。比如孔子的《论语》，非常深刻。孔子的第 76 代孙孔范今先生是我的老师，我 1986 年读研究生的时候，他给我们六个研究生上了一周的课，讲中国的未来，社会主义的命运，中华民族的命运，社会主义代替资本主义，资本主义进入社会主义等方面的大问题。他说："我讲的这些都不写，这是我们老祖宗的规矩，叫做'述而不作'，我讲到了但是不写，写出来的东西不伟大。"《论语》是孔子的弟子记录的。我们读伟大的书，一定要读《论语》，找一两本比较好的译本、注本，每天看一两页。还有一些伟大的书，如《史记》、《资治通鉴》。《资本论》也是一本伟大的书，共有三卷，若没有时间，就看第一卷，第一卷有几十万字；如果还看不了，就看第一章，第一章也有几万字；再不行，就看第一章的第一节，几千字，起码你知道是怎么回事。

其次是博大的书。博大的书有很多，比如说中国的《永乐大典》、《四库全书》，西方黑格尔的《逻辑学》，范文澜的《中国通史》，冯友兰的《中国哲学史》，列夫·托尔斯泰的《战争与和平》、《安娜·卡列尼娜》，阿·托尔斯泰的《苦难的历程》，巴尔扎克的小说等，都属于博大的书，包含了极其广泛、丰富的内容。这些书在中国历史上，在世界历史上都是有位置的。

最后是精深的书。精深的书你不要轻易去看，要么就下决心看完。比如老子的《道德篇》，仅5000余字，但是很精深；再如易经，现在我国的中医、气功、算命、签符，全是从易经里学来的，其中有科学，有迷信，有精华，有糟粕，深邃莫测。台湾的南怀瑾先生是研究易经的专家。他说易经比相对论还科学，易经包括了人类的最高智慧。人类最感困惑的事情是不知道有没有鬼神，而南怀瑾先生断言，他可以通过易经来测定。孔子是50岁以后才读易经，感到学晚了。

第三读"有情"的书。有情的书，包括形象性的作品和非形象性的作品。形象性的作品是指文艺作品，如诗歌、小说。如路遥的小说《平凡的世界》，感人至深。非形象性的作品指的是人物传记、政治名篇。如马克思和恩格斯的《共产党宣言》、《哥达纲领批判》、《德国的革命与反革命》，毛泽东的老三篇、《别了，司徒雷登》等，都是写得激情澎湃，让人深受感染。

下面，我着重介绍两本必读之书：《红楼梦》和《三国演义》。

《红楼梦》是写"情"的书。把"情"写得博大精深，既有禅宗之情，又有道义之情，更有人间之情、男女之情。从佛教来说，是把"色"、"空"两字写绝；从人生来说，是把生与死写绝；从政治来说，是把诡道写绝。所以毛泽东说《红楼梦》是百科全书。顺便提一下，《红楼梦》里面有很多涉及宜春禅宗的内容，其中有很多成语出自宜春的寺庙，如明月山仰山寺的"水到渠成"，宜丰黄檗寺的"一声棒喝"，洞山寺的"三十六计走为上计"，奉新百丈寺的"清规戒律"等，所以宜春的禅宗文化和《红楼梦》有着密切联系。

《三国演义》是写"义"的书。为什么要演"义"？"义"就是君臣之义、朋友之义，说到根本就是忠信之义。义者宜也，什么叫宜？宜就是人与人之间最适宜的事，最融洽的事，最中庸的事，最中和的事。义是处理人与人之间关系最重要的准则。千百年来，《三国演义》中的忠君思想、忠信思想、结义思想，影响了无数的中国人，甚至包括中国的领袖人物，所有的民间团体、白道黑道，无一不受《三国演义》的影响。中国文化最重要的精粹就是忠义，落实到家庭是忠孝，延伸到社会、国家是忠义，忠乃信，义乃正。《三国演义》中刘关张的演"义"，是千古绝唱。刘关张结义时说过，他们不能同年同月同日生，但是希望同年同月同日死。有一句成语"刘备摔阿斗，收买人心"。赵子龙在百万军中把阿斗抢出来，千辛万苦，无比艰险，结果送到刘备手里，刘备往地上一摔，说差点折我一员大将。很多人说刘备是假摔,但我认为是真摔,朋友比儿子更重要。刘备这一摔,摔得义薄云天。事实证明,在关羽被东吴杀死之后,刘备为了这个朋友,为了"义",不惜举全国之力杀向东吴,最后兵败,病死在白帝城,托孤于诸葛亮,实践了忠义思想。如果他是假惺惺的,他根本不会为关羽拼命,甚至冒着亡国的危险去报仇。所以他演的"义",是中华民族最优秀的传统。虽然后来不断地被庸俗化,但其本质的精神是不可磨灭的。

因此,我们读书,就要读这种有情有义的书。这两本书是属于可以精读的书。

读好/书的第二层意思,是指读书的方法,主要有三种。一是无来由地泛读。没理由,没指向,碰到就翻一翻,看到就翻一翻,就像站在书店里一样,这样可以增长很多知识。二是有目的地细读。也就是读有用的书,是有目的、有企图地读。三是高回报地精读。像《红楼梦》《三国演义》这样的名著,要精读。因为它们有"情"有"义",对你绝对能产生影响,且莫说还有用。毛泽东读了《三国演义》后可以统兵打仗,我们读了《三国演义》后可以知道如何管理。日本人也在研究《三国演义》,学习怎么加强企业管理,怎么融入企业文化。所以,无来由地泛读,有目的地细读,高回报地精读,应该落在高回报地精读,这对于情感熏陶、意志品质的锤炼都是有益的。

几十年来,在人生的不同阶段,我读过各种不同的书,有小人书,有小说,还有理论著作。我从小有记录的习惯,把每一年读过的书全部记下来,年轻的时候,我一年要阅读或浏览二百到三百本书。在此,简单介绍一下对我影响比较大的几本书。

小时候,对我影响最大的一本书是《烈火金刚》,它颂扬八路军的英雄人物和中华民族的英雄主义,影响了我的很多行为方式和人生指向。初中时候是《钢铁是怎样炼成的》和《牛虻》,这两本书对我情感和意志的锤炼、提高,对我青年时代立志做事业,读好书,起了非常大的作用。同时给我震撼性、革命性作用的一本书是《进化论与伦理学》,也译为《天演论》。十八岁时,我开始读《资本论》,这本书让我受益无穷,它教给我思维方式、逻辑方式,教会了我认识世界和改造世界的气势和内涵。后来我读了十几年的《资治通鉴》,也看了很多小说,其中给我印象最深的是司汤达的《巴玛修道院》,极富感染力。

以上就是我读书生活的点滴体会,我把它概括为读书好、好读书、读好书。书山有路,学海无涯,让我们互勉共进。

(2010 年 9 月 14 日)

卢肇论

隐没在历史深处的卢肇，是非常幸运的一个读书人。

他考上状元的那年，是唐武宗会昌三年，即公元843年。那是唐王朝经安史之乱后，真正走向衰落的年头。游牧民族回鹘人累累犯边，河朔诸镇不服朝廷管理，刀兵时起，乱象纷生。被司马光斥为唯利不尚义的李德裕，颇为皇帝喜爱，但其过重术数的一面，正在挑起吐蕃的不满。此外，宦官干政，党争加剧，武宗灭佛，皆是乱事，天下早已不是贞观、天宝时的太平之世了。

尽管如此，唐王朝依然开科取士，万里疆域内的学子们，依然从四面八方，每年以数千人的规模，不辞辛苦涌向首都长安即今天的西安市。那时全国人口在五六千万左右，如此规模的读书人的盛会，可想而知会是何等执著与坚韧的聚会。

卢肇又来了，是第三次，已失败两回了。早年的宜春县令卢萼曾寄厚望于他："异日其闻乎！"（卢肇：《阅城君庙碑记》）他初试时也曾豪情万丈、信心百倍："长短九霄飞直上，不教毛羽落空虚！"（卢肇：《别宜春赴举》）但历经两次落第，心情已大不一样了，他在致主考官王起的信中，挟含怨愤的说道："某本孤贱，生江湖间。……垂二十年，以穷苦自励。……及来辇下，再试皆黜。……某于此时若不得循墙以窥，则是终身无窃望之分也。"呼吁主考官"其必得天下苦心之人而进之。"（卢肇：《上王仆射书》）受挫败的滋味是不好受的，卢肇其心可鉴。科举考试竞争激烈，尤其唐代科考还要拉点关系，靠点背景，那就更不好说了。

考试有三场，即贴经、诗赋与策试，考生有一两千人之多，每次都只能录二三十人，百里挑一。此外，考卷并不糊名，考前考生可以把自己的作品送给考官和能影响考试的达官贵人阅看，也就是说，可以跑关系走路子。所以唐代的科考常有纠纷，宜春的第二个状元易重就是因科考纠纷经详覆和复试后由第二名擢为第一名的。卢肇自也不能免俗，当然也不会放弃机会。他同样把自己的作品送给王起、李德裕等人阅看,也多次到丞相府拜访李德裕。据说李对他很优待:"每谒见,许脱衫从容。"并向王起作了一个不点名的有力推荐:"某不荐人,然奉贺今年榜中得一状元也。"王起经打听,才知道李德裕说的是卢肇,惊曰:"果在此也。"(宋·孙光宪:《北梦琐言》)

卢肇中状元的九年前,即公元834年,李德裕被朝廷贬到边远之地袁州当了个长史一类的小官,那年卢肇16岁。李在宜春待了一年,卢肇、易重、黄颇等宜春学子,挟学拜问,那时的宜春化成岩李卫公读书石边,自然常能看到他们访李的身影。这种机缘是极其难得的,犹如一个边远地方的学生,认识了掌控枢机的国家领导人一样。卢肇是幸运的,他没有像无数的落第者,如他宜春同学潘图一样,永远消失在历史的帷幕后。(卢肇:《及第后送潘图归宜春》)

虽然,我们不能疏忽卢肇的才学,没有实力不可能夺魁,夺了人家也不服。我们是说,如此剧烈的角逐,如此复杂的人际关系,如此纷乱的社会,卢肇能够脱颖而出,并获得状元的荣誉称号,确实难得,他是非常幸运的。

但卢肇亦有很不走运的一面。这倒不是他出身贫寒,成名之前不被人看重,更不是进士考了三次才中,抹了两把辛酸泪。他的不走运是在中了状元后,足足蹉跎了17年,始终没有正式任过官职,只是不断变换门庭,先后在武昌、太原、潼关等节度使门下,如裴休、卢简求、卢商、纥干臬手下做幕僚。应该说,作为头名状元,加之过人的才学和名重一时的书法,他还是比较受欢迎的。这个请了那个请,一直到他42岁时,进京当了个小官秘书省著作郎,才算结束了这一段颇为郁闷的幕僚生涯。之后,不走运的阴影一直跟随着他挥之不去,当歙州刺史才一年,就无故被夺职,稍后又被谪往岭南。后半生虽然还做了池州、吉州两任刺史,且政声不错,但也从未升迁过,故唐史无传,许是他官位不高的原因所致,或至少是其原因之一吧。有人说,晚唐的牛李两党,皆很看重他,但卢肇性耿直不阿附,朝中无人,焉能升迁。据我看此非确话,这既与卢肇考进士时主动拜游李德裕门下不符,亦与他在《上王仆射书》文中对王起的过誉亦不相符,此后游幕17年,所附者皆封疆大吏,所谓取中立态度之说就更不成立了。深层的原因恐怕是卢肇乃书生一介,在晚唐极复杂的官场,在极重术数的牛李党争的权贵眼中,卢很可能被视为缺乏政治才能的那类官员,因而长期沉沦下僚,以一个中下级官员的身份终其一生了。这与其说是性格或社会的悲剧,不如且认作其格调才具的所限更为合适。

我看过卢肇的画像,与想象中的清癯差距很大,表现得既丰裕又耿傲,似不是好相与之人。《唐摭言》说卢肇第三次赴考,与宜春城西的黄颇为伴。但郡守却在离亭为黄颇钱行,饮酒奏乐,一片欢声。卢肇从亭侧策马而过,"出郭十余里,驻程俟颇为侣。"这个滋味不好受,更见郡守的势利眼,嫌贫爱富也。但我认为更大的可能是卢肇倨傲自负惹恼了郡守,自然就不理会卢肇了。卢的自负耿傲,从他抵长安后自喻"袁州出举人,亦犹沅江出龟甲,九肋者盖稀矣"可窥端倪,更可从他中状元后嘲讽郡守的诗句"向道是龙刚不信,果然衔得锦标归"中看得更为清楚(五代·王定保:《唐摭言》)。

但卢肇身上也有不少闪光的东西,他说自己"门地衰薄……家空四壁。夜无脂烛,则爇薪苏;睡恨冥顽,亦尝悬刺。"唯"志在为儒,弱不好弄。"(卢肇《进海潮赋状》)其刻苦尚学,不事玩乐的形象跃然纸上。歙州被免职后,他退居宜春城东,把现在的颜山命名为震山,以俸钱购得二顷地,同时又在颜山之西,现在的厚田河之南买了一块枫树林,"日与郡守高公游其下","罗鸟置兔,挟弹走马于其间",并要高公下令"无得樵鱼于是。"(卢肇:《震山岩记》)其适情山水田园的心态举止,也是令人感到亲切的。卢肇的价值是人文式的,他的夺魁与状元头衔,使他成为宜春地方的骄傲,千百年来受到人们的景仰,秀江河中之河州被呼之为状元洲,其所喜爱的石头叫卢石。对宜春的读书人,常能起到潜移默化的激励鞭策作用。但卢肇的人文价值远不止此,优赡的文学才能以及我们现在所能看到的流传下来的诗文,亦颇令人钦佩。如苦心孤诣20年研作的《海潮赋》,优美入微的《天河赋》。炉火纯青的上乘之作《题甘露寺》,都是他的代表作,尤其《题甘露寺》至今读来器局开阔,含蕴有味:"北固岩端寺,佳名自上台。地从京口断,山到海门回。曙色烟中灭,潮声日下来。一隅通雉碟,千仞耸楼台。林暗疑降虎,江空想度杯。……西蜀流湍尽,东溟日月开。如登最高处,应得见蓬莱。"类似的诗还有一些,如《澄心如水》、《风不鸣条》诗,皆有佳句,可吟咏赏鉴。但有些诗赋却不敢让人恭维。如被人誉为其代表作的《汉堤诗》;主旨并非反映襄阳百姓的民间疾苦,而是为郡守卢钧歌功颂德,且四句体简练有余,韵味不足。

《海潮赋》规制宏大,有汉赋气象,设问答难,如出一辙,并无创新。卢肇的独见,是认为海潮动因是太阳落于海中所致,更是荒唐可笑。但他能推测到海潮"其盈其虚,系乎月也",却也颇具识见,并非平庸之论。《海潮赋》、《天河赋》的文辞是很好的,尤其《海潮赋》,否则不会引起唐懿宗的注意并下敕"宣付史馆",但其思想并不闪光,可说是器局大而识见平,文辞美而所思浅。这个毛病几乎在卢肇的其他作品中都有表现,归纳到一句话,卢肇的诗文作品比较缺乏思想性和人民性,高度上不去,其仅有的艺术性文学性,也独木难支,使作品不能走入社会人生的深处,差点被历史淹灭,这也就一点不奇怪了。

从卢肇的时代算起,一千二百年已经过去了,我们读那时的诗文。比如卢肇,还有宜春的易重、黄颇等,都很有隔膜的感觉,但真正的思想和艺术是不会使人感到陌生的。卢肇的俊挺协融,黄颇的圆熟古雅,易重的平和规整,都能给人留下印象,尤其郑谷精巧富赡,颇多不俗之处,也多具审美意味。但他们的通病也是一致的,缺乏汉唐气象中的雄放豪迈,更缺乏深入骨髓的悲悯情怀,那种强烈的报国忧民的志向,那种敢于超越建功立业的迫切愿望,那种呐喊于底层、激发于民间的情愫,基本上看不见。是被漫长的历史吞噬了,还是在他们的灵魂深处,确实不具有这些高贵气质呢。从我们的阅读所得到的印象,我更倾向于后者。唐朝中晚期"袁州进士半江西",但盛况却没有在往后的宋、元、明、清诸朝代的一千多年中再次出现。这个群星灿烂的局面在宜春仅有一次,便空前绝后了,是历史的偶然,还是必然呢?我们只能猜想,或许也就是这一类通病,阻碍了宜春即袁州文人的前行脚步,他们被历史之门卡住了。

　　卢肇的身后并不寂寞,尤其在袁州范围内,名声甚大,但人们多不甚了了,唯以状元公视之,并不知道其人格内涵。历代文人皆是誉其有瑰奇英拔之才,为人颇有节操,不愿奔走于形势之途,脱俗而立,同时政声不错,亦有政绩。应该说赞誉有加,毁贬则无。卢肇也确有过人之处,比如他的书法名震一时,唐代林韫在《拨灯序》中曾详论卢的拨灯法传自韩愈,他自己也求学之但终未得要领。此外,犹如很多中国文人一样,卢肇颇醉心于易经,比如在《海潮赋》中,他就直接以复卦、女后卦入文,这种特殊的兴趣,也与他宜春故乡故居的山水田园紧密地联系在一起。他在《震山岩记》中就以"宜春郡东五里有山,望之若冠冕。……况在东方,如画震卦……"即将此山易名为震山,并将家园立建于此。至今宜春八景之一的钓台烟雨旧址,岩洞之巨石上仍刊刻着他的这篇文字,泼水即可见到,千年未泯其人其心,抚之令人感慨!

　　卢肇先后娶浙江富春郡孙氏姐妹为妻。1882 年出土于分宜文标乡唐代陈岳撰文的一块墓碑,其上的文字应该是最为真实的:"县君长姊,适于范阳公(即卢肇),不幸早逝,公寻继室于县君……"卢肇子女应至少有五人,墓碑上提到的即有卢融、卢邈、卢荣期、卢昌期、卢嵩期。所谓至少,是因为在卢氏家谱中,又提到有卢文秀、卢文光、卢文标三人,如无重名,则应是孙氏姐妹中的姐姐所育。令人惊异的是,孙光宪的《北梦琐言》中提到卢肇有一个女儿,在唐末大动乱中被南平王钟传娶为妻子,此事可能是钟传起于田畎时所为,从文中"乱离失身"一语中可看出,也就是钟传有强娶的意思,并非是卢家的意愿或卢女本人的初衷。故其诸兄弟还颇有怨言,认为钟传"非丈夫也。"其实瑞州府上高人钟传是江西历史以来仅有的握有实权的封王。他以年轻时与猛虎搏斗的赫赫声名,在唐末混乱中起兵占据江西,迫使朝廷封其为南平王。钟传掌管江西逾 30 年,其人虽无文化,却颇具头脑,崇尚儒佛,尊重读书人。在其治下,管理有方,人才会聚。在唐末大混乱中,神州大地战火频仍,生灵涂炭,江西却赢得了一个经济发展、人民安居乐业的局面。此后,先为李煜的南唐,后为赵氏的两宋,留下了一块未经战火焚烧、生产发达的地盘。也可以说,江西人才在两宋的勃兴,与钟传是分不开的。钟传之崇尚文化,娶状元公千金为妻,应该说是其人心境的必然趋向吧。

一千二百年过去了,卢肇已经没入历史的深处。他不是一个叱咤风云的领袖式人物,也不是一个英姿勃发影响深远的文豪。他平静狷傲的出现在我们面前,不是一个官员,也不是一个学究,而是一个纯粹的读书人和真正的状元公,让我们感到亲切和自然。他的悲喜剧,是那个时代的一场小型演出,结束并谙淡了,但我们却记住了,这是珍贵的,因为人们甚至不会记住一些大型演出。

(2012 年 11 月 8 日晨宜春)

文化的使命

——学习党的十八大精神宣讲报告

一、文化创新的使命

中国有五千年的文明史。宜春作为中华民族的一个局部,其地方文化、地方文明与整个中华民族的文化文明是分不开的,比如兴起于明清的宜春八景文化。宜春八景中的袁山耸翠是高士文化,袁京在此居住写作;钓台烟雨是隐士文化,是唐朝彭构云研究《易经》之所,唐玄宗屡次征辟,他坚拒不去,由此名声大震,现在宜春的彭姓都是他的后裔。春台晓日是历史文化,为宜春侯刘成所筑,有慈禧的题词等。南池涌珠属泉水文化,卢州映月属学子文化,云谷飞瀑是生态文化,仰山积雪是禅宗文化,而化成岩的化成晚钟是典型的混合文化。

宜春化成岩有三处遗迹,都蕴含深刻的文化含义。一是李卫公读书处。公元835年唐朝宰相李德裕贬官袁州长史时,曾隐居于此。宜春学子,当时17岁的卢肇、23岁的易重,还有黄颇等经常去拜访他,执经问难,得益匪浅。公元843年,卢肇成为江西第一个状元;公元845年,易重成为江西第二个状元。从此宜春学风鼎盛,人才辈出,络绎不绝地出了很多进士,所以有唐代"江西进士半袁州"之说。

二是余程万题词。抗日战争时期,国民党74军(解放战争时期,在孟良崮被我人民解放军围歼的74师的前身)57师驻守宜春,在化成岩大小袁山山顶设置了防御阵地。抗战期间日军曾侵入宜春,前锋抵达洪塘、三阳,最近处到了现在湖田的一寺,但因为有国民党精锐部队扼守,日军不敢冒进,最终未能进入宜春城。宜春是江西少有的日军未能入侵的地方,这得益于国民党74军57师等部队的部署与防御。57师师长余程万曾慷慨激昂地在化成岩的石壁上刻下了南宋抗金英雄、爱国将领岳飞《满江红》中的诗句:"八千里路云和月"。

三是摩崖石刻诗:"留心看世事,放胆做愚人。一生惟听命,万事总由天。"写出了人世间听天由命的无奈与宿命,是非常典型的玩世心态。

化成岩遗景文化是宜春八景文化的概括和提炼。我们看到李卫公读书处及醒酒石，会想到中国历史文化的源远流长；看到余程万题词，会激起精忠报国的爱国情怀；而看到摩崖石刻诗，会想到宜春小市民的市侩心态和陈旧思想。

文化如果是凝滞的，就必然封闭僵化，所以文化必须创新。党的十八大报告提出，文化是民族的灵魂，是人类的精神家园。文化创新在十八大报告里极其突出。十八大报告的主题是"高举中国特色社会主义伟大旗帜，以邓小平理论、'三个代表'重要思想、科学发展观为指导，解放思想，改革开放，凝聚力量，攻坚克难，坚定不移沿着中国特色社会主义道路前进，为全面建成小康社会而奋斗。"它强调了三个问题：举什么旗、走什么路、达到什么目标。对这三个问题的阐释就是"五位一体"的布局，即经济建设、政治建设、文化建设、社会建设和生态文明建设，通过"五个建设"来实现文化的创新，道路的创新和制度的创新。"五位一体"中的文化建设重新阐述了社会主义核心价值观，提出了"三个倡导"，其中第二个倡导尤为引人注目。第一个倡导"富强、民主、文明、和谐"，是对邓小平时代党的基本路线的调整；第三个倡导"爱国、敬业、诚信、友善"，是对江泽民和胡锦涛时代核心价值观的概括和延伸；而第二个倡导"自由、平等、公正、法治"，则引入了人类政治文明的有益成果。中国人千百年来，倾向于公平而忽视公正，"不患寡而患不均"。十八大报告中"公正"的提出，必然引发中国经济政治体制、国民收入分配的重大调整。仅有一次性分配是不行的，第一次分配造成了贫富的悬殊，第二次分配则可通过社会保障、转移支付和税收等，对国民收入结构进行调整，既兼顾效率，又考虑公平。这才是公正。所以我们讲社会主义核心价值观的变迁，讲文化建设的重点，讲中国人文化观念的改变与更新，关键在此。十八大报告的总体思想、"五位一体"、"三个倡导"都体现了文化创新。

十八大报告对马克思主义的创新主要表现在三个方面：第一，马克思从未讲过的。为什么十八大会议主题以邓小平理论、"三个代表"重要思想、科学发展观为指导，而不提马克思列宁主义，毛泽东思想？因为马克思等人从来没有讲过生态文明、可持续发展以及其他他们当时不可能知道的很多东西。这就需要创新，需要突破马克思等人的时代与历史局限性。第二，马克思曾经批判过的。如以人为本、社会和谐、平等自由。马克思主张阶级斗争和无产阶级专政。《资本论》认为：无产阶级成为资本主义制度的掘墓人，由暴力革命摧毁整个资本主义制度，采取剥夺、消灭剥削阶级的办法，推动整个人类社会的前进。在这种革命思想的激励下，整个世界一百年来进入战争与革命的历史阶段。马克思未能充分考虑也不可能充分考虑人与自然的关系，不赞成超阶级的人性人道主义,批判以人为本和自由平等。第三,马克思不知道的。马克思对中国没有研究,对中国文化所知甚少。他不知道科学发展观,也不知道小康社会、大同社会、民族复兴。

十八大报告中的文化观念的创新还表现在以下两个方面。一是提出人民主体概念。为了实现总体思想,十八大报告提出了"八项基本要求",也就是八个"必须"。第一个"必须"就是必须坚持人民主体地位。一切权利属于人民,必须实行政治的民主化,实行行政体制的改革;在文化观念上要树立自由平等、公正法治的概念。中国改革开放三十年,面临的重大问题是什么? 很多人们认为是腐败问题,其实不然。最大的问题是滋生腐败的体制机制,它必须通过人民民主来解决。毛泽东曾经提出过新民主主义、人民民主专政的概念,但后来放弃了,走向无产阶级专政,即一个阶级对另外一个阶级的专政。专政就是专权,专权就是专有。它的优势是,集中力量办大事,攥紧拳头打敌人。但往往失去人民和社会的监督,从而滋生许多问题。由于没有充分的民主,社会风气和人民素养存在问题,也就是鲁迅先生说过的国民精神问题。中国的国民精神为什么到现在还是一如千百年来一样,存在大量的愚昧、麻木、恶劣、冷漠? 那是因为中华民族精神里,缺少科学和民主。而现在不是缺少,是科学不到位,民主不到位。所以人民主体概念的提出,就是要解决政治民主问题。这是中国改革发展的必然趋势。

二是提出全球视野的概念。十八大报告提出人类只有一个地球,倡导人类命运共同体意识,积极借鉴人类政治文明有益成果。这些都是十八大报告的创新内容。十八大报告首次提出我国面临的生存安全问题和发展安全问题。为什么? 不仅是因为土地权益、海洋权益、空间权益、文化权益,还因为中国受到世界的忌恨和扼制。我们现在不是朋友遍天下,是对手遍天下,中华民族在精神和国土上,往往处于被包围的状态。西方有个极端主义组织,他们认为,整个地球只能容纳一百亿人口,这是地球所有的资源保障的极点。现在地球上已有70亿人口,再过几十年就达到一百亿,那时,人类将面临生存与毁灭的威胁。西方极端主义分子认为,要使地球免于毁灭,唯一的办法就是消灭地球上一部分垃圾人类。什么叫垃圾人类? 文明程度较低、文化素质较差、体质较差、行为恶劣的人就是垃圾人类,主张通过一场核大战,消除地球人口的60%以上,才能保有一个完整的地球。谁是垃圾人类? 西方极端主义者认为,世界上垃圾人类首先是中国人,第二是印度人,第三是非洲人,第四是拉美人。这当然只是极端主义的妄想,真正要实施,不可能。中华民族是勤劳、勇敢、智慧的民族,不是个别人说消灭就能消灭的。但是确实向我们敲响了生存安全的警钟。所以十八大报告提出的全球视野概念,就是要解决现在地球上存在的严重问题:气候变化、火山爆发、地震、海啸、台风、飓风,以及臭氧层的改变、太阳黑子的增加。中国人要与其他人类一起携手解决这些问题,而不是采取自相残杀、互相毁灭的方式。我们要学习人类政治文明的有益成果,倡导平等、自由、公正、法治。十八大提出的生态文明,也是要解决人类只有一个地球、人类命运共同体及未来发展的问题。生态文明建设的提出,也为宜春的经济发展指明了方向。俗话说"无工不富",宜春也不例外,先是专攻工业,后是主攻工业,现在是强攻工业,投入甚大,但收效不大。比如说,宜春大力发展的锂电产业,在世界新能源产业当中,中国光伏产业由于过分投入导致停滞发展,锂电产业也趋于萧条。但是宜春只有一条路可走吗? 我有一个"西引东进"的构想。向西面引进什么呢? 一要引进以湖南 7000 万人口和湖北 6000 万人口为背景的湘鄂工业区大量的休闲人口到宜春来进行休闲消费;二要引进以长沙大文化产业为领军的湘鄂新型的文化理念。东进是指文化东进,要把宜春较有品位的禅宗文化、温泉文化、生态文化、书院文化,较有特色的民俗文化以及带有创新色彩的月亮文化,向东渗透,进入西太平洋的华人圈,包括日本、韩国、"台湾"、香港、澳门、菲律宾、新加坡、马来西亚、泰国、印度尼西亚等,开拓发展空间,把亚洲东部的宗教人口、文化人口、休闲人口,吸引到宜春来。为此,宜春必须调整产业定位,从产业的定位来确定我们发展的方向,确立以休闲业为主的第三产业的迅猛发展,以此来反哺支持工业发展的理念。当前,宜春以休闲产业为主的第三产业,包括物流业、金融业、商业、旅游业、房地产业、服务业、学校、医院、幼儿园等所产生的收入,估计已经超过工业。但经济的发展必须要落脚到文化上,没有上述地方文化内涵的挖掘与培育,就不可能有休闲产业的出生。宜春休闲业的出现,获益于宜春的旅游业,但是旅游是一次性的,休闲则是可持续的。

二、文化的正统与传统

十八大报告中的文化建设提出社会主义核心价值观是"三个倡导",这"三个倡导"源自哪里呢? 一是正统的马克思主义,二是中国传统文化。

关于正统的马克思主义在中国的命运有四种情况:第一,马克思主义是中国人的自主选择。马克思主义的要旨是暴力革命,中国人之所以选择马克思主义,是因为鸦片战争后的一百年来,中华民族面临殖民化、亡国灭种的危机。唯有暴力革命,唯有对西方列强采取否定态度的马克思主义,才能够挽救中国。马克思主义不是自己来的,是因为马克思主义对中华民族救亡图存有用,我们才选择了它。反过来说,如果马克思主义封闭僵化,不再适合中国发展实际,就必将被中国人民抛弃。第二,马克思主义正统的变迁。马克思主义的正统思想主张阶级斗争、无产阶级专政、暴力革命,主张在整个世界范围内掀起革命战争。它忠实的继承者是列宁主义、斯大林主义和毛泽东思想。马克思主义正统的终结是苏联的解体和东欧的剧变。一般认为,是因为东欧、苏联的腐败和经济的衰退,导致欧洲共产主义阵营的崩溃。其实不然。欧洲共产主义阵营的崩溃很大程度上是因为人类自身对暴力革命的排斥,人类不希望战争,从内心否定血与火、刀与剑。由于正统马克思主义在革命与战争历史阶段的终结,中国才选择改革开放。第三,马克思的学生考茨基等人不认同马克思主义正统的暴力革命和阶级斗争理论,他根据马克思对资本主义制度的研究,认为共产党、工人党也可以走议会道路,通过选举掌握政权,是为修正主义,但其在一些国家成功了,尝到甜头后,他们干脆把无产阶级政党、工人阶级政党改为全民党,代表全体人民的利益。在欧盟20个国家中,与马克思主义有渊源的有德国社会民主党、法国社会党、英国布莱尔的工党、荷兰的社会党,他们都先后掌握了政权。因此,马克思主义发展的命运又出现新的变数。第四,马克思个人的思想变迁。青年马克思、中年马克思、老年马克思的思想是不一样的。青年时代的马克思受费尔巴哈等的影响,讲人道主义、讲人性、讲异化比较多。中年马克思主张暴力革命、阶级斗争,倾向于毁灭旧世界,建设新世界。老年马克思开始考虑像中国、俄罗斯这样的落后国家怎么走向社会主义。最终他没有结论,但是他的思想已经发生变化。因此,正统的马克思主义在中国,必须要发展,要创新,否则就会被人民所抛弃。

第二个来源是中国的传统文化。中国传统文化非常复杂,一般以儒释道来涵括,儒释道中儒家为主体,孔孟之道是儒家的根源。董仲舒提出的天人合一、两宋出现的理学和现在的新儒学,都是儒家的发展。但这并不足以概括中国的传统文化。中国传统文化在春秋战国时候就形成了六经,六经之首是《易经》。《易经》是中国文化的源头,它演变为后代的中医、气功、风水、天干、地支、历法等。

中国传统文化的特点,我把它概括为三点。第一是天性。中华民族是一个农耕民族,种麦子,种稻子,种蔬菜,靠天吃饭。中国人把大地作为空间,称"宇";把天作为时间,叫做"宙"。地是不动的,天是动的。地球自转一圈为一天,地球绕着太阳转一圈为一年,月亮绕着地球转一圈为一个月。由于太阳、月亮、地球运动产生时序上的排列,形成四个季节、二十四个节气及天干地支,后来出现太极。天空的旋转是以北斗星为中枢,而北斗星又以北极星为枢纽,太阳系和整个宇宙都是绕着北斗转。整个银河系、整个天体都是旋转的、运动的。中国人的一切文化、历法和思想观念,皆源自太极宇宙的旋转以及对它的总结排列,继而产生《易经》。《易经》先天八卦,经过2000年的发展,周文王时期形成基本的 64 卦，把人类、宇宙万象包揽无遗。《易经》所要解决的问题，实际上是中华民族的吃饭问题、生存问题、农耕问题、渔业问题。所以，中国人是以天体作为思考对象，通过对天体的思考形成《易经》，《易经》形成六经。中国文化开始出现了，开始进入文字社会，出现文字文化、非文字文化、典籍文化等。包括儒家、诸子百家以及之后的道家、佛家，都是在天体旋转之下构成。因此，天性也就是太极之性、《易经》之性。

第二是人伦。中国人讲天地人三才，天是宙，地是宇，人是才，是主体。在中国，人与人之间，家与家之间，宗族与宗族之间，皆靠血缘关系来维系。人伦首先是血缘人伦，血缘人伦用什么来维持？用"礼"和"孝"，"孝"尤为重要。如果没有"孝"，就没有上下左右之分，没有尊卑贵贱之分，世界就是混乱的，也就无从有"礼"，无从有维系整个社会国家的礼仪，更不会有信、有义、有忠、有敬、有情，一切都不会有。"孝"为百善之首，以"孝"治天下是中国古代传统文化的核心。孟子说的君臣有义、夫妇有别、长幼有序、朋友有信，都是"孝"、"礼"的延伸。中国人做人做事讲究基于血缘的人伦关系。血缘人伦好不好呢？很好。没有"孝"、没有"礼"，世界就不会"和"、不会"忠"，这是我们中华民族凝聚力的主要来源。但也有不好的一面。进入当代社会以后，由血缘人伦所构造的关系网、人情风产生很大的副作用，它蔑视法律和法制，蔑视规矩和规则，这是对社会进步的极大破坏。比如说"三个老乡抵得一个公章"、"弯弓张啤酒喝一箱，文刀刘办事不须愁"，都是血缘人伦造成的负面结果。但是血缘人伦的讲人性、讲人道、讲博爱，仍是我们的优势。

第三是神秘。中国传统文化里面有很多神秘的东西，神秘就是未知、不知道，但能够做出推测和解释。《易经》产生了很多天文、历法、地理、风水、占卜、奇门遁甲，还有低档次的算八字。且不说这些有没有用，但是它们能够解决民族和人民的精神归宿问题。西方人认为中国人没有宗教观念，中华民族不是一个有宗教的民族，他们非常奇怪中国人今天可以在佛教庙里信菩萨，烧香下跪，明天可以到道教庙里烧香下跪、求拜，后天又可以到基督教的礼堂参加洗礼、唱颂歌，一个人可以信很多种宗教。这在西方和中东是不可置信、不可饶恕的。信了基督教就不能再信伊斯兰教，必须分明。在西方，宗教战争、宗教分歧以及由宗教引起的社会变革大分化比比皆是，但在中国基本上不存在。宗教有什么作用呢？它能解决人的信仰的问题、生死的问题、归属的问题、对死亡的恐惧问题等。而正统理论不能解决这些问题，也不涉及这些问题，不涉及弗洛伊德和荣格提出的人的无意识、集体无意识，不涉及人的生存欲念、人性问题。佛教说人生有八苦：生苦、老苦、病苦、死苦、求不得苦、爱别离苦、怨憎会苦、五盛蕴苦。

这些痛苦,正统理论不能给予解释和安慰,而传统文化中的神秘能够解决,甚至能够推测事情的成败,预测社会的走势,天下的分合。北宋有个大学问家邵雍,是研究《易经》的专家,其预测能力超过刘伯温、诸葛亮、袁天罡。1077年,他预测八九百年后中国的主要事件及重大变迁,如毛泽东崛起、中国改革开放等。他写了十首梅花诗来表达自己的预测。根据著名学者何新的研究,他的第九首梅花诗预测了毛泽东的出现。"火龙蛰起燕门秋,原璧应难赵氏收。一院奇花春有主,连宵风雨不须愁。"诗中尽管没有出现"毛泽东"三个字,但字里行间暗指1900年间,湖南衡山祝融(太阳神)火龙,在沉睡几千年后醒过来了,开始救苦救难,掀天揭地。他在秋天进入北京,之后发动了一系列运动:反右、"文化大革命"等。这种预测可信吗? 有可信之处,也有不可信之处。解读了,字字见真理;不解读,朦胧一片。这就是中国文化的神秘性,它能够解决一些问题,能够解释一些未知的东西,能够推测人的命运、国家的命运、民族的命运、历史的发展等。中国传统文化的三个特点:天性、人伦、神秘,是传统文化的精髓,它可以弥补正统马克思主义没有涵括的内容,与其形成互补。文化的创新就是在这样的背景下出现的。

三、文化的历史重任

文化建设是十八大报告中"五位一体"中的一个部分。文化建设的最终目的是要解决人的灵魂问题、生死问题、精神归宿问题,阐释人为什么要活着,应该怎样活着,百年之后将到哪里去。西方人说中国是个没有信仰的民族。其实不然,中国人有信仰,中国人最大的信仰就是对祖国、祖宗的信仰。无论是清明还是端午,无论是七月十五、八月中秋,还是冬至,我们都要回去祭拜、缅怀我们的先人,他们是我们的祖宗,因为有他们,才有我们的故土、祖国,才有我们自己。中国人的信仰是通过祭奠、祭拜,通过有关节日的特定仪式来构成的,它解决的是人类生生不息、承前启后、继往开来的问题,解决的是人的生死问题、归宿问题。因此,文化必须成为引领民族伟大复兴的精神力量,未来文化的主流应该是以儒家为特性的、马克思主义为内涵的中华文化。它必须是创新的,它将能整合世界文化,引领世界文化。这是中国文化的历史重任。

担负文化的历史重任有两个前提:第一,强烈的批判精神。清末民初,中华民族陷入灾难,危机重重。五四新文化运动对中国传统文化进行全面的否定,非孔,非理性,非汉字,主张中国人全面的脱胎换骨。这种强烈的批判精神,目的是为中华文化的凤凰涅槃,为中华民族的再生。在中华民族面临亡国灭种的情况下,文化批判是为武器批判作准备的。因此,必须通过暴力革命、暴力手段进行批判,这是物质的批判、武器的批判。两种形式的批判,尤其是文化批判让中国人清醒。在两次鸦片战争、英法联军侵华、甲午海战、八国联军入侵等事件中，中国人一次又一次失败，不是船不坚、炮不利，不是人不行，其根源是文化不行，是文化造成的政治腐朽、人心腐朽、风气腐朽。五四新文化运动对中国传统文化否定的直接结果是引进了马克思列宁主义，马克思列宁主义告诉我们必须拿起枪，没有枪没有炮，世界就不会改变，中华民族就会被灭亡。武器的批判一直延伸到毛泽东的"枪杆子里面出政权"，同时用枪杆子改造文化，这直接导致"文化大革命"的发生。"文化大革命"的起始就是破"四旧"：旧思想、旧道德、旧文化、旧习惯，把中国搅得天翻地覆。今天我们仍然需要借鉴这种批判精神，尤其是五四新文化运动的批判精神，对国民的劣根性进行批判，把传统文化中的糟粕批判掉。在批判的前提下吸收正统的马克思主义和传统的中国文化，真正实现文化的创新。

第二，要促进正统和传统文化的结合。马克思主义在中国的命运最终取决于和中国文化的结合。这种结合其实在毛泽东就开始了，毛泽东提出来的实事求是、实践论，邓小平提出的小康社会，江泽民提出的和谐社会，无一不是源自中国传统文化。未来马克思主义的命运和道路就是要与中国的传统文化结合，与中国文化同行。

中国能不能实现伟大复兴，能不能在世界上居于优势地位，关键在我们的文化。文化将引领着中华民族实现伟大复兴，把我们的民族和国家引向光明的未来。在世界各大文明的冲突、互融、对抗、对峙中，中华文化将成为世界的主体文化，因为中华文化是创新的文化，既吸取了西方积极的人类政治文明成果，也发扬了中国传统文化的优势和优质。我相信，文化的使命和重任最终将落到我们中国人身上，我们应当有这种理论自信，信念自信。

（2012 年 12 月 14 日）

我与祖国共奋进

—— 在"相约校园，对话成长"名家讲坛上的演讲

2011 年是不寻常的一年，它不仅是"十二五"开局之年，也是辛亥革命 100 周年，更是中国共产党建党 90 周年。一百年前，辛亥革命结束了三千年的封建统治，革命直接催生了"中华民国"，它的延续在台湾。中国共产党的成功是在 1949 年建立了中华人民共和国。当前，两党正在进行积极的沟通和合作，共同实现中华民族的统一和伟大复兴。在这个时候，我们回顾党的历史，展望祖国的未来非常的有意义。

青年人是祖国的希望，处于这个伟大的时代，我们应该想些什么？做些什么？

我想还是从祖国灿烂的文明开始讲起。中国有五千年的文明史，是世界上唯一没有中断的文明。其他的文明古国，古埃及、古印度、古希腊、古巴比伦都已消亡，唯一留存延续壮大的就是中华民族。

中国人自称龙的传人。龙是什么，龙是中华民族的图腾，代表民族的精神、向往和归宿。但为什么我们叫龙的传人呢？可以往前追溯。我们说长城是龙，黄河是龙，长江是龙，昆仑山是龙，喜马拉雅山脉是龙，横断山脉是龙，北边的大兴安岭、长白山，太行山、大别山是龙。这里最大的龙是喜马拉雅山脉和昆仑山脉，中国所有的山脉都发源于这两个山脉。五千年前的中国和现在的中国地理上完全不同，纵览现在的 960 万平方公里土地，华北平原、长江中下游平原、东北平原以及四川盆地、珠江平原在五千年前与现在完全不同。而在一万年前，根据地质学家推测，现在中国大部分地方都是一片汪洋。因此，中华民族在五千到一万年前，都在水上生活，两栖动物鳄鱼，爬行动物蜥蜴，恐龙时代遗留下来的遗种如翼首龙在当时可能也存在，所以中华民族经常要和类似龙的物种进行接触。

比如刘氏的远祖在三四千年前，出了个刘累，现在被认为是刘氏的始祖，他

的职业就是豢龙、驯龙，所以从刘姓分出来的一个姓氏就是龙姓。汉民族把龙作为民族的图腾和象征，象征着智慧、灵动、腾飞、希望和无限生机、远大前途。由此观之，中华文明历史悠久，四大发明是中华文明的代表，包括指南针、火药、造纸术和印刷术，但实际上中国的发明远不止于此，至少有二十大发明，比如，我们中国人还发明了丝绸、瓷器、挖井、纺织、冶炼、十进位制、圆周率、水稻种植技术等，古代的粮食产量起初只有每亩几十上百斤，水稻技术发明后，达到了亩产五六百斤，中国人口的增长就得益于水稻种植技术等的发展。这些发明奠定了中华民族的优势地位，确定了中华民族在世界上数千年的领先位置，影响了整个世界。如果没有造纸术、印刷术就没有西方基督教的传播，没有基督教分裂后世界的动荡，包括哥伦布发现新大陆；如果没有火药，便不会有世界范围内的殖民主义；没有印刷术就没有教科书和现在的学校，知识的传播就无从谈起。

中国文化博大精深、包罗万象，如哲学、艺术学、文字学，文学上的汉赋、唐诗、宋词、元曲、明清小说，但这些还不足以概括中国文化。中国文化最经典的是《六经》，包括《诗》、《书》、《礼》、《易》、《乐》、《春秋》。我们江西曾有人说过：我注《六经》，《六经》注我。是《六经》告诉我们经典文化的世界是怎样的。

中国有个易姓，湖南湘潭和江西宜春这两个地方最多。易和《易经》有关系吗？《易经》讲的是阴阳、八卦，世界上任何事情都有正面和反面，宇宙间最大的物体是太阳和月亮。《易经》就是从太极生两仪、两仪生四象等等推出来的。日代表阳，正面，月代表阴，负面，一阴一阳构成整个宇宙。易字正好是日、月的合体，上面是太阳的"日"，下面是月亮的"月"的变体。除了阴阳外，《易经》还是中国诸多文化的发源点，中国的主体文化大都来源于此，比如哲学、历史、心理学、人种学、气功、风水，尤其是医学。"易"本身有两个意思，一是变动，意谓整个世界在不断地变动；二是不易、不变，意谓整个世界看起来是不动的，同时，易也就是医，易医同义。爱因斯坦的相对论认为，世界是一个完整的巨大存在，无前无后，无上无下，无远无近，无所谓时间和空间，时间和空间都是装在宇宙里没有动，《易经》就体现了相对论的思想。天人合一，人来源于天体，所以日月合易、阴阳对立，最后人要顺应，所以易者易也。《易经》今天仍然有大用的是它的道理，它讲宇宙，讲人生的是大理；也有小理，如占风水，八卦，算命，这叫小用。这是中华民族灿烂文明的两个走向，一是以二十大发明为支撑的中华文明，二是以《六经》为支撑的中国传统文化。

为什么中华文明能稳定地延续下来，直到今天还爆发出前所未有的活力？日本预言家池田大作，英国历史学家汤因比，他们都预测过中华文明在经历过几个世纪的苦难后会在21世纪发生惊人的跨越，中华民族会自我超越、凤凰涅槃、浴火重生。以前按专家估计,中国的经济总量会在 2030 年超过日本,2050 年超过美国。去年,2010 年,中国的 GDP 总量就超过日本,提前了 20 年,为什么中华民族有这样的活力?要从民族精神上找原因。中国在上两个世纪受尽了屈辱,中华民族的自信心受到冲击,所以振奋民族的自信心一定要从民族最优秀精华的内因寻找,我认为我们的民族概括起来有三个最好的特性:勤劳、勇敢、智慧。勤劳是中国五千年来农业社会的产物,中国人口增长靠的是先进的农耕技术,更重要的是勤劳。勤劳的农民就能有稳定的生活,就能致富。那时的中国人都是日出而作、日入而息、黎明即起、洒扫庭除。中国的读书人也很勤奋,三更灯火五更鸡、头悬梁锥刺股,没有勤奋的精神别想有出息。所以说世上没有天才,天才就是勤奋。

第二个特性是勇敢。中华民族在五千年历史中生存下来靠什么?靠敢于抵制外来侵略,敢于消灭一切残暴反动势力,最典型的是一百年来反抗帝国主义侵略战争过程中凝聚起来的勇敢精神。抗日战争时期,在江西打了两起大战役,一是九江德安的万家岭战役,在中国犯下滔天罪行的日本两万人的 106 加强师团,1938 年被中国第九战区司令官薛岳指挥的国民党军队围歼在万家岭;二是上高战役,当时的主战场在现在上高的镜山、泗溪官桥、宜丰棠浦,消灭击溃日军两万多人,展现了中国军队的无比英勇。战争是非常残酷的,两个战役中国军人伤亡了三四万人,整个抗日战争,中国军民伤亡在两千万人以上。涌现了无数英烈可歌可泣的事迹,如狼牙山五壮士、平型关战役的易猛子、中国远征军等等。这些都充分体现了中国人的勇敢。毛泽东说过,要有压倒一切敌人而不被敌人所压倒的英雄气概。没有正面战场国民党和敌后战场共产党的联动,抗日战争不可能取得胜利。

第三个特性是智慧。以二十大发明中的马镫为例。世界上所有民族都骑光背的马,唯独中国人不同,中国人在马背装上马鞍,马鞍下装马镫,看起来很简单,但按照中国当代学者顾准的说法,这个发明是世界军事战略的重大发展。我们可以想象一下,在光背无镫的马上用刀和剑很不方便,而有了马镫后人的腿可以用力,用刀剑就很方便,在马背上可以自如地掌控手中的武器。所以在西汉,一个中国士兵可以击败三个匈奴士兵,马镫起了关键作用。中国人的智慧体现在政治、经济、军事、文化、思想、心理等多个方面。美国有个智商研究,测试世界上 20 多个主体民族,汉语民族、英语民族、俄语民族、犹太民族等,结果智商最高的是中国人和犹太人。五千年延续下来的智慧铸就了中国的强大。

从人种学的角度看,中华民族在身高上不占优势。世界的人种分布,西方是高加索人种,下面分了日耳曼人、斯拉夫人和拉丁人,最突出的是日耳曼人。

这就是今天的英国、美国、加拿大、澳大利亚等国的主体居民。第二个是尼格罗人种，主要分布在非洲和美洲。中国主要由两大人种组成，蒙古人种和马来人种。从人种上说，中国人相对个头较小，但个头较小也是一种优势。日本人就说过他们是世界上较矮小民族的一支，但他们非常自信认为会在任何领域超过其他人种。

我们身处盛世，现在国家的 GDP 达到 58000 亿美元，人均接近 4500 美元，这个数字相当于世界中等发达国家的水平，这是奠定中国发展的物质基础。此外，中国 30 年改革开放以来，可以数得出一百项成就。主要的成就如两弹一星、杂交水稻技术、石油提炼技术、生物海洋、空间物理等方面。今天的发展，是经过百年奋战取得的，特别是中国共产党的建立，改变了中国，改变了世界。我们可以从衣食住行来看变化，以农村为例，现在吃饱已经不成问题，而是如何吃好的问题。住，可以说绝大部分人，甚至说所有的人都有了自己的房子。穿，那就更不用说了。我是中国贫困年代出生的，那时候做衣服要拿布票，不论个子大小都是 15 尺，一个月一斤肉。我经历过饥饿，吃不饱还要劳动，饥不堪言。从"行"看也是如此。要致富先修路啊。革命先辈孙中山先生在一百年前曾发誓，要把中国带上繁荣富强的道路，要在中国建十大港口，修十万公里的铁路等等。那时很多中国人到美国去不理解，美国为什么要修高速公路？但是最后中国的发展都证实了，任何产业的发展、城市的发展、国家的发展都必须要修路。我们现在不仅修高速公路，还建高速铁路，我们现在的高铁比美国发达，美国还请我们去帮他们建高铁。

三十年河东，四十年河西，时代变化之大，历史变化之大，真是"天翻地覆慨而慷"。为什么会有这一切，那是因为我们有一个坚强的党，这就是中国共产党。中国以前的党派很多，有国家党、民主党等，但这些党现在基本上都消亡了，国民党在台湾，但早晚是要统一的，台湾回归是中国强大的必然。中国灾难深重的百年苦难和强国富民的殷切企盼，造就了中国共产党的诞生，没有共产党就没有新中国。

把共产党三个字拆开来看，分别是什么意思？共产党的"共"有两个意思，一是共有，即大家有，不是个人的，共有也是共享；二是对物质财富的占有方式，即公共的、共有的。"产"指财产、财富、物质资料，"共产"就是我们创造的所有物质财富是大家的，是国家的，所有人的，所以我们才叫社会主义。资本主义的资本主要在个人手中。"党"是指什么，首先要搞清楚什么是人民，人民就是所有人，各个阶层、民族，人无分老幼、性无分男女。我拿手作比方，手有十指、手心、手掌，这个手就是人民，党是什么，把手抓紧，这个拳头就是党。

　　为什么会产生共产党？中国经历过长期被西方凌辱侵略的历史,签订的一系列不平等条约,如南京条约、天津条约、北京条约、辛丑条约、马关条约,把中国推入殖民地半殖民地乃至亡国灭种的地步。五四运动时,胡适先生有个著名的论断,他说中国的问题就出在五个"鬼"身上,五鬼闹中华,五鬼消灭了,中国就会强大。五鬼是指贪污、战争、疾病、贫穷和愚昧。特别是帝国主义入侵后,中国被列强瓜分形成势力范围,长江中下游是英国的,西南是法国的,广东、上海是美国的,"台湾"、福建是日本的,山东是德国的,东北是俄国的。中国人再不站起来就要亡国灭种了,谁来救中国？于是中国人民开始寻找真理,找到了马克思列宁主义。它最具体的代表就是俄国的十月革命,推翻了沙皇统治,把落后的俄国变得强大。所以毛泽东说,俄国十月革命的一声炮响给中国送来了马克思列宁主义。马克思列宁主义告诉你怎么对付西方列强、资本主义和国内的官僚资本主义以及封建地主阶级。"五鬼"必须消灭,消灭的最好武器就是马克思列宁主义。共产党成立时就认为中国必须运用马克思的暴力革命理论来解决中国的问题。中国开始重新洗牌,所有的土地财产重新分配,把地主资本家的土地财产剥夺,充分动员劳苦大众。这就是当时的党从无到有、从小到大、从弱到强,从胜利走向胜利的根本原因。我们这个伟大的时代是1921年7月开启的,十几个人的成立大会,中国共产党由五十多人发展到新中国成立时的六百万人,到了今天,已有八千万共产党员。

　　今年是建党九十周年,辛亥革命一百周年。我们要去了解中国的近现代史。辛亥革命时,毛泽东参加了湖南新军,但他发现湖南军阀不行,云南、贵州军阀不行,北洋军阀更不行,最后就只有自己组建一支军队,这就是毛泽东建军思想的来源。毛泽东十多岁离开韶山,到湘乡的东山学堂读书,把东山的书都读完了,后来他考上湖南第一师范,并在这个过程中树立了救国救民的大志。当时,毛泽东为了革命,不断地寻找仁人志士,结识了蔡和森、罗章龙、李立三等,他们都是共产党的领袖。后来他组织了新民学会、俄罗斯研究学会,这是他走向革命的基础。为什么伟大的领袖能成功,这和他早期的刻苦学习、雄伟的抱负是分不开的。

　　中国共产党创建时,李大钊在北京大学组建了少年中国学会,为什么叫这个名字,是希望动员所有的青年人。周恩来则在法国组建了少年共产党。共产党早期的领导人都很年轻,邓小平23岁担任红七军的政委,领导了百色起义,林彪担任三万人的红一军军团长时才23岁,王明成为党的主要领导人时是24岁,周恩来在黄埔军校当政治部主任时是26岁。长征时,"娃娃将军"肖华领导了少共国际师,一万多人全部是13岁到17岁。胡耀邦、陈丕显、曹荻秋都是当年的"红小鬼"。开始长征时，中央担心年纪大的同志走不动，如时年44岁的董必武，48岁的朱德，还有谢觉哉、徐特立，但他们都走到了陕北。红军很年轻，几万年轻人颠覆了整个旧中国。新中国成立后，元帅、大将、上将基本都是30多岁到40多岁之间，是青年人拯救了中国，夺取了革命的胜利。

为什么要讲青年的责任？大范围来说是为国为民，小范围说是要报国有成。拥有灿烂的文明、悠久的历史，身处伟大的时代，我希望青年学生记住三句话，一要有远大的志向。没有志向就会碌碌无为，就不能成为一个对社会有用的人。我年轻时在农村劳动，小学五年级时，因为"文化大革命"爆发就没读书了，之后随父母下放农村读初中，那时读书就是干活，耕地、插秧、割稻子，初中以后就没上学了。但是我常想，我以后究竟要干什么。我认一个理，就是一定要读书。因为不读书无从知道广袤的世界，无从掌握知识，没有知识就寸步难行。我开始自学，制定了详细的学习计划。在改革开放初期考上了研究生。这个关键就是学习，制订计划、安排时间表、年终自我检查。考研究生要考英语，但我从来没学过，也没老师教，我靠的就是自学，从26个字母开始，每天至少投入四个小时学英语，每天都给自己安排任务要背多少个单词，最后考试时，我的英语超过了分数线。工作后，我任职过很多单位，当过车间主任、电视台长、社联主席、政研室主任、办公室主任等，我都能胜任，这都源于青少年时代的刻苦学习。青年学生二要发扬艰苦奋斗的作风。学知识，学技能，学做人，没有艰苦奋斗、百折不挠的意志很难坚持，一定要钻进去，才能学出来。当年我考研究生时已经参加工作，那几年每天一下班，就抓紧一切时间学习，看书看累了，打瞌睡了，就抓几个红辣椒放到嘴里嚼，清醒后继续看书。三要报国有成，青年学子今后会有自己的工作岗位，一方面可以体现自己的价值，另一方面你又是国家的细胞、民族的分子，你做得好就对国家有用，对民族有益，是中华民族伟大复兴过程中必不可少的中间环节。我们的国家就是靠无数个环节形成当今的繁荣局面，好好工作就是报国。

重要的是有远大的志向。希望青年学子要有志气，要立志，有志气的人才有出息，有出息的人才能于国于家都有益。军训时我跟大家讲过，流血流汗不流泪，掉皮掉肉不掉队。要用军队的精神来管理我们的学校，确立远大的志向。愿和青年们共勉。

（2011年4月21日）

英雄和英雄主义

——在"2012级新生军训动员大会"上的讲话

今天,我要讲讲英雄和英雄主义,希望能在大家的心灵和思想深处产生一些触动。我要讲三个方面的内容,第一,我们是英雄的后代;第二,革命英雄主义是最有魅力的英雄主义;第三,时代呼唤英雄。

说到英雄,大家都向往之,仰慕之,追求之,为之热血沸腾。在军训中,同学们发扬了"流血流汗不流泪,掉皮掉肉不掉队"的精神,这是军队的用语,也是我2007年到学校兼任党委书记、院长时带过来的一句话,但是这句话还够不上英雄的标准。什么是英雄?我们首先从词义上来解释,在中国古代,一千人中能够出类拔萃的人叫"英",一万人中能够出类拔萃叫"雄"。英者英明、英挺,它讲的是智慧;雄者,讲的是胆量、魄力,英雄就是高度的智慧加上极大的胆魄,具有这两个要素,并且用行动表现出来的人才叫英雄。

为什么说我们是英雄的后代?我们首先要明了我们国家为什么叫中国,为什么叫中华?不管哪个朝代都冠以中华,秦朝的中华帝国,大陆的中华人民共和国,我们都自称华夏、神州等,但最集中的称谓是中华。所谓中者,天下之中,四方之中,古人说"普天之下,莫非王土,率土之滨,莫非王臣",讲的就是"中"。中国人为什么要把"华"作为自己的称谓?华是指太阳、月亮之华,日月之华。中华民族一万年以来,就像天上的太阳和月亮一样永远地发出熠熠光彩,这就是中华之来源。天上的银河也叫河汉,所以我们的民族叫汉族。自从盘古开天地,三皇五帝到如今,中华民族在民族形成的历史中,诞生了许多英雄人物。在那个洪荒的年代,产生了母亲之神——女娲。后来又产生了炎帝神农氏。神农氏是农业之神,黄帝是游牧之神。后来由于洪荒年代大自然的严酷,中华民族的部落英雄一个个诞生,如射日的后羿、追日的夸父、填海的精卫,这些是传说中的英雄。还有发明结绳记事的伏羲,创造文字的仓颉等。我们的祖先就是在不断战胜自然灾害和外敌入侵中成长起来的,所以说我们是英雄的后代。没有这些英雄,中华民族不可能繁衍到今天,成为全世界最大的民族。

一万年来,我们构成了民族的三个特征,那就是勤劳、智慧和勇敢。勤劳是中华民族的本性,我们的民族有六千年以上的农业文明传统。没有日出而作日入而息的勤劳,我们不可能成为三千年来最强盛的民族。这种勤劳直到现在还深深地根植于中华民族的血液和骨髓中。我们身边有许多勤劳的农人、工人、商人和学子,读书人的勤奋也举世可数。头悬梁、锥刺股,囊萤看书、月夜攻读、万里奔考。第二个特征是智慧。西方人说中国人聪明,给我们概括出了四大发明。没有火药的制造就没有近现代军事工业的发展,没有新大陆的发现和殖民主义的推行,没有一分为三的世界格局。最重要的是,如果没有造纸和印刷术,就没有欧洲的文艺复兴和宗教改革,更没有发源于欧洲的现代大学制度。没有印刷,没有造纸,就不会有书。比如《圣经》,印成书后,千百万人都在学习,然后产生分歧,出现不同宗派,最后爆发战争。大部分的美国人都是在欧洲宗教战争被迫害投向美洲的新教徒。欧洲最早的大学也是因为有了教科书的出现才能办起大学。但是,中国远远不止四大发明,我们有十大发明、二十大发明,如铸铁、耕犁、掘井、水稻种植,还有十进位制、圆周率、天文历法等,这些发明无一不印证了中国人的智慧。

勇敢是中华民族的主要性格特征。可以说,中华民族从一诞生就充满着战争。特别是在抗击外敌、外族入侵的奴隶社会、封建社会,近现代的整个过程,我们产生了无数的英雄。像春秋战国时候的要离、荆轲,汉朝的李广、卫青、霍去病,南北朝的花木兰、唐朝的李世民、薛仁贵、张巡,宋朝的韩琦、岳飞、文天祥、谢枋得,明朝的于谦、袁崇焕、左光斗、史可法、戚继光,清代的林则徐、左宗棠、刘永福、刘锦裳等。这些英雄,我们民族要永远地牢记他们,他们的事迹和精神永远鼓励着我们。

比如明朝戚继光率领的戚家军,当时有句话叫"撼山易、撼戚家军难"。那时整个长城松弛,蒙古骑兵入侵,宰相张居正把海防抗倭卓有成效的戚继光调到万里长城管理防务。戚家军到达山海关的那天,早上出操下雨,戚继光命令部队一动不动地站在那里,雨下了一天,部队就在雨里站了一天,长城的驻军完全被震慑住了。这样的军队才能所向披靡。岳飞在《满江红》里写道,壮志饥餐胡虏肉。意思是灭敌时没饭吃,就吃敌人的马的肉。游牧民族放牧时,在戈壁中没水喝,渴了,就在马身上刺一个洞,吸马血,茹毛饮血。我们的军队在扫荡蒙古草原的时候,就是"笑谈渴饮匈奴血",喝敌人的马的血。这可见战争的残酷,也可见我们军队的大无畏精神。不怕一切艰难困苦,这就是我们民族的性格。

还有近代的左宗棠。130多年前,新疆被外国阿古柏的军队占领,160万平方公里的土地就要从我们的版图上消失,左宗棠率军入疆收复。当时,他已经快70岁,但他下定决心,收复新疆,要么胜利,要么战死。军队在向新疆前进的时候,他下令让人抬了一副棺材走在部队的最前面。他说,随时战死,随时睡到棺材里。在行进的过程中,左宗棠要求一路栽种柳树。整个西北就是一片荒漠,他栽了数千里路的柳树,一直栽到吐鲁番。后来,他的一个部将写了一首诗歌颂左宗棠:大将西征人未还,湖湘子弟遍天山。新栽杨柳三千里,引得春风度玉关。所以我们是英雄的后代,我们要永远记住他们。

第二,革命英雄主义是最有魅力的英雄主义。这里的革命英雄主义指的是辛亥革命到1987年中越战争结束的阶段。在近百年的历史中,产生了许多英雄事迹和英雄人物,像董存瑞、黄继光、邱少云、欧阳海、杨根思等。为什么说革命英雄主义是最有魅力的英雄主义?第一,灾难深重的近现代中国是诞生英雄的沃土。西方已经进入蒸汽机时代,而我们还在农业文明当中蹒跚前行,所以1840年鸦片战争一声炮响,中国就进入了殖民地和半殖民地社会,中国人民从此就被凌辱被欺负,签订了一千多个不平等条约,大量的领土被掠夺。俄国从中国掠夺的土地最多,有153万平方公里。外蒙省也被肢解出去,独立成为蒙古国。中国人在一次次的溃败中失掉了自信心,不少人崇洋媚外,认为外国的月亮比中国的圆,中国人就是东亚病夫。清兵一手拿刀,一手拿鸦片枪,这种军队能打仗吗?且不说他精神上已经彻底堕落,体力上也彻底崩溃。于是,中国人产生了事事不如人,事事要靠洋人这样一种丧失民族自尊心、自信心的现象。所以在南京大屠杀中,中国人完全被吓懵了,一个日本人可以杀100多人,杀得最多的杀过300多人,他们手里也只是一把刀,一支枪,叫中国人跪下就跪下,叫把脑袋伸出来砍就伸出来砍。一些中国人完全没有了战斗力和抵抗意志。

因此,灾难深重的中国是产生英雄主义的肥沃土壤,中国人自信力的缺失是产生英雄主义的动力。

在中国共产党的领导下,中国结束了100多年来落后的局面,结束了亡国灭种的命运。中国共产党领导中国人民用40年的时间战胜了内外敌人,这个过程是极其艰难的。最伟大的英雄史诗就是万里长征,86000中央红军到达延安后只剩下7000人。去年6月,我到了泸定桥和大渡河。当时红四团2000多人接到中央命令,必须昼夜从安顺场赶到泸定桥,240里的羊肠小道,还有国民党民团的阻击,天上下着雨。一到达马上组织22人的敢死队,进行强攻,有18人冲过去了,4个人掉下河失踪了。这样的艰难困苦可想而知。

1960年代,中苏交恶,发生了珍宝岛战斗。中国人民解放军有一不怕苦、二不怕死的精神,有把一切敌人压倒而不被敌人压倒的气概,所以我们胜利了。苏联有先进的坦克、装甲车等,而我们只有枪、弹药和火箭筒,这些武器都只能就近射击。于是,我们的战士就在零下30度的气温下,打着赤膊扛着火箭筒来射击。再比如抗美援朝战争,长津湖战役是决定中美两国胜负的关键战役,是决定朝鲜战争能够坐下来谈判的最凶险的一仗。这一仗,志愿军出动了第9兵团10万人马,美国是3万多人,这个战斗是在零下40~50度的环境下进行的。有一部分军人来自江南各省,仅仅穿着单薄的棉袄,过山海关的时候,地方准备了棉裤、棉鞋、棉帽,但由于军情紧急,中央下令不换装,直接入朝。在那样严寒的天气下,手一摸到枪就会被粘住,扣不动,要不断地哈气,甚至用尿来淋湿才能扣动。两国军队打到一起,美国人个子大,中国人个子小,但拼命的时候就不论个子大小,用手榴弹、枪托砸,用刺刀捅。战斗的残酷集中体现在杨根思连,100多人的连最后只剩下3个人。杨根思没有负伤,另外两个重伤,他下令其余两人把重机枪撤回,自己抱着40多斤的炸药,和美国兵同归于尽。美国兵吓得半天不敢上来,这种英雄气概完全把美国人压住了。所以,革命英雄主义是最有魅力的英雄主义。

第三,时代呼唤英雄。整个20世纪就是战争与革命,就是血与火,刀与剑,到处弥漫着硝烟。第一次世界大战、第二次世界大战、三次中东战争,三次印巴战争,英阿马岛战争,还有朝鲜战争,越南战争,阿富汗战争,两伊战争等。但是到20世纪的80年代末90年代初,随着苏联解体,东欧剧变,世界的两大阵营——社会主义阵营和资本主义阵营,裂变为多极化和多元化,整个世界才进入了和平与发展时期。在1978年的十一届三中全会上,邓小平同志停止了以阶级斗争为纲的"极左路线"。中国开始改革开放,在这样的时代背景下,中国人经历了一场前所未有的城市化、工业化、农业产业化,中国人开始从温饱型向小康型、向富裕型转变。中央提出,要实现中华民族的伟大复兴、到2020年实现全面小康社会的建设目标,到2049年实现社会主义现代化目标已经摆上了议事日程。我们国家的GDP已经跃居世界第二。但是经济发展了,我们的道德却滑坡了,精神懈怠了,思想松弛了,这个时代,很少看到崇仰军人,敢于亮剑、善于亮剑的军人气魄。所以整个社会出现了很多冷漠的现象,见义不为、见狗不打、见死不救,这样的事情比比皆是。鲁迅先生说,中国最大的问题不是枪炮不如人,而是思想问题,是中国的国民劣根性,中国人多的是冷漠麻木,喜欢看,叫做看客心态。哪里有事总是有很多人上去看,但没有人管。国民劣根性到现在依然存在,假如我们的民族最后都成这个状态,非常可怕。我们现在面临的国际形势非常凶险,由于国力增长,我们的国家引起了整个世界的嫉恨,尤其是一些发达国家,特别是美国的嫉恨。他们不希望中国强大,他们要遏制中国、分化中国。在钓鱼岛问题上,日本右翼势力故意制造事端,一旦忍无可忍的时候,可能就要刀枪相向。如果我们军队也像我刚才说的这种精神和作风,我们能够战胜敌人吗?南海有着300万平方公里的区域,菲律宾在黄岩岛、越南在其他的一些岛屿频频向我们挑衅,我们作为一个大国不会去欺负这些小国。但是,在我们的主权和尊严面前,没有讨价还价的余地。为了国家的利益,我们的军队向前,我们应该拿出什么样的精神和气魄来保卫自己的祖国?所以,国家环境的险恶,我们发展道路上的险阻和困难,都呼唤英雄主义,呼唤英雄。英雄是我们民族的主流,是民族的脊梁骨。鲁迅先生说过,千百年来,中国人里就一直有着拼命硬干、苦干的人、舍身求法的人,为民请命的人,他们是中国的脊梁骨,也就是中国的英雄。而英雄主义就是在这些人身上散发出精神的光芒。中华民族能够历久弥新,能够经过4000多年的发展和数百年的落后,没有英雄作为我们民族的脊梁骨,没有英雄主义作为我们高扬的旗帜,我们不可能走到这一步。可以说,没有英雄主义,我们民族不可能强盛,我们的国家不可能富强。

同时,英雄主义也是我们走向社会人生的重要支撑。同学们生活在和平社会,刚才我说的那些残酷的战争、暴烈的革命,现在是不存在。我们更需要的是一种英雄的气势,有这种气,无事不可为。英雄主义的气质在我们年轻人身上体现,就是不怕挫折,百折不挠,敢于与困难做斗争的精髓。有了这种精神,你们就一定能学习好,身体好,走上社会也一定会取得成功。你们非常年轻,非常有前途,有希望。希望同学们通过学习,在自己的思想深处、心灵深处培养一种志气、大气和勇气,这就是体现英雄主义的重要内涵。

所以,同学们一方面要树立英雄主义的崇高追求;另一方面,遇到困难的时候不要怕;第三,在祖国、在学校需要的时候,我们要敢于站出来,敢于亮剑,善于亮剑。

最后,希望同学们向英雄看齐,向英雄主义追求,搞好我们的生活和学习,以后走上社会,创造你们的辉煌。

(2012 年 9 月 6 日)

先锋队　战斗队　梦之队

——在二〇〇九年"七一"表彰大会上的讲话

今天我院党委隆重举行"七一"表彰大会，表彰优秀共产党员和优秀党务工作者，同时举行新党员的入党宣誓仪式，在此，我代表院党委向受表彰的优秀党员、向刚入党的新党员表示热烈的祝贺！

当前，我院已经从以硬件建设为主的外延性发展进入到以专业建设为主的内涵性发展。在这一阶段，我们的工作重点就是加强以专业建设为主的内涵建设，提升学校的核心竞争力，为我院实现全省示范性高职院校这一目标而努力奋斗。在这样的时刻，我们来表彰先进、回顾历史，来发展我们今天的现代化建设事业，推进我院的建设工作，是非常有意义的。

2009 年，集中了中国现代史上两个划时代的历史性巨变的纪念，这就是1919 年五四新文化运动和 1949 年中华人民共和国的建立。如果说五四新文化运动具有最深刻的历史意义的话，那么中国共产党的创立是中国近代史上最具有政治意义的伟大事件，而中华人民共和国的建立是五四运动和中国共产党共同作用的结果，它具有最为宏大的制度意义，这就是改朝换代了。对这三个伟大事件逢五逢十的纪念都在今年出现，它昭示着一个什么样的内涵呢？众所周知，中国共产党的创立是在灾难深重的中华民族陷入水深火热的时候诞生的。中国共产党的诞生，凝聚了无数的仁人志士、先知先觉，他们率领英雄的中华儿女浴血奋战，最终取得了革命的胜利。这说明了一个颠扑不破的真理，一个千年密码。即按照人类学研究成果，在中国五千年的文明史上，每当民族罹难、面临灭顶之灾的时候，就会有英雄人物顺天应人，横空出世，拯民族于水火，挽狂澜于即倒。这就是中国人常说的"圣人出，黄河清"。正如《东方红》里所说的"中国出了个毛泽东，他是人民大救星。"，这救星不仅仅指毛泽东,也是指民族英雄人物的集合体。这些为了民族、为了人民舍生取义的英雄们,体现了中华民族自强不息的伟大精神。民族的英雄,永远值得我们敬仰和学习,在他们身上体现了中国传统文化里强烈的英雄气。"气"在中国哲学里是一个非常重要的概念,它既是精神的又是物质的。文天祥说:"天下有正气。"但"正气"是来源于中国传统学说里的"元气"。天有阳气,也有阴气,世有正气,也有邪气。《红楼梦》里把人之气按性别分为清气、浊气,由此而构成人类世界。在这些"气"里,最重要的是什么呢?是正气,是志气,是豪气,是浩然之气,是天下为公的至正至刚之气!这种气,就集中的体现在中国共产党人身上。

我们知道,中国共产党是无产阶级的先锋队组织,是无产阶级的战斗队,同时又是具有远大共产主义理想的一支队伍。概括起来说,中国共产党第一是时代的先锋队,第二是革命的战斗队,第三是理想的梦之队。为什么说第一是时代的先锋队? 在 20 世纪初,大清王朝灭亡,军阀割据混战,内忧外患,新民主主义革命理论里面说到压在中国人民头上的"三座大山"——帝国主义、封建主义、官僚资本主义,其中帝国主义是中华民族最凶恶的敌人。西方列强亡我之心不死,他们侵略中国,妄图瓦解中国,最后把中国吞而食之。俄国、日本,这两个帝国主义是他们的典型代表,是中国近现代史上最凶恶的两个侵略者。在以他们为代表的西方列强的肆意欺凌中,中华民族面临亡国灭种的地步。在这样的情况下,怎样找到一条救国救民的道路,是当时中华民族的精英人物都在思考的问题。因此,五四新文化运动最重要的意义,就是标志着中华民族在这个时候开始觉醒,开始反思自己五千年的历史为什么会落后。在各种主义和救国理论纷纷进入中国时,为什么中国共产党人选择了马克思列宁主义?因为马列主义最大的敌人就是帝国主义。帝国主义在当时是以资本主义经济作为支撑的,那么反对帝国主义就必然要反对资本主义制度。在马列主义敲响资本主义的丧钟,打击帝国主义的革命战争时代,中国共产党选择马列主义,不仅为中华民族找到了一条救亡图存的革命道路,而且更关键的是为中国人民指出了一条光明的理想之路。所以中国共产党的先锋队组织,首先是思想的先锋队,是时代的先锋队!今天,共产党人仍然要代表先进的生产力,先进的文化,我们仍然要学习和掌握新的知识和理想。否则,共产党人就不可能成为时代的先锋队,也不可能领导中国人民从胜利走向胜利。

第二是革命的战斗队。思想的先锋不等于行动的先锋。中国共产党在早期出现了一大批思想家和宣传家。五四运动时期,在北京有少年中国协会,天津有周恩来的觉悟社,武汉有恽代英的共存社,长沙有毛泽东的新民学会和俄罗斯学会等等,都是为探索救国救民的思想。但是,思想的酝酿、理论的学习最终都要落实到实践上,所以当初一大批的演说家、政治家如瞿秋白、张太雷、恽代英等等,他们最后没有成为中国共产党的领袖,除了过早牺牲的几个人外,更多的,他们被党的实践家、实干家毛泽东、刘少奇、朱德和周恩来等一批革命家所取代。他们正如费正清说的那样,费正清说中国共产党的领袖们是由中华民族最能干的一批人组成的,没有这批能干的人,中国不可能取得革命的胜利,不可能发生翻天覆地的变化。所以说中国共产党是战斗队。

第三是理想的梦之队。中国共产党成立之初,就有一个宏伟的理想,这就是要实现共产主义。在现阶段,则表现为:全面建设小康社会,建设有中国特色的社会主义,实现中华民族的伟大复兴。梦之队既是对共产主义坚定信念的追求,又是对强国之梦的追求,所以梦之队也就是强国之梦。没有这个强国之梦,没有坚定的共产主义信念——也就是我们今天说的社会主义的共同理想,中国共产党及其领导下的人民军队——中国工农红军、八路军、新四军等等,就不可能在艰苦卓绝的环境下,实现革命过程中一个又一个的转折,一次又一次的涅槃,最后以愚公移山的精神,取得中国革命的胜利。毛泽东同志概括中国革命获得成功有三大法宝:党的建设;武装斗争;统一战线。有三大优良作风:理论联系实际;批评与自我批评;群众路线。其早期还有一个对优良传统作风的概括:坚定正确的政治方向;艰苦朴素的工作作风;灵活机动的战略战术。还有"团结紧张,严肃活泼"。这都是党的优良传统和作风。但是党的优良传统和作风中还有一个更重要的"三大纪律八项注意"。其中首要的一条是"一切行动听指挥"。在我们全面建设小康社会,实现中华民族伟大复兴的过程中,在我院创建省级示范性高职院校的工作中,这些优良的传统和作风具有重大的现实意义。

为什么这么说呢?去年,我院顺利通过教育部高职高专人才培养工作水平评估,学校的发展进入新的阶段——创建省级示范性高职院校。按照学校发展"三步走"战略,我们现在处在第二步,实现建立省级示范性高职院校的目标,最终建立全国示范性高职院校。因此,示范性院校是我们的梦,是我们的奋斗目标。不仅仅是简单的示范性院校,还应该是示范校园、和谐校园,是心灵的桃花源、精神的伊甸园。为此,我们确立的办学理念是"挑战一流,走向世界",校训是"自强自息,与时俱进",体现的就是我们要实现示范性校园、和谐校园目标的志气。我们要向前辈们学习,继承和弘扬他们的优秀传统和作风,去继续他们未竟的事业,去实现我们的工作任务和目标。应该说,我院广大的教职员工,在学校的建设与发展当中,在加强内涵建设、加强管理等方面作出了突出贡献,取得了显著的成绩。但我们也面临很多困难,而最大的困难就是在教职工队伍当中,存在作风拖沓、纪律松懈两大问题。在今年继续在我院进行的袁州区中考中,有近30名教师在未经任何人同意的情况下,自行以他人来代替自己监考。这么严肃的考试,有些教师甚至把临时工、学生拉来,不跟有关部门打招呼,不请示、不汇报,擅作主张,自行安排,后果非常严重。更有甚者,考试开始了,监考老师还在睡觉;有些教师考务会也不参加。这样的作风、这样的纪律,我们怎么去完成示范性院校建设的目标,我们怎么去建设一支有战斗力有高素质的教师队伍?我们怎么去推动学校的建设与发展?当然这不是主流,但也并非个别现象,比如说开会迟到现象,越来越严重。前不久请专家来校讲学,开始了十分钟,还有人陆陆续续进场,我感觉很羞愧。学校召开教职工大会或专题的会议,包括中层干部会等,总有人迟到,很难根除。我想用四个“心”对其进行对比分析。一是纪律心。对组织的要求、学校的要求熟视无睹,听之任之,左耳进右耳出。你说九点开会,我就九点十分来,九点一刻也不一定来,这里表现的是个人对组织的态度,他无视纪律;二是责任心。责任心是主体对客体的一种态度。迟到的人缺乏责任心。比如说今天的表彰大会很重要,九点钟到就必须九点到,这就是责任心。如果责任心松懈,就会无所谓,就会不注意开会的时间,甚至忘了开会的时间。8:30开考,8:30之前必须到,可他还在睡觉,这就是毫无责任心或责任心松懈的表现。三是自尊心。准点到场开会是尊重他人、尊重组织的表现,如果你迟到,你就会被准时到的同志看不起,应该说你的自尊心会受到损害。但很多迟到的同志缺乏自尊心,既不尊重他人,也不尊重自己,大摇大摆,随随便便进来,不管专家领导在不在讲话。四是羞耻心。错了不知羞,做坏了不知耻,明明知道迟到不对,还洋洋自得,肆意谈笑,一点羞耻心都没有。如果说自尊心是人格,那么羞耻心就是缺乏道德。我在这里分析这个现象,是要指出这个问题的严重性。如果我们学校办任何事情,不仅仅是开会,都有迟到的现象,那我们就很难把事情办好。我们现在进行以专业建设为重点的内涵建设,下达了很多任务,制定了很多指标,反复强调,但是,如果大家缺乏我刚才说的纪律心、责任心、自尊心、羞耻心,就不可能把这件事做好。如果最后出了问题,受到处分,还有怨气、怒气、恨气,这就更不对了。所以今天我在表彰大会上说这番话,是为了强调我们是共产党员,共产党员要在学校的改革和建设中起先锋模范作用,起战斗队的作用,起梦之队的作用!我们要时时想着奋斗目标,时时想着自己是共产党员。如果我们共产党员做好了,全校的教职工就一定会向党员看齐,就一定会做好。所以,在此,我要求,在正式的会议场合,我们不要迟到;在一切正式的工作场合,我们不要迟到;在我们奋斗目标的实现上,我们不要迟到! 从我做起,从领导班子做起,从共产党员做起,我们的学校就一定会蒸蒸日上、欣欣向荣,就一定能实现理想,取得成功!

(2009 年 6 月 30 日)

民族复兴第一枪

——在纪念辛亥革命 100 周年专题讲座上的报告

今天我们在这里纪念伟大的辛亥革命 100 周年。1911 年 10 月 10 日,在中国的中部城市武昌,打响了彻底埋葬满清王朝专制统治的第一枪。正是在这一枪的带领下,古老的神州大地革命洪流风起云涌,统治中国 2000 多年的封建帝制顷刻间土崩瓦解。

今天,我将从历史背景和主要特征两方面,对辛亥革命进行解读。我认为,老大、孱弱、黑暗的旧中国是辛亥革命爆发的历史背景;民族觉醒的曙光,是辛亥革命爆发的主要特征。辛亥革命的爆发不是偶然的,它是整个中国历史社会发展的必然结果。

辛亥革命爆发的历史背景的第一个词是"老大"。"老大"是指中国作为民族国家所呈现的状态。所谓民族国家是指汉族形成以后的一种社会形式,秦朝以前不叫汉族,有华族、华夏族等说法,但是经过西汉、东汉 426 年的统治,开始凝结成一个独立统一的民族,这个民族就以汉朝命名。"老"是指秦始皇建立秦朝到清朝灭亡的这段历史,有两千三百年。中国的"老"是谓历史悠久,它积累了宝贵丰富的民族财富,但也沉淀了为数不少的民族糟粕,毒害损伤了民族的精神。"大"首先体现在国土面积上。中国国土在清朝达到了前所未有的广袤。元朝的领土比清朝更广,但太分散,缺乏有效的管理,且不是以汉族作为主体民族,所以史学界普遍认为,清朝时的国土面积是最大的。通过康熙、雍正、乾隆的苦心经营,清朝时期中国的领土达到了 1380 万平方公里,除了现有的 960 万平方公里的范围,还包括了黑龙江以北的外兴安岭、堪察加半岛,西北到达西伯利亚的贝加尔湖、包括蒙古国,以及西部的哈萨克斯坦和吉尔吉斯斯坦的部分领土等等。"大"其次体现在人口上。中国历史上有四个人口高峰时期,一是西汉的汉武帝时期,中国人口首次达到 6000 万,二是唐朝贞观之治后,再次达到 6000 万。为什么经过了上千年的历史演变人口还是只有 6000 万呢?那是因为在这历史的演进中充满了战争、屠杀、瘟疫和朝代更替，导致人口起伏波动。三是明朝嘉靖年代，中国的人口首次突破一亿。第四次高峰是在清朝，到鸦片战争时全国人口达到四亿。中国悠久的历史和众多的人口在当时的世界上是独一无二的。但是进入到 19 世纪，中国衰弱了。第二个词是"孱弱"。"孱弱"集中表现在军事的落后。两次鸦片战争、甲午海战、八国联军入侵，中国基本上都吃了败仗。为什么中国衰弱到如此地步？众所周知，西方的觉醒得益于文艺复兴，而后科学发展了，西方进入工业革命时代。而中国还是农业国家，牛拉犁、人挑担，河里的船只靠风帆。反映在军事上，表现为中国军队无论是指导思想、士兵的训练还是器械，如长矛、弓箭、鸟铳、土炮等都非常落后。而英美的军舰是现代化动力，鸦片战争时英国只派出 4000 人的队伍和几艘军舰就征服了整个中国。火烧圆明园时，英法联军用火炮摧毁了中国最骁勇善战的蒙古骑兵，军事的落后与失败造成了中国全面的败局，被迫签订了一系列的不平等条约。《马关条约》中，台湾、澎湖列岛、辽东半岛被割让，赔偿日本 2.3 亿两白银；《辛丑条约》中赔偿额度更是高达 4.5 亿两白银。最让人心寒的不是巨额赔款，而是主权的丧失。第三个词是"黑暗"。封建专制主义家天下在清朝达到了登峰造极的地步，清王朝行将灭亡的前夜，朝野颓废，风雨飘摇，同治帝 19 岁驾崩，宣统帝 3 岁登基，清朝末期的几个皇帝都是慈禧太后妹妹家的孩子。黑暗还体现在封建礼教的严酷与荒谬上，最突出的是留辫子，既不雅观也不方便。还有对妇女的禁锢和迫害，比如缠小脚。社会黑暗、腐朽，到处充斥着鸦片烟的毒雾和赌博的幽灵，整个官场买官卖官之风盛行，腐败透顶。

我用老大、孱弱、黑暗来概括 19 世纪末 20 世纪初中国的历史现状，正是在这样的背景下，辛亥革命开始酝酿，直至爆发。

辛亥革命的主要特征体现在民族初现觉醒的曙光。灾难深重、腐朽黑暗的中国如果不进行脱胎换骨的革命，那就有亡国灭种的危险。太平天国运动失败后，古老的中国、步履蹒跚的民族开始发生巨变，洋务运动、百日维新等为中国带来了一系列新的气象。"师夷长技以制夷"，中国开始引进西方的坚船利炮，但是如何学习明治维新后的日本，如何赶上去，一时出现了多种声音。有人认为落后的原因在于军事和装备的落后，也有人认为是慈禧太后的问题。但是中国人越来越深刻地认识到，最根本的是国家的整个制度出了问题，所以必须推翻封建专制。

孙中山年轻时就怀抱大志，但他的思想也有个不断发展的过程。起初，他想请清王朝来改变中国，于是给李鸿章上书，阐述自己的理想和抱负，希望得到赏识，但是却石沉大海。孙中山在极度失望之余，萌发了革命思想，提出了三民主义,即民族、民权、民生。三民主义来源于同盟会的四句纲领:驱除鞑虏,恢复中华,创立民国,平均地权。民族主义就是要驱除鞑虏,推翻清王朝的统治,恢复汉族的统治;民权就是民主,创立共和,老百姓当家做主;民生体现在平均地权,老百姓最性命攸关的就是土地。

在孙中山革命思想的影响下,全国各地成立了三个会。一是在美国檀香山建立的兴中会,以孙中山为首,主要成员是广东华侨;二是以黄兴为首的华兴会,以湖南人为主;第三是以浙江人为主的光复会,徐锡麟、秋瑾是其中赫赫有名的人物,赴日留学生占了很大的比例。这三个会后来组建成立了同盟会,组织领导了十次武装起义。武昌起义前最著名的是广州黄花岗起义,黄花岗起义牺牲的最著名的人物是林觉民和方声洞。林觉民被捕后受到两广总督张鸣岐的审讯,他慷慨直陈清王朝的腐败黑暗和世界潮流的不可阻挡。张鸣岐对他有个著名的评价:面貌如玉,肝肠如铁。但最后,总督还是下令将他杀害。这十次起义中有一次与宜春有关,那就是先进知识分子在湘赣边境组织的萍浏醴起义,最终被残酷地镇压。正是因为前面九次起义的经验积累,武昌起义的枪声一响,天下齐动,清王朝迅速覆灭。

辛亥革命也有它的弱点,那就是反帝反封建的不彻底。它推翻了清王朝,却被袁世凯篡夺了革命果实。袁世凯当大总统并不是为了创立共和,而是要当皇帝。1915年底,袁世凯恢复帝制,当了83天的洪宪皇帝,最后被蔡锷领导的云南起义推翻。它不强调反对帝国主义,因为孙中山闹革命要争取日欧美等帝国主义的支持。而中国的解放必须要反帝反封建,这种理论上的不彻底造成了革命的不彻底。

辛亥革命的主体是青年人。1903年科举制废除后,大量年轻人到日本留学;同时,国内建立了大量新式学堂、军校,辛亥革命的主要力量正是来自留日学生和新军。黄花岗起义的烈士平均年龄在20多岁,辛亥革命的主力军是同盟会的年轻会党,包括写《猛回头》的陈天华,还有邹容,以及鲁迅、郭沫若等文学家,还有当年才18岁的毛泽东。

辛亥革命的第二个特征是知识。辛亥革命的主力军特别是领导阶层都是知识分子。进入19世纪,西方列强携带着他们迥异于中国人的思想观念和工业革命的成果出现在中国,而当时的中国国民对机器、自然科学一无所知,于是,先进的中国人开始向西方学习。清政府大量向英美日派遣留学生,中共早期的领导人陈独秀、周恩来,五四新文化运动的积极分子钱玄同、刘半农都在日本留过学。正是这批留学生接受了新的自然科学知识和新式的西方哲学思想和理念,归国后掀起了一场轰轰烈烈的革命。清朝政府的军队在鸦片战争爆发前主要靠八旗军,镇压太平天国时湘军和淮军崛起,淮军是李鸿章建立的,是北洋军阀的祖宗。淮军进行军事变革后,开始为清王朝编练新军,按照德国的标准装备和改造军队。袁世凯更是用清朝的资金训练自己的军队,各省都开始效仿袁世凯编练军队,新军当中很大一部分都是知识分子。整个清王朝的新军为革命党培养了力量,所以武昌起义一声枪响后,全国各地迅速响应,湖南、山西、江苏等省马上宣布独立,清王朝寿终正寝。

这种知识的特点为1918年的新文化运动和1919年的五四运动做了充分的知识和思想准备,正是辛亥革命的这批参与者成为中国共产党的酝酿者。辛亥革命的思想特别是共和思想、三民主义的思想影响了中国。辛亥革命的枪声开启了一百年中华民族伟大复兴的第一步,唤醒了沉睡中的东方巨龙。

今天能与青年教师和同学们畅谈辛亥革命的历史和伟大功绩,我觉得非常有意义。中国的前途在青年,青年的前途在学习。我希望大家好好学习、掌握本领,在实现中华民族伟大复兴的历史征程中做出自己应有的贡献。

(2011 年 10 月 11 日)

骄傲与信仰

——在二〇一一年"七一"表彰大会上的讲话

在中国共产党诞辰 90 周年之际,我们宜春职业技术学院党委在这里召开全体共产党员大会,纪念这个神圣的日子,表彰在我院改革发展建设当中涌现出的先进单位和个人。借此机会,我讲两个词:骄傲和信仰。具体地说是三个骄傲,一个信仰。

首先,为我们党的伟大历史感到骄傲。中国共产党是在极其恶劣的历史和现实环境中诞生和起步的。鸦片战争后 100 年的中国近代史表明,中国已经沦落到半殖民地半封建社会,正向全殖民地的危境坠落。中国人已经不能算"人"了,租界的公园门口等写着"华人与狗不得入内",中国人是东亚病夫,是劣等民族,是丑恶和愚昧的人种,这是当时西方人对中国人的评价。有三个帝国主义国家对中华民族和中国人民的侵害最深。掠夺中国土地最多的是沙皇俄国,通过《瑷珲条约》、《天津条约》、《中俄边境勘定条约》先后掠夺了中国 153 万平方公里的土地,包括黑龙江以外、外兴安岭以内的 60 万平方公里土地,乌苏里江以东到鄂霍茨克海的 40 万平方公里土地,西北边疆的 53 万平方公里土地。掠夺中国财富最多的国家是英国。鸦片战争以来,通过罪恶的鸦片暴利,掠夺中国的白银;通过奴隶贸易,掠夺中国的人力物力;通过五口通商,控制中国的海关、税务;通过现代企业的进入,掠夺中国无数的财产。杀中国人最多的是日本帝国主义。从甲午海战八国联军入侵开始,日本在中国屠杀的中国人在 3000 万以上。当时中国人民陷于水深火热之中。西方列强肆意在中国划分势力范围,瓜分中国领土,欺凌中国人民,中国面临亡国灭种的险境。就是在这样的危急关头,先进的中国人奋起救国,一时中国大地涌现出了各种各样的思潮和流派,中国共产党是当时最弱小的一个政党。中国共产党以马克思列宁主义为指导,聚集中华民族最优秀的分子,开展了 28 年的武装革命斗争。而他们所面对的是国民党 200 多万的军队,强大的北洋军阀即奉系军阀、皖系军阀、直系军阀、西南军阀、西北军阀，以及封建主义势力。中国共产党历经前所未有的艰苦卓绝、空前绝后的广博深刻，终于成就了中国革命的胜利。这里最辉煌最伟大、在人类历史上前无古人、后无来者的是中国工农红军的二万五千里长征。世界上，没有一个政党经历过如此艰难、困苦的战争和革命。我最近到了红军长征途中的遵义，也到了大渡河，亲眼目睹了遵义会址的古槐树，亲身感受了当年红军的英雄气概。当时红一方面军一军团红二团团长是我们江西弋阳人王开湘，政委是福建长汀人杨成武，这个团有 2000 多人，中央军委命令他们一昼夜 24 小时以内，从安顺场赶到泸定桥，120 公里全是崇山峻岭、羊肠小道，其艰难困苦无以言喻，但没有一个人掉队，全部按时赶到泸定桥。在这 2000 人中挑选了 22 名勇士冲锋过桥，其中有 4 人中弹掉到大渡河里去了，我们永远不知道他们的姓名，也不知道他们被河水冲到哪里去了。最终 18 名勇士冲过去了。新中国成立后只找到 18 个人中的 5 个人，其中有一个是我们宜春袁州区水江乡上洞村的刘梓华。新中国成立后，他担任天津廊坊军分区的副参谋长，1951 年去世。泸定桥纪念馆有他的雕像，注明了出生年月和去世时间，但是没有注明他是哪里人。我向泸定桥纪念馆的同志说，要把勇士的籍贯写上去。烈士的事迹是永远不能忘记的，正是他们的努力和牺牲创建了中华人民共和国，没有他们就没有中国今天的独立和富强。纪念馆的同志认为我这个建议非常好，他们一定会把刘梓华的籍贯写上去。现在我们常说，苦不苦想想红军二万五，累不累想想革命老前辈。非常生动形象。红军二万五千里长征，从江西于都出发的时候有 86000 余人，到达延安的时候，除了张国焘的一部外，只剩下 7000 余人。这种牺牲是空前的，这种艰难困苦是空前的。经过 10 年的土地革命战争，8 年的抗日战争，4 年的人民解放战争，3 年的抗美援朝，我们终于取得了独立，中国人民从此站起来了。所以，作为一名中国共产党党员，应该为我们党的艰难而伟大历史感到骄傲。

第二，为我们党伟大的成就感到骄傲。中华民族六千年以来有 20 大发明，尤其在建国后有很多的发明。改革开放之后，生产力快速发展，生产关系急剧调整，经济基础对上层建筑产生决定性作用，我们的党终于领导中华民族走向繁荣富强。我国现在已经从 1978 年在世界上处于落后地位，跃居到现在成为世界第二大经济体。如果用购买力水平衡量，我们已经和美国持平；如果按GDP 总量，我们将在十年后超越美国。欧洲和美国经济的发展，债务的解脱，都必须依赖中华人民共和国的支持。实力的强大前所未有，国家开始走向小康社会，开始向幸福和谐的社会迈进。我们现在的建设成就远远超过了孙中山先生的构想。当年孙中山在他的建国大略里设想，修十万公里铁路、十大港口，现在我们已经远远超过了。2200年前,秦始皇修建了万里长城,今天我们国家修建的高速铁路是第二条万里长城。古代的万里长城抵御了外族的入侵,保护了中华民族的发展,今天的高速铁路把中国960万平方公里的土地,紧紧地攥成一个拳头。有如此伟大的党和伟大的成就,我们应该感到骄傲。

第三,为我们党的伟大理论而骄傲。中国共产党把马克思列宁主义中国化,创造了以新民主主义理论为核心的中国革命理论。改革开放后,在马克思列宁主义毛泽东思想的基础上,我们党又提出了"三个代表"的理论、科学发展的理论、中华民族实现伟大复兴的理论,把共产主义的理想具体化、现实化、阶段化,形成了中国特色社会主义理论体系。没有这个理论,中国人民将感到迷惘,中国人民将失去力量,中国人民将在空虚和盲动中失去自己前进的目标。马克思在一百五十年前就预料过,在东方这样落后的国度很难建成社会主义国家,更难实现共产主义构想。为什么?因为整个东方处于封建主义落后的生产形态、社会形态。要越过资本主义,建设东方式的社会主义基本上不大可能。这就造成了我们新中国成立以来,多种思潮的泛滥,空想社会主义的泛滥;造成了中国人民在探索社会主义建设中所经历过的各种曲折和磨难。但是今天,我们终于走出来了,终于找到了一条发展中国、繁荣中国的道路。这是我们的骄傲。

最后讲信仰。我常想,走过两万五千里长征的共产党员和没有走过的共产党员有什么区别?有区别的是他们的意志,没有区别的是他们共有的共产主义信仰。没有经历过摸爬滚打、千锤百炼的人,肯定不能与那些钢铁战士相比,但是有一条是共同的,就是共产主义理想。现在我们已经把共产主义的理想转化为中国特色社会主义,转化为小康社会的建设,转化为中华民族的伟大复兴,这也就是我刚才说的把共产主义现实化、具体化、阶段化。共产主义是什么?共产主义就是自由人的联合体,其主要特征是各尽所能,各取所需,人人过上平等、自由、民主、富裕的生活。这是我们的理想。昨天的人民日报有一篇任仲平的文章。文中提到一些著名的共产党员李大钊、瞿秋白、方志敏,还有江西莲花县的县委书记、苏维埃主席刘仁堪。刘仁堪在长沙当搬运工的时候接受毛泽东的鼓动,参加了共产党,跟着毛泽东上了井冈山。毛泽东派他回来当县委书记,被叛徒出卖抓起来。他在刑场上宣扬共产主义的理想,被敌人割掉舌头,血流满地。刘仁堪不能说话,就用脚趾头蘸着血在地上写下"革命成功万岁!"六个鲜红的血字,从容就义。为什么当年的共产党员和红军战士会有这样的壮举?这就是信仰的力量,否则你无法解释为什么这些共产党员和红军战士有这么顽强的意志,这么能吃得苦。吃不得苦的早淘汰了,怕死的也不会去了,那你就安分守己吧,你就安贫乐道吧,你就过你的被压迫、被欺负、被凌辱、被亡国灭种的命运吧。但他们不这样,他们起来了,这就是信仰的力量。人不但要有信仰,还要忠诚,忠诚于信仰,不能叛变自己的信仰。信仰就是目标。共产主义信仰就是共产主义目标,我们现在的信仰就是科学发展,实现民族复兴,建设中国特色社会主义。落实到我们学校,就是创建示范性院校。先创省级的,再创国家级的。这既是目标,也是信仰。我们全体共产党员要振奋起来,坚定自己的信仰,忠于自己的信仰,为建设全方位、开放式、高质量特色鲜明的示范性高职院校而努力工作,做出自己应有的贡献。

(2011 年 6 月 30 日)

一鼓作气　百事可成

——在全院教职工大会上的讲话

首先向大家拜个晚年！祝大家工作顺利、合家幸福！这次市委委派我到宜春职业技术学院来担任党委书记和院长，这是市委对我的信任，我感到责任很重，压力很大。

宜春职业技术学院是一所新兴的职业学院。进入本世纪以来，我们宜春的教育事业出现了两大亮点，一个是宜春学院，一个是我们职业技术学院，隔着一条清沥江，竞相发展。在我们学院领导班子的坚强领导下，我院取得了很好的发展，在前年突破了万人规模，但由于处于学校转型过程中，处于宜春经济和社会迅猛发展的历史时期，我们学院在发展的同时也遇到了一些问题。然而成绩是主要的，这是主流。今天坐在我们主席台上的是现任的领导班子成员和并校以后退居二线的领导干部，他们都为我院的发展做出了自己的贡献，今天参会的教职工中还有很多离退休的老同志，他们也为职业学院的发展做出了自己的贡献，在此，一并向大家表示我个人衷心的感谢！

我到学校来不到一个星期，主要的工作就是摸情况，找了不少同志，逐渐对我们学校有了若干的了解，当然这些了解还是表层的。今天我要跟大家说些什么呢？我想，我现在最需要得到的是我们全校教职员工对我的信任和支持，万人规模的职业学院要办好，要成为江西一流，没有全校教职员工对院领导班子的支持和信任，是不可能的。学校的事情就是我们领导班子的事情，也是我的事情，更是大家的事情。因此，我还是那句老话：人心齐，泰山移。齐心协力、同心同德是我们的当务之急。因此，我今天要说的内容就是三个词：发展、管理和作风。

首先是发展。我们学校现在面临着非常严峻的挑战。我刚刚到这里来就知道一件事：一月份，国家教育部、省教育厅已经给我们学校下了红牌警告，其原因是我校的五项基本办学条件指标有四项没有达标。这五项指标是：生师比、具有研究生学位专任教师比例,生均教学行政用房、生均教学科研仪器设备值、生均图书。红牌警告意味着什么?红牌意味着要停止招生、黄牌意味着要限制招生。如果我们学校限制或者停止招生,那我们的发展前景将一片黯淡,这牵涉到在座的每一个教职员工的事业和切身利益,这个问题难道不严重吗?

现在我们学校面临的问题可以说是千头万绪,但是主要的问题是发展步伐不够快、不够稳、不够好。通过这几天的交谈反映出来的问题,可以用一句话来概括:就是全面紧张。教室不够、实验室不够、老师不够,可以说什么都不够。问题摆在我们面前,应该怎样去解决呢?一方面,要尽快把办学质量和学校的内涵提升上去,尽快让五项基本办学指标达到教育部的标准。另一方面,要争取今年有一个比较好的招生计划。省厅的招生计划近几天就要下达,我焦急万分,因此向市长提议邀请省教育厅负责招生的相关领导到宜春来视察。会前我接到电话,省教育厅分管招生计划的李厅长这两天会到宜春来。招生计划决定着我们事业的发展,决定着我们教职员工的信心指数。招生是重要的,但是还有比招生更重要的。今年招生少了,明年可以多招嘛!但是我们凭什么吸引学生?只要学生、家长到学校来一看,觉得很好,那么一传十、十传百,招生很快就会有保障。如果家长、学生不满意,来了一次就不会再来了。因此,我们要尽快建好实训大楼。有关建设资金的问题我会和有关部门商量,争取用最快的办法解决好。应该说,我们把眼前的招生计划做好,把近几年发展所需的教学基础设施配置好,我们的事业发展就有了保障。事业发展了,有什么担心不可以丢掉?我在这里向大家保证:绝不存在学校被卖的问题,同志们不要心存疑虑,要把精力投入到工作中去,静下心来把自己的本职工作做好,一心一意建设好学校。

其次是管理。我们学校现有大专生不过四千,中专生八千以上,这说明我们学校并不是一个严格意义上的高职院校。在这个由中等学校办学模式向高等学校办学模式转进的转型时期,问题非常多。我们要少讲过去出现的问题,我们多讲过去的成绩,是因为我们需要信心和勇气。但是不可回避的是我们确实存在着很多问题,有的甚至很严重,从教学到管理,小到一个临时工,大到教学质量、科研质量的提高,和其他同类院校对比,我们存在的问题都很多。开学在即,最重要的就是要抓好对学生的管理,而学生管理的重点是班主任管理。要把班主任管理和晋升、评职称挂钩,实行一票否决制,这一点要认真执行、坚决执行。

第三是作风。作风的重要性在我们党的发展史上已经被无数事实所证明,我国历届领导人也十分注重作风建设。作风就是精神,精神就是作风,精神是作风的内涵,作风是精神的外在表现。当今哪个国家,哪个民族强盛,它的作风必定严谨,学校亦然。在我们教工当中、领导当中都或多或少的存在一些作风问题。在这里我说三点:一是为学的作风。一些教师并没有把自己的主要精力放在教学上,而是放在教学、工作以外,当然还有很多教师在兢兢业业地教学,在非常勤奋、认真地撰写论文和著作。一个学校办得好不好,不是看人数,不是看面积,而是看内涵。我们学校这些年发展迅速,但缺少内涵。一个学校有无内涵,第一是要看学校有没有名牌教授,有没有好的学科带头人,有没有道德高尚、责任心强的好老师;第二是要看图书馆藏书是否丰富,种类是否齐全,教学设备是否完善。在当今知识爆炸、信息爆炸的年代,一个人不读书,不吸收知识是不行的。要鼓励学习,提倡好学,让我们学校有一个好的学风。二是为事的作风。我们学校日常事务十分庞杂,如果没有很好的办事作风,没有较高的办事效率,必然会影响学校的发展。为学、为事实际上是一回事,为学是做学问,为事是办事,对于多数教职工来说为学就是为事。为事主要是指我们事业发展要加速,工作要落实,要有良好的办事作风。办得好的要鼓励,办得不好的要淘汰、要挪位! 一定要讲究教学的效率、行政的效率,包括会议的效率;三是为师的作风。教师是一份崇高的职业,在社会上是受人尊敬的。胡锦涛总书记最近提出了八个方面的要求,最后两句是"生活正派、情趣健康"。我在这里强调一点:我是坚决反对赌博的! 在节假日,在一定的范围,适当的娱乐未尝不可。但当你选择的娱乐方式产生了社会影响,也就是有学生、有人知道你在赌博了,或者看见你在赌博了,那就不行! 因为这损害了你作为教师的形象。学校不能同意,学生也不会同意! 当然,不同意不是他不跟你学,是他对你人格的不认同。每个人都有自己追求幸福和享受幸福的权利和自由。但是我们生活在社会中,站在大地上,最重要的是人格尊严。尊严不仅仅是体面,更是支撑你走完人生历程最重要的精神支柱。对于老师来说,尤其重要! 比如刚才我说的赌博,如果你这种行为被学生看到了,那你还有什么尊严? 那你还奢谈什么人格? 道德人格是我们中国传统文化的精髓。虽然我们并不主张恢复和照搬传统的道德人格文化,但是在现代社会里我们应有基本的道德人格规范,我们要自警、自省、自重。这是你生活的需要,是你人生立身的需要,更是工作的需要。因为这个关系到学校的形象,关系到我们学校的发展,关系到我们的事业。因此,教师们要努力提高自己的道德水平,摒弃不良习气,树立健康的教师形象。

关于为师的作风,我谈三点要求:一是要有正气,二是要有志气,三是要有底气。

首先要有正气。一个学校、一个处、一个系都要有正气。正气是什么? 文天祥说过："天地有正气,杂然赋流形"。正气要体现在人的身上。对于行政工作来说,正气就是公平、公道,作为老师来说,就是要是非分明;就是你知道是对的,就要坚持去做,就是要讲理想,讲信念,讲国家的法规、法律、法纪,这就是正气。

其次要有志气。我们都能感觉到对面的宜春学院咄咄逼人的气势和诱惑,压得我们喘不过气来。一个在我们学校工作、生活多年,我们自己培养的研究生执意要调到宜春学院去。为什么?因为宜春学院比我们办得好,层次比我们高,待遇也可能比我们更好,因此她选择去宜春学院。这就意味着,如果公平竞争的话,那么我们学校很多老师可能都会向河的西边走去。我还没听说过有宜春学院的老师要求调到我们学校来的。这是很可怕的,如果我们培养的人才,我们的老师都向河西走,或者到沿海去,那我们学校就办不下去了。因此,我们要有志气,要在我们自己的土地上,在这片蓝天下把我们自己的事情办好,以宜春学院为榜样,为竞争目标,赶上它,如果上天赐福的话,我们超过它!

第三要有底气。一个学校,一个人,如果不学习,不讲人格,不讲尊严,就会空虚,那你就没有底气。作为老师,包括我们这些坐在主席台上的领导干部,如果整天沉溺于吃喝玩乐,事业上没有追求,工作上得过且过,那你的心理、你的精神绝对是没有底气的,学生会看不起你,同事也会看不起你!

正气、志气、底气,把这三个"气"掌握好,我们为学、为事、为师就一定可以"为"好,有这"三为",百事可为;有这"三气",就能够一鼓作气,把学院的事情做好!

新学期开始了,我要向大家祝福。希望在大家的共同努力下,把我们学校的工作做得更好,把我们的事业发展得越来越好!后天就是"三八"妇女节了,我借此机会向女性同胞们致以节日的问候,并向今天参会的离退休老同志致以崇高的敬意!谢谢大家!

(2007年3月6日)

挑战一流　走向世界

——在宜春职业技术学院党委扩大会议上的讲话

在学校"十一五发展规划"中,我们提出了"冲刺全国百强"的奋斗目标。现在,我们正以昂扬的斗志,开拓的精神和创造性的工作朝着这个目标稳步迈进。但我们的步子还不够大,观念还不够新。为进一步落实市委"弘扬求真务实作风"的指示精神,促进学校又好又快的发展,我们还要进行积极的探索和努力。为此,今天我讲三个方面的问题,概括地说,就是三个词:理念、意识、举措。

一、理念

现在我们要确定一个什么样的发展理念,决定我们事业的兴衰成败。前不久,出席中外护理教育合作发展论坛,给了我一个发言的机会,我根据我们学校的现状与未来,在论坛上提出了我们要永葆发展的旺盛,要立于不败之地,非常重要的一点,就是"抢占制高点,掌握话语权"的观点。如果没有这种观念,没有这种信念,没有这种态度,很难在未来的竞争中保持不败。回来后我仍在思考,我们应该提出一个什么样的理念来引导我校的发展。理念就是思路,思路也就是出路。我们要保持一种旺盛的工作状态,就必须有一个革命性的先进理念来引导。大家很清楚,社会主义是理念,共产主义是理念,理想是理念,实践在很大程度上都是被理念所带领。我们也曾经设计了学校的发展目标,但大家知道,我们一下子很难达到或进入全国百强,但你是不是愿意进入、有没有进入的状态,这比实现目标更重要。怎么进入? 走什么途径? 我们制定了十一五发展规划,我们提出了四个口号,但那还不够。我原来讲过很多,我们在观念上,在思想上要永保年青,保持进取,那么什么样的理念是与时俱进的理念,什么的理念跟我们发展高职教育、跟我们学校本身的事业发展有最紧密的联系? 我想到了八个字,就是"挑战一流,走向世界"。为什么要提这个理念? "挑战一流"是彰显我们的决心与目标,我原来讲了四个"一流",但关键的"一流"是要进入全国高职院校的百强,甚至还要走到更前面去。没有这个决心,没有这个目标,我们就是松散的一群,没什么战斗力。一定要有一个目标!我原来在政研室设计宜春发展纲要的时候,也提过这个建议:宜春的发展要保持旺盛的活力,就是要一年提出一个新目标,后面创五星级城市包括每年搞一次主题创建活动都是在这种理念下提出来的:就是不能停步,停步你就会落后。所以,挑战一流这个目标会促使我们加快脚步。人类发展有人类发展的目标,一个国家的发展有一个国家发展的目标,一个学校的发展一定也要有一个自己的目标。现在我们的目标还比较笼统,我们的目标要确立在"一流"上,到底是全省一流还是全国一流还是全世界一流,这个细节,我们还要推敲。因为还有第二句话:"走向世界"。"走向世界"似乎与我们宜春职业技术学院的发展没有太大的联系,但仔细想来关系极大,关系我们的命运和前途。理念决定了我们往哪个方向走,通过什么样的途径来走成功,那就是第二个问题:意识。

二、意识

我们现在最重要的意识是什么?我认为,对我们学校的发展来说最重要的意识就是开放,全面开放。我们看问题,既要从纵的历史方面来看,又要从横的现实情况来看。从纵的方面看就是大势,《三国演义》说天下大势,分久必合,合久必分。我们暂时不讲这个大势,我们就讲开放的大势。开放基本上是一个历史法则。我们是唯物主义者,马克思主义的一个基本观点就是这个世界是一个系统,这个系统是不断地运动着的,而最重要的特征是这个系统是相互联系的。这是基本的唯物主义的观点,也是辩证唯物主义的观点。我认为这个观点不管社会形态怎样变化,都是正确的。我们来看这个开放在人类历史上、在具体教育事业发展中起什么样的作用,就可以看出一个规律或者说法则:中国最发达的时候,就是它最开放的时候;它最健朗的时候,也是它最开放的时候。上个世纪80年代说我们中国的文明是黄色文明、黄土文明,而开放的文明是蓝色文明、海洋文明。它其实说的就是开放跟封闭的问题。在汉代,鲁迅说过,汉唐气象,它是非常宏阔的,它的宏阔就表现在对外部世界的接纳。那个时候,中国文明在世界上是先进的、开放的。那么最不开放的时候,也就是最封闭的时候,便是最落后的时候。鸦片战争以来中国一系列的耻辱与失败,就是因为封闭落后造成的。也有很简单的对比:平原上的人比山区的人更开放,更开放就更先进;口岸上的人(如江西九江人)比平原上的人又更先进,思想更活跃,脑子更敏捷;海岸线上的人比口岸上的人又更先进,思想又更活跃。道理很简单,它就是开放。从开放的实质来说,就是接受信息的多少,接受越多的,竞争越激烈的人群,就必然更先进。我们中国(中华民族)是世界上四大文明唯一一个传续了下来的文明,其主要特点就是它在人种上的开放性,中国的人种主要由蒙古利亚人种、马来人种和局部少量的印度人种构成的,在民族的大迁徙、大混合、大熔炼中形成了中华民族。在我们的血型、基因当中,涵盖了很多民族的成分,这个特点就是开放造成的。一直到现在,凡是不开放的地方、封闭的地方,它就是落后的地方,就是受欺负的地方,就是挨打的地方。这是我讲的一个大势、一个法则。

第二个从横的方面讲形势,这个形势直接与我们职业教育的发展有关系。在10年前,有专家预言,中国的教育资源在10万亿以上,而在这庞大的教育资源里面,分量最重的是职业教育的资源,基本上还没有开动。在2001年以后,中国很多敏锐的民营企业家、资本家看到了职业教育巨大的发展空间,在官方和民间双向推动下,整个职业教育规模迅猛扩大,竞争也越来越激烈。标的物就是教育资源,对教育资源的控制和争夺。在这个上面谁都想成为领跑者,"抢占制高点,掌握发言权"。这次在北京参加中外护理教育合作发展论坛的学校有97所,我和他们都接触过。在这些人群里面,在这些校长里面,如果你的思想是僵化的,你的观念是保守的,你的举措是软弱的,你就必定被淘汰。我们别无选择,必须抢占一个制高点。这个制高点是什么?我认为就是通过开放增强自身的实力。我在论坛的发言里引用了毛泽东的两句诗:"自信人生二百年,会当激水三千里"。讲的是一种人生的态度,这种态度就是一种气势,所谓气势就是抢先机、占天时、占地利,那么我们现在要研究的问题,就是要抢占什么先机?道理大家都清楚,要抢职业教育这块资源,展开竞争。我们现实的环境是要跟宜春的民营职业学校竞争,要跟萍乡、新余的竞争,要跟其他高校竞争;在国内,还要跟其他普通高等院校、高职院校竞争。要想赢得竞争就要抢占制高点,你如果没有这种概念的话,等到人家逼过来了,你到时就得失败。因此就要掌握发言权,就是你说的话有人听、会有影响,你制定的政策就能够产生效应。所以我还是讲这句话,要抢占制高点,抢占的是观念和理念的制高点;掌握发言权是掌握我们在职业教育领域我们的发言权,我们有地方说话,我们说的话有人愿听。当然,光讲竞争不讲合作还不是有质量的开放。你想人家来与你合作,你首先要有实力。实力从哪里来?靠竞争。最终我们要进入这样一种境界:与我们的对手实现有合作的竞争,有竞争的合作。所以从发展的大势来看,从现实发展的形势来看,都必定要有一个意识,这个意识就是开放,全面的开放,职业教育是有优势的,因为中央在大力发展职业教育,对此我们要充满信心。

三、举措

在上述前提下,我们的当务之急,就是要有高效的举措。去年与光华护士基金会合作是非常正确的,这里我要主张两个"坚定不移",一个坚定不移,是做大做强护理品牌,开辟新校区,进行大量投入。党委决定从现在到明年投入

1000万改善实验实训设施,其中重点就是向卫生类投入,这个投入就是做大做强。第二个坚定不移是走出去。去年派去英国就业的第一批学生,影响非常好、非常大。在北京开会时有不少学校就此问题来咨询过我。其实任何人都一样:在面对混沌的形势面前,不太敢走出第一步,怕上当,怕受骗,我们有幸先迈了一步。今年要继续做大赴英国带薪实习工作,有多少学生想去,我们就要把多少学生送出去。实践证明,在英国带薪实习比在我们国内安排实习就业要好上 N 倍。这个领域还可以拓展,包括上次去北京谈的赴新西兰实习、就业。全世界面临着护理人才的短缺,需求是巨大的,不仅仅是新陈代谢,而更多的福利国家进入老龄社会后所产生的需求有一个刚性的增加。这对我们学校的发展是一个大好时机!

第二个是合作办学。这个概念比较新。我们原来的合作办学老是担心被民营学校吃掉,事实上在合作过程中,各有各的动机。马克思说过,人们创造历史有千百种动机,各人有各人的动机。菲律宾的远东大学,是全世界护理教育最为先进的一所大学,菲律宾的护理人才派出去最多,现在很多国家都在与它合作,学习它先进的护理理念、先进的护理教育模式,而且它也非常乐意与各个国家、各种学校进行合作,在江西选了两所,我们希望成为第三所。第一步把我们的学生派出去,第二步把他们的老师请进来。派出教师去远东大学学习也是免费的,只要两张机票就可以,条件很优惠啊,为什么不去呢?既可以激励老师,又可以培养人才。我们的教师出去接受的是全新的信息,新理念会冲击、洗涤我们不适宜的旧观念,所以合作办学很重要,我们要做好。

第三,进一步拓展实训基地。我们不仅仅要把眼睛放在沿海那些医院,还要瞄到北方的、更为靠北的、更大城市的医院,要开拓,举一反三。今天说得多的是护理,但道理对其他院系也是适用的,我们很多专业的学生可以走出更为广阔的路子来,为什么就只是护理教育呢?因为护理教育比较成熟,因为西方国家有更多的需要,但反过来说,西方国家也好,发展中国家也好,他们难道不需要机电类的学生吗?不需要旅游、酒店管理、电子商务、中文教师方面的人才吗?我可以肯定地说:需要!问题是我们封闭在宜春这个角落里,封闭在学校的围墙里,不知道外部世界的需求,不知道怎样把他们的需求和我们的需求对接起来,就是因为没有开放,没有走出去。1991年,宜春地委行署派代表团去山东考察,山东诸城的肉鸡把整个地区的经济带动了起来,当时财政收入20亿,我们宜春才5、6个亿。大家都惊呆了。在介绍经验时,他们说他们的村支部书记,上午到东京去了,要晚上才回来。大家很惊讶。他那时的村支部书记跑日本、跑韩国是司空见惯的事情,而我们的地委书记、专员那个时候还没去过日本。这就是开放，就是依靠外贸公司，所有诸城的老百姓都养肉鸡，把肉鸡销往日本。要做到这点，首先要了解日本市场的需求，要具备向外开拓的意识和技巧。我研究发现一个规律，凡是开放度高的省份，经济的外向度的成分也越高，出口和进口的经济成分占的比重就大。当年最大的就是广东，所有企业老板全跑国外。到现在我还是这样说，凡是开放度高的地区，经济的外向度就高；经济的外向度高的地区，经济总量就大，财政收入就高。

四、思考

请大家教思考一下：你们的专业有多少可以走出去，有多少可以与外面取得联系，做大的？

走出去，我们受到太多的限制，光是现在一个批示、批文都要花很多间，这是体制的问题，我们不去讲它。但有没有个人原因呢？我看有。有理念的原因、观念的原因，还有能力的原因。这次在北京开会与外国人说话都有个同步翻译耳机。英国专家号召把耳机拿掉，要像与一般学生互动那样来开会。我觉得这个理念很先进，你不可能戴着耳机或者带一个翻译到处走。

我在这里号召、提倡从我们班子成员开始，中层干部、部门负责人要学英语，外语系拿出方案来办短期班，培训班先要订出一个教学计划，训练大家基本的英语对话水平。按对话的基本要求来说，掌握 800 个单词就可以，那么我们要把这 800 个单词学会。

今天，我在会上讲的主要是这三条，第一是"挑战一流、走向世界"的理念要在我院确立。第二是强化开放意识，第三是拿出挑战一流、走向世界的举措，要体现两个"坚定不移"。要把这三条贯彻落实到今后一段时期我们的工作学习中，把我们该做的事做起来，不能坐而论道，一定要有实实在在的操作步骤。我想，只要大家同心协力，我们"挑战一流、走向世界"的决心一定会变成实实在在的成功！

（2008 年 10 月 23 日）

当前形势和我们的任务

——在"全院中层干部和全体党员会"上的讲话

今天我们在这里召开全体中层干部和全体党员会,庆祝我们创建省级示范性高职院校获得成功,同时紧抓创建成功机遇,全面推进我院工作。刚才的爆竹声和掌声增添了喜庆的气氛,也蕴含了更多的期待。在这个时候,我们来回顾创建工作是非常有意义的。

首先,我想对我院创建的背景和形势做一个简略的分析。

第一个背景:我国现代化建设全面进入一个快速科学发展的阶段。邓小平同志说发展是硬道理,是讲物质的发展。现在党中央提出来的全面科学发展,是讲人的发展。而人的发展不只是物质的发展,更重要的是知识的发展、精神的发展,还有人的技能的发展。我们就是在这种背景下开始示范性高职院校的创建。第二个背景:职业教育的大发展、大起伏、大分化。改革开放后,上世纪90年代末到本世纪初,我国高等教育发生重大变化,职业院校,特别是高等职业院校如雨后春笋般涌现。时代要求我们要从一个人力大国变成一个人力强国;人民要求培养出高素质、多技能的学生。但是市场竞争惨烈而无情,近几年,职业教育出现了大分化、大起伏,集中体现在职业教育的市场要求高、产业要求高、技能要求高。这就决定着职业教育发展的多方向、多层面。第三个背景:职业教育竞争激烈,淘汰率高,成功者少。职业教育的各个领域都存在激烈的竞争,比如招生、就业、继续教育、核心竞争力、办学水平、办学效益等各方面,淘汰率是很高的。第四个背景:职业教育对市场、产业、行业、企业的依存度越来越大。尤其突出的是,职业教育对工业园区、地方政府、教育行政部门的依存度越来越大。

我们就是在以上四个背景下创建成功的。我们动用了各方面的资源,是这些资源的共同作用造就了创建的成功。当然这里面最重要的是我们有高远的目标任务,是全院上下齐心协力、奋发努力的结果。但是行政资源、办学资源、关系资源等都在其中起了重要作用。

创建成功对我院的发展具有重大意义：

第一，我们抢占了前所未有的制高点、出发点和着力点。前所未有的制高点，是指我们站在示范性院校建设的高度，来展望和考虑学校的未来和发展，这不仅是一个位置问题，更重要的是一个战略问题，位置决定战略。前所未有的出发点，是指一个新型的高层面的更有潜力的出发点。但这又仅仅是一个出发点，是万里长征的第一步，新的工作目标和任务都要求我们更加努力工作。前所未有的着力点，是指我们今后的工作要全部落实到建设示范性院校这个着力点上来展开。第二，示范性院校建设的无形品牌效应和有形的办学效应相结合。两者的结合将促进我院可持续发展，尤其是品牌效应，会直接影响到学校的招生、就业、办学等各方面。第三，师生心理变化和思想变化。示范院校的建设将从各方面影响到我们的思想感情，让师生的自信心、责任感、自豪感和凝聚力进一步增强。这种精神力量的强大是不可估量的。

创建成功意味着我们进入一个新的全面发展阶段和发展层面，是一个新时期的开始。我们下一步的目标是创建国家级示范院校，工作任务就是建设省级示范性高职院校，重点是内涵建设。要保证内涵建设的全面展开和推进，在基本建设、队伍建设、制度建设、组织建设、政治建设、作风建设等方面确立相应的保障机制，突出内涵建设的三个要素：铸造核心竞争力、优质人才培养模式和卓越的管理水平。

但我们面临诸多的矛盾和困难，而其主要矛盾就是学校发展现状与示范性院校建设高要求之间的差距。这是今后工作中要解决的主要问题。怎么解决？我觉得首先有必要简单地回顾一下我院的创建历程。三年的创建历程可以用艰难曲折、波澜起伏、惊心动魄、大喜大悲这几个词来概括。经历了四个考验：一是评估考验。2008年年底我们迎接了教育部高职高专院校人才培养工作水平评估。评估对我们来说是一个严峻的挑战，尽管心里没底，但最终我们以必胜的信念和优质的工作顺利通过了。评估的最大成果是直接促生了创建省级示范性院校的动机和想法。二是黄牌考验。黄牌是我院发展过程中改革、稳定及作风建设出现偏差的集中表现，影响很坏，但反过来它又极大地刺激了我们，让我们下决心加强管理，改变作风。我们渡过了黄牌的风险。三是公示的考验。2010年6月，省教育厅公示创建省级示范性院校立项建设院校名单，一共六个院校，我院名列第五，但因为黄牌，最终我们名落孙山，胜利在望但没有在握，煮熟的鸭子飞掉了。可以说我们经历了一次大喜大悲。四是继续冲刺的考验。但我们没有懈怠，没有气馁，院党委紧密团结全校师生员工，继续冲刺，继续动员,再动员再冲刺,终于实现创建的成功。四个考验都闯过来了,我们深刻地感受到创建成功的不易。创建关系着宜春职业技术学院根本的命运,关系着宜春职业技术学院的未来和前途,关系着宜春职业技术学院每一个人的利益与发展,创建的成功经验将进一步引导我们的事业和人生前行。同时我们也感悟到这个世界不简单,我们需要更多的勇气与智慧来应对复杂的局面,来继续推动事业的发展,对此,我们要有充分的思想和心理准备。在一年半的时间内就要把省级示范性院校建设完成,时间极其急迫,任务极其繁重。为此,院党委经过研究,提出了目前急需解决的10大问题。

第一,抓团队建设,促专业建设。团队建设的重要性不言而喻。在我们要致力解决的十个问题中,有五个问题是与教学有关的,足足占了一半,表明党委对抓内涵建设的决心和着力点。团队建设是我院教学工作、教学管理的一个薄弱环节,我院的教学团队只有少数不错,大部分不得力,少部分名存实亡。团队建设的落脚点在教研室建设,在此基础上,建设好四个重点专业,调整专业结构,促进专业群的建设。团队建设的关键是要排查问题,了解现状,召开专项会议解决。

第二,全面推进专业建设。"全面推进"不是一句空话,它包括两个方面,一是指专业建设内容,如师资队伍建设、课程建设、教材建设、实验实训建设等,要齐头并进,不留短板;二是指专业建设的数量,全部的专业都要动起来,不仅仅是几个重点建设的专业。要对当前专业建设存在的问题进行摸排,看到底存在什么问题,然后根据问题制定改进措施,专项解决。

第三,加强一线工作。关于一线教师待遇的问题,关于课时津贴的增长问题,以及绩效基础工资和绩效奖励工资的问题,我们正在全面研究。要让一线教师安心教学,舒心工作,就要增加一线的吸引力,就必须从根本制度上进行转变,重视专业教师的工作,提高他们的待遇。学校内涵建设的重点就是要向教学一线倾斜,向管理一线倾斜,既要兼顾公平,更要效率优先。

第四,从根治学生上课睡觉现象入手,强化教学、学生的课堂管理。学生的课堂管理,包括教学和学生管理。当前课堂管理问题令人震惊,近一半的课堂上有睡觉现象。这个问题非常严重,从小里说,表明我们管理上的无能;从大处说,是我们无法适应示范性院校建设的高标准、严要求,所以必须根治学生课堂睡觉现象。

第五,制定处理投诉管理的刚性规定。学校的管理,特别是在服务上存在很多问题,教职工意见大,系院部的意见大,但是始终没有根本解决。所以在部门办事规则中作出投诉规定,要把抓投诉作为一条刚性规定来执行。教职工来找你办事,你办得人家不满意,就可以投诉你,学校就要调查了解,如果属实,就要严肃处理,从一般的批评教育到通报处分,甚至调整工作岗位。

第六,调整教师教学质量评估方案。现有方案实施以后,学校的教学管理推进了一大步,但还要进一步科学规范。上学期的教学质量评估结果令人吃惊,我所听过课的、所了解的一些课上得好的教师,到最后评分低的百分之五去了。这里很大一部分原因是学生评教随心所欲,对教学、管理要求严格的教师打击报复。对于教学质量评估方案,要根据大稳定、小调整的原则,在权重、待遇、奖惩等方面进行调整。

第七,加强教学督查督导工作。自2007年开展督导督查工作以来,特别是进行人员调整以来,督导工作的成效比较大,但还要进一步加强,重点是查找问题,解决问题。很多时候,我们不知道几百个课堂发生了什么问题,不仅是我不知道,我的同事、党委班子成员也不知道。不知道就是盲人聋子,管理就会盲目,盲目是要出大问题的。教学督查督导的重点就是发现问题,及时报告,要不怕得罪人,敢于得罪人。

第八,加强基层党组织建设。自建校以来这项工作就非常薄弱。往往是盛名之下,其实难副。一定要根据市委的要求,对我院基层党组织建设进行强化,但究竟怎么强化,同样要研究现状,摸清问题,制定针对性的对策。

第九,加强校园文化建设。重点是"节会"文化,校园文化建设定位要高品位、高标准,定位到一个创新开拓的层面,要简明扼要,但确有效果。当前学校一般性的演出,参加市里的文体活动是必要的,但又是远远不够的,远不能把我院一万多学生的积极性调动起来,一万多人的气场未能显现。

第十,加强工会工作。工会工作也是一个薄弱环节,工会工作在新形势下的责任是重大的,但是我院工会工作是不能令人满意的,虽然组织了一些文体活动,保障了一点福利,但组织教职工对学校的改革发展提出建议,体现科学治校、民主治校,体现教职工代表大会的作用,反映教职工的诉求,这些方面鲜有作为。

这十个问题经过党委研究,现在已经正式下文,在下一步的学习讨论活动中,要把它作为一个重点来抓,这不仅仅是责任人和分管领导的事情,更是全校的事情。关于这十个问题的学习讨论,我希望听到更多更好的建议。

我们要在新的形势下完成新的任务,实现新的奋斗目标,必须要解决这十个问题。靠什么来解决?靠三个基本保障。

第一,创新理念。也就是解放思想,更新观念。我们学校发展中最重要的理念是什么呢?是要确立示范理念。学校的总体目标、长远目标、战略目标,就是创建示范性的高职院校,示范的效应、内涵要成为我们思想中的主要内容。今天我们为什么要召开全体中层干部会,还要把全体共产党员请来,包括离退休老同志当中的党员代表?那是因为共产党员要在工作中发挥模范、示范作用。学校的内涵建设、基本建设、组织建设等,都要有示范效应、示范内涵、示范代表。没有示范理念,所有的事情都抓不起来。任何事物的发展都有一个漫长的过程,而这个过程中的主要特征,就是往上走、往前走、往强走。示范理念就是引导学校的发展往上走、往前走、往强走。示范理念就是自然和人类社会的发展规律,新陈代谢,不可抗拒。所以我们要顺潮流看方向。示范就是要高标准严要求,就是要百折不挠、一干到底,要有恒心、意志、毅力,要有志气、大气、勇气,要精益求精,要一丝不苟。这标准很高,但是我们必须努力做到,这是对所有人、所有部门、所有工作的一个普遍要求。

第二,转变作风,构造新的为人为事方式。我们学校有三大建设:基本建设、内涵建设、作风建设。其中的作风建设,不仅仅是我们反复提,国家也反复提,中华民族实现伟大复兴,也要反复提。因为作风问题和人的本性有关,一方面人要上进,另一方面人要生活。人要紧张、又要放松,人要工作、又要休息,它永远是一组矛盾,关键是看你怎么来处理这矛盾。坏的作风,都是由人性的负面因素衍生出来的。我们应时刻警惕,按照中国传统文化的阐释,时刻警惕就是用心,以心格物。你的思想要时时去"格",去碰撞、研究、分析,看看哪些是我该做的,哪些是我不该做的,这就是用心格物,以物移志,通过环境、物质的变化来影响心理、思想的变化。在作风建设问题上最忌惮的是什么呢?在示范性高职院校的建设中最忌惮的,一是懒惰。懒惰有各种各样的表现形式,有一种是从上班到下班一直不做事,有一种是上午懒惰下午做点事,有一种是今天懒散明天做点事。懒惰不利于我们事业的发展。二是懈怠。懈怠与懒惰相比,程度要轻些,为什么呢?因为懈怠的人会紧张、有严肃、有工作,他可能只是疲劳了,或者是受到某种言论影响,产生一种精神懈怠,但是懈怠有时候产生的副作用更大。三是拖拉。这是我们工作中的一个大问题。拖拉在一定范围内可以容忍,但是一旦误事就不能容忍。以上三"忌"会造成三"不",也就是市委提出来的不在岗、不在行、不在状态。懒惰、懈怠、拖拉,都表现为不在岗,不在岗,脱岗是要严肃处理的。其次是不在行,有些同志在工作岗位上干了三五年,对自己做的事情还是不甚了了,稀里糊涂。不懂却不学习、不钻研、不请教。再次是不在状态,是指不在工作状态,觉得学校的事情与自己无关。上课随便对付,照教案念,学生在课堂上睡觉、打架、接打手机、进进出出都不管,这就是不在状态。不在状态的教职工虽然只是少数或个别,但它的副作用很大。不在岗、不在行、不在状态,如果得不到有效处理,最后就会蔓延。为此我们要提倡责任、认真、效率三个词;要提倡自我学习、自我教育。现在开会也是教育的一种形式,其实能惊心动魄、触及灵魂的还是通过自我学习和自我教育来解决问题,内因是决定的因素,靠领导讲、靠外部促动是次要的,关键是靠自己。

精神懈怠的问题在学校很严重。在此,我想举个例子来说明精神的巨大作用。曾经与一些同志讲过蒋介石得天下之事。1924 年 1 月,国民党召开第一次代表大会,毛泽东当选为中宣部长。当时蒋介石比毛泽东的职位小,他只是粤军的一个参谋长,孙中山大元帅大本营的参谋长,没有实权。国民党第一次代表大会之后,孙中山给了他一个重任:担任黄埔军校的校长。从此,经过一次东征,二次东征,打陈炯明,打广州商团,打杨希闵、刘震寰,最后,作为北伐军总司令,率十万之众北伐,到 1928 年 12 月 29 日,张学良在东北易帜,投向蒋介石。他用四年时间统一了中国。四年,他靠的是什么呢? 靠的是金钱。北伐军打到上海,他马上分共反共,分共反共的目的是什么呢? 目的是要得到江浙资本家的支持,江浙资本家立马送他三千万银洋。蒋介石用三千万银洋,把军队从十万扩展到五十万。而且他不反对帝国主义,因为共产党是反帝的,他不反帝,因此得到西方列强的支持,贷款几个亿,把军队扩展到一百万。他依靠的是官僚、地主、资本家及西方帝国主义,靠的是金钱的力量。毛泽东同志领导中国共产党闹革命,从 1921 年到 1949 年拿下江山,用了 28 年时间,他靠的是什么? 靠的是人民、劳苦大众,靠的是救国救民的决心,靠的是一个"气":志气、大气、勇气。一个靠钱,一个靠气,这就是共产党和国民党的区别。国民党败退台湾之后,蒋介石研究,发现金钱不能解决问题。钱造成了国民党军队和政府的全面腐败,而气则成就了中国共产党的全面创新,全面的风气一变,中华民族数百年来的凌辱落后为之一改。因此精神的作用、作风的重要是金钱无法比拟的。

当前学术界有个观点:社会上的腐败现象是有基础的,叫做风气腐败,当然这只是一个学术观点,但它有一定的道理。风气腐败指的是部分社会人的冷漠、麻木、奢侈、浪费、逸乐、庸俗、低劣等等。可以说一个沉溺于洗头、泡脚、打麻将,沉溺于各种不良习气,造成精神懈怠、意志薄弱、法纪松弛的民族,一旦世界发生大变动,那这个民族的前途将会很可怕,很黯淡。这个学术观点认为,现在的中国不是强大,是肥大。我国的 GDP 高居世界第二,但内涵质量不高。美国的 GDP 构成大量的是航天业、航空业、航海业、军事工业,我们大量的是娱乐业、房地产业、食品轻工业,一旦发生战争,将难以应对。众所周知,中国第一艘航空母舰还是乌克兰"瓦良格"号改造的,到现在才下海,而日本在二战时就建有数十艘航空母舰。也就是说,在七八十年前,日本、德国、美国都是几十艘航空母舰。我们现在造航空母舰的能力还非常有限,我们造优质飞机、优质核武器的能力极其有限,这就涉及民族精神。繁言于此,是要说明精神的重要,"气"的重要。

第三,刚化制度。用铁的手腕来保障示范性高职院校建设事业的发展。其实是要解决一个谁说了算的问题。我们这么一个庞大的学校,两万多师生,谁说了算?可以说谁说了都不算,只有靠制度说了算,靠纪律说了算,因此我们要刚化制度。学校工作千头万绪,如果没有严格的制度,不靠制度管理,学校就不能发展得好。刚化制度不是把所有的制度都刚化,也不可能把所有的制度都刚化,也没有必要。现在要刚化的是投诉制度,就是在办事规则的实施过程中,被服务对象可以对服务单位和个人的服务态度和质量进行投诉。这是重点,是难点,也是转折点和推动点。所以,总的来说这三大保障就是三大建设:思想建设、作风建设和制度建设。要用这三大建设来推动我们的内涵建设,乃至全面的建设。

同志们,今天的会只是一个预热。我们还将在适当的时候召开示范性院校创建成功的庆祝大会和表彰大会。创建的成功来之不易,有全校的努力,更有很多一线人员、先进分子的努力,我们不能忘记这些努力,更不能忘记这些付出过辛劳和贡献的人们。我们要通过创建成功机遇,通过庆祝和表彰方式,来进一步激励全校,凝聚人心,把我们宜春职业技术学院的事业办得越来越红火、越来越蓬勃!这是我们共同的愿望,也是我们应尽的历史职责!

(2012 年 2 月 8 日)

风正业欲兴

——在"三风"建设活动月动员大会上的讲话

今天,我们聚集一堂,召开"三风"建设活动月动员大会,非常有意义,也非常重要。今天是五月六日,这个日子很有意味。昨天,五月五日,是伟大导师马克思的生日;今天,是中国农历二十四节气里非常重要的一个节气——立夏。革命导师的诞辰激发着我们致力神圣事业的使命感!立夏节日的热烈增加了我们事业发展的紧迫感。最近,我在思考我院如何推进作风建设问题的时候,阅读了一些中国的古代经典,其中,有一篇《滕王阁序》,我们,尤其是江西人、宜春人必须认真阅读。《滕王阁序》中有很多经典的句子,至今影响着我们。比如,"物华天宝,龙光射斗牛之墟;人杰地灵,徐孺下陈蕃之榻","落霞与孤鹜齐飞,秋水共长天一色"等等。尤其有一句,引起我的注意。"腾蛟起凤,孟学士之词宗;紫电青霜,王将军之武库"。他说的是人才,犹如奔腾的蛟龙和崛起的凤凰。有所大学校园内两条路就分别命名为腾蛟路和起凤路。由此,我想到孕育了中国博大精深的传统文化的创始人物——孔夫子。我是在孔夫子的家乡念书的,我知道,孔夫子是世界上第一个创办大学的人。他当时的学生有三千人,三千人在今天不多,但在当时可是了不得。孔夫子用他的思想影响了整个中国,比如说他的有教无类的思想,师道尊严的思想,勤勉好学、不耻下问的思想等等,至今还产生着重要的作用。两千六百年过去了,孔夫子的传人已经遍布全世界。在我们江西,三千人以上的大学现在已经有 75 所,全国有 2000 所以上。孔夫子用他的思想教育了一代又一代的中国人,培养出了一代又一代的英才,支撑着我们民族发展到今天,直至我们今后实现中华民族的伟大复兴。这个伟大复兴其中就有文化的复兴、教育的复兴。我们进行"三风"建设,刚才几位领导的发言讲话,把道理都说的很透彻,列举的事例很具体,应该说情况也很严重,我们现在要完成的任务——创建省级示范性高职院校,还有一段很艰巨的路要走。今年下半年,我们要继续创建,把我们的学校推上一个更高的层次。

孔夫子教育的学生,和我们现在的学生一样,既要学知识也要学技能。学风很重要,孔夫子作为最早的老师,他为人师表,传授给学生知识、技能和如何做人。我们创建示范院校,践行挑战一流、走向世界的办学理念,用自强不息、与时俱进的校训来激励自己。这个"一流"的工作不流点汗,不吃点苦,是不行的。人们常说,"一流"的工作是要靠"三流"来完成。哪"三流"?流汗,流点泪,有时候磕磕碰碰还流点血。这就是以三流创一流。作风建设说了多少年,推进了多少次,但是我们永远不能松懈。因为我们目前面临的问题,和我们要达到的目标,还有相当的差距。今天我们召开动员会,参加的有老师、有职工、有学生、也有领导,我们有一个共同的责任,就是要把我们宜春职业技术学院又好又快地实现科学发展,跨越发展,完成转型升级。因此,为了实现这个目标,我讲三条意见:

第一,风起于青萍之末,要从小事做起。所谓"风起于青萍之末",说的是风从一个很细微的地方开始启动的。抓作风建设要从小事抓起,刚才各位领导列举的校风、教风、学风方面的问题都是一些小事,比如老师上课接打手机,提前下课,随意调课;比如学生上课玩手机,打瞌睡,不遵守课堂纪律。比如院直部门的行政人员流行一条潜规则,8 点上班,8 点半到是正常的,12 点下班,11 点半走是正常的。作风建设一要抓制度,二要抓教育,三要抓个人,必须从小事抓起,从自我抓起。比如,我们最近抓了些小事,见了成效,同学们就感受到了。我今天看到一条信息,有同学说第一食堂的饭菜质量改善了,服务员的态度变好了,同学们觉得很好。如果是这样,我们要进行表扬,如果不是这样,我们要进行了解,进行整改。请同学们相信,我们有决心,也有办法改变作风建设方面的问题。所以我们要从小事、从苗头、从自己身上来抓这件事。教风何其之大,学风何其之大,校风又何其之大,如果我们不把作风建设落实到每一件小事上,就不可能有根本的改善。刚才杨院长说到"教师课堂教学十不准",这"十不准"是要贴到教室里去的,请同学们来监督。

第二,风吹一边倒,要一边倒地提倡好的作风。今年是我们中国共产党建立 90 周年,我们党能够从小到大,从弱到强,从胜利走向胜利,建立新中国,并且取得今天繁荣富强的局面,其根本原因就是有一个好的作风。毛泽东曾经把党的好作风概括为三条:一是实事求是,从实际出发;二是理论联系实际;三是密切联系群众。这个优良作风在社会主义建设和社会主义改革年代又得到进一步发展。比如说当年的大庆精神,有一个"三老四严"作风,什么是"三老四严"?就是对待革命事业,要做老实人,说老实话,办老实事;对待工作,要有严格的要求,严密的组织,严肃的态度,严明的纪律。"三老四严"的作风就是一个优良作风。那么现在我们要提倡一个好的作风,是因为现在是以经济建设为中心的时代,市场化、货币化、国际化等深刻地影响着我们的社会结构和社会思想基础。尤其是在竞争极其激烈的职业教育发展过程中,我们要提倡和保持好的作风,目的就是要提高我们的核心竞争力。核心竞争力就是教育教学水平。以之为中心,我们正在有所作为。教学大楼正在崛起,力争中央财政给予一千万元的支持;学生公寓正在建设;已在温汤购地一块,把食用菌研究所搬过去。此外,我们还要建膳食大楼、科研大楼等等。如果没有大家的齐心协力,这些事情将很难完成,更不可能创建省级示范性院校乃至国家级示范院校。唯有好的作风才能够把全体教师、职工、学生凝聚起来。因此我们要风吹一边倒,也就是说要一边倒地提倡优良作风,要对那些不良作风进行鞭挞、排斥、驱除。

第三,努力创建风正气顺的好局面。众所周知,作风实际上就是行为模式,也就是人们说话和行为的习惯。不好的作风,都是由于不好的习惯造成的。比如说,我们不允许教师上课接打手机,但是有些老师就是会接打手机,而且有各种各样的理由,久而久之,它就形成了一种惯性,成为了一个潜规则。这就严重地影响了教风和学风。教师都做不到,何谈是学生。所以我们把"教师课堂教学十不准"拿出来让学生监督老师。一个革命家说过,习惯的势力是最难战胜的。我们要改掉不好的习惯,形成好的习惯,是很不容易的。我们开动员大会,旨在更好地在认识上、思想上进一步统一起来;在精神上,让大家警醒起来,振奋起来。刚才郭书记概括了在作风方面存在的三种现象:不在岗,不在状态,不在行。这在相当一部分教职工中是存在的。郭书记还提到了懒、散、贪等现象,也在一定范围内存在。如果我们习以为常,听之任之,不从根本上解决,我们就不可能有一个好的作风。可以说教风、学风、校风,它们是抽象的,但又是具体的,具体到每一个人,具体到每一件事,具体到我们每天要做的、要完成的工作。创建省级示范性院校工作,马上就要进入实质性的阶段,有很多工作要做。我希望通过这次动员大会,能够把我们的思想统一起来,能够把我们的干劲鼓动起来,拥护院党委开展"三风"建设的决定。在此,我号召:学校的管理人员、领导干部、共产党员、共青团员,在"三风"建设当中,要发挥模范带头作用,要起到表率作用!不要成为落后的尾巴,懒惰的祸首,不要成为不好的典型。同时,我还要强调:"三风"建设活动月并不表明作风建设仅仅就是在五月。我们是在五月份,用这个集中的时间来进行教育和动员。我希望通过这一个月的集中教育和整改,能够把好的作风延续下去,发扬光大。我相信,全体教职工和学生代表们,你们是真心拥护学校党委决定的。入党誓言里最后一句话是"永不叛党"。我想要把一件事情做成功,无论是大至一个国家的兴衰沉浮,还是小到一个单位的事业发展,必须要做到两个字:忠诚。如果没有中国共产党两千万烈士前赴后继的英勇牺牲,如果没有中国共产党和人民群众对革命事业的忠诚,革命不会胜利,改革不会成功。

现在,中华民族的伟大复兴方兴未艾,落实到我们学校,就是要把宜春职业技术学院的事业办好。作为教职工,忠诚于我们的事业,也就是忠诚于自己人生的最重要的事业,对事业负责也是对自己负责。教师如此,职工如此,学生如此,行政管理人员更应该如此。所以我们没有理由不从麻将桌、网络游戏等等非良性的现象当中解脱出来!这些非工作的、非事业的不良的行为,严重地影响了我们的教风和学风!在此,我要求大家一起行动起来,共同把"三风"建设好,把"三风"提升到一个新的高度,为创建示范性院校的成功,做出我们的努力和贡献!

(2011 年 5 月 6 日)

无坚不摧是精神

——在作风整顿动员大会上的讲话

　　刚才郭书记对整顿作风问题进行了强调和部署,杨院长对黄牌事件也做了具体介绍和说明。今天,我们开作风整顿动员大会,主题是整顿作风。我们在作风上存在的主要问题,集中表现为被教育部亮了黄牌,我们要采取什么样的措施,如何应对。概括起来说,我们这个会实际上就是讲三个问题:亮了黄牌怎么办? 严峻的局面如何应对? 作风怎么整顿?

　　首先,黄牌来了怎么办? 院党委在前天开会时,提出了三条指导原则:一是正确对待,二是内紧外松,三是正面宣传。其中主要是正确对待。黄牌是件坏事,我们不是神仙,它要来我们阻挡不了,因为冰冻三尺非一日之寒。黄牌导致一年多以来,我们营造的较好的发展局面出现了一个很大的挫折,局面异常严峻,危机立即降临到我们的头上,可以说,我们在一瞬间,内心充满了沮丧和懊恼。这个黄牌影响很大,首当其冲的就是我们今年的招生,今天没有时间在这里说我们的招生遇到了多么大的困难,我只是要说:我们已经到了危机状态! 所以说,黄牌的到来是一件非常大的坏事。但是,另一方面,毛泽东说过,"天要下雨,娘要嫁人",有些事情的发生是不以人的意志为转移的,我们尽了很大的努力,社会上有相当多的人,尤其是关心我们学校的人对黄牌事件都十分关注。前天晚上,网上也出现了一些议论,有些是恶意的,在能够掌控范围内,我们进行了清理,但是这个影响是清除不了的。所以,一方面要看到局面的严峻,另一方面仍然要坚持我们既定的发展、管理、作风三管齐下的方针,不要惊慌失措,更不要失去信心。我们说要正确对待、正面宣传,说的就是我们要看到成绩是主要的,主流是良好的,这个问题的出现说明学校的发展和管理深层次有问题。这个问题,刚才杨院长已经说了,其实就是两个方面:一是发展的问题,建校四年来,06 年红牌预警,五项办学指标不达标,经过努力,我们避免了,07 年还是有一项没有达标。这是由于这几年学校的发展,导致学生过多,老师过少。二是作风问题。在报送教育厅和教育部的报表中,如果我们认真细致的做好了这件事,应该说这个黄牌是可以避免的。但是我们的工作人员,包括我们相关部门的负责同志,却一而再、再而三地出现问题,导致了这张黄牌的出现。正确对待就是一方面要看到极为不利的一面,另一方面又要看到以我们的信心、决心是能够改变现在这种不利局面的。可以说。我们的心里经历了由高空到低空的下落,但任何事情都是有高潮、低潮,特别是出现挫折的时候,尤其如此。所以,在这里,我要重申院党委对这件事情的态度,第一,我们要对这一事件进行严肃处置。第二,我们要进行整改并向教育部报告整改的效果和内容。第三,我们要积极消除这张黄牌在社会上给我们带来的消极影响。

第二个问题,如何应对这一严峻的局面,最集中的一点就是怎么完成我们今年的招生任务。07 年的招生我们取得了很大的成功,但在招生表彰会上我警示过,在成功的背后也许隐藏着问题,甚至隐藏着失败的因素。在今年开学的教职工大会上,我又重申了这样的观点,要求我们要始终绷紧问题之弦。现在,问题还是来了,可以说,如果我们掌控不好,今年的招生计划就很难完成。现在很多同仁学校都在外面说,请注意招生学校,也有人在网上说,这个黄牌下来会影响人口倍增计划。甚至在教育局的招生绿色通道里也没有我们学校的名字(现在已经扭转过来了),我们下去招生宣传的同志也遇到了很大的阻力。所以,院党委研究,对我们今年的招生政策进行积极调整:第一,加大招生宣传力度,对采取的措施进行加强。第二,对没有参加招生包片组的教职工,我们要采取积极措施,调动他们的积极性,把他们的绩效和奖励挂钩。第三,积极动员学生为学校招生做贡献,也给予他们一定的鼓励。同时,在这里,我代表院党委、行政号召大家积极为完成今年的招生任务人人出力,一齐上阵。我们既定的招生方案不变,但我们还要出台新的激励措施、调动招生积极性的有关办法,此外还要增加奖励力度。"有福同享,有难同当",希望我们同舟共济,共渡难关。我们是一个共同体,学校的任何事情都和大家的命运紧密相连。同时,今天的作风整顿动员大会也是为了配合黄牌来了怎么办、我们应该怎么应对而召开的。当然,不仅是作风整顿,我们还要把这个活动延伸到学校工作的各个方面去。

最后,第三个问题,我讲讲作风怎么整顿。作风问题,我在去年刚来的时候就说过,要"三气"、"三为",即"正气,志气、底气""为学、为事,为师",讲的就是作风。一年多以来,虽然我们在作风上有些变化,但正如一位退休老教师在写给我的信里说的,我们学校的作风没有根本性的改变,大量的问题江山依旧。刚才,郭书记已经罗列了很多作风方面的不良表现,我就不多说,仅举挂校牌一事为例。为了加强教学管理和学生管理,我们实行了挂牌上岗制度。就是这个校牌(站起身,拿起胸前挂着的校牌),不管我们怎么强调,郭书记也在会上反复讲,我们始终不能做到100%的教职工挂上这个牌子。今天来开会的老师就有一半以上没有挂牌。是不知道学校有这个规定,还是对规定熟视无睹。试想,如果连一个挂校牌的事都做不到100%的支持和拥护的话,那作风整顿就会非常困难,步履艰难,就会像我们学校的发展一样,道路坎坷,因为我们的工作没有得到大部分人的支持,没有得到全体教职工的拥护。我就不知道,是各部门没有传达好,还是大家有抵触。我希望挂校牌要成为作风整顿第一要做的事。郭书记刚才已经说了,要对活动的落实进行巡查、督察。挂牌这件事,作用是显而易见的,牌上有你的名字、相片,学生认识你的身份,就会心生敬畏,也便于教师之间彼此交流,就我来说,没有觉得挂这牌子有什么不好的地方。

今天,学校的发展来之不易,但是严峻的局面非常可怕。这里,我举个例子:我们的国歌,是首拼老命的歌。第一句,"起来,不愿做奴隶的人们","起来"就是要有志气,要把我们的血肉筑成新的长城,这就是志气。最后"每个人都被迫发出最后的吼声",这"最后的吼声"就意味着局面已经严重到了亡国灭种的危险境地了。这时。就是要拼命,不拼老命,中国就要完蛋。亡国灭种的命运就要降临到国人的头上。我不能说,我们学校来了张黄牌就有这么严峻的局势,但是联系到我们学校"11.6""1.11"事件,我们就可以看见,学校严峻的局面是一个接一个,可以说,只要一个没掌握好,就有可能把我们良好的发展局面全部毁掉。大家可以想想,国歌的精神是什么精神。这就是要扬正气、有血性、有志气。如果没有这口气,作风整顿活动将举步维艰,我们所面临的繁重任务就很难完成。我再举个例子:农运会的时候,开幕式演福哥的500个演员要追加一个拉彩炮的动作,这500个演员全是宜春学院的学生,不接受,当时就在宜春学院塑胶跑道的运动场上坐的坐、躺的躺、睡的睡,省电视台的赵导演怎么也召集不动,宜春学院的领导去做工作也不动,省里有文化厅、广电局、宣传部的20多个领导在现场。我和梁山定同志商量怎么办?实在不行就将500个人都撤掉,500个人都撤掉就意味着要重新找500人来顶替,重新排练,而当时离农运会开幕已经很近了。打电话请示市委、市政府主要领导,都关机,他们当时正在向来宜春视察的省委孟书记汇报,不接电话。而从省里请来的编导认为,这个动作相对简单,当天下午就要训练完毕,第二天他们就要走,离开宜春,你有人没人排练,他们不管,当时宜春学院的主要领导也不在场。到了这种严峻的局面,我就说,事情已经逼到了绝境,首先是把队伍集合起来,不站起来的、不集中的就开除。后来队伍集合起来了,梁山定同志上去求爷爷、拜奶奶地劝说,说尽了好话,但这500人大部分还是懒洋洋地站在那里。这时我就上去了,我首先对他们说,你们这些大学生,首先让我感到羞耻。我说,你们刚才坐在地上,躺在地上,睡在地上,给我的印象就是像鲁迅先生讲过的"一盘散沙",你们有什么用？150年来,中国人民被帝国主义欺凌的历史就是因为当时的中国是"一盘散沙",没有很好地组织起来,任人宰割,受尽屈辱。你们这样能够代表当代大学生吗？如果中国的青年都像你们这样,台海一旦有事,你们就会成为任人宰杀的羔羊！当时我就这样说了这些话,还有些更难听的。我说,如果你们觉得你没有用、窝囊,那么你们就撤掉,就别干。如果你们觉得自己还是个中国的青年,有志气的青年,那么你们就应该接受任务,把这次的动作排练好！在这样的情绪感染下,这500人最后接受了训练,当晚就完成了排练任务。这就是精神的作用。举这个例子,我想说明的是,我们现在同样面临这样的局势、严峻的局面。大家看到,我们要实现中华民族的伟大复兴,实现现代化有多么艰难！就连一个好好的奥运圣火的传递都充满了阻挠和破坏。现在学校的发展势头很好,我们存在的问题,特别是黄牌事件,却把我们推到了一个特别尴尬、特别困难的境地,如果学院党委、全体教职工没有很大决心来改变现在存在的作风问题,改变存在的种种不良现象,可以说,我们学校的发展还会有更大的风浪,我想我们大家都不希望看到学校解体,不想看到如当年国企改革、工人下岗一样的结局。因此,我最后的话就是:我们要动员起来,把工作做好,充分发挥大家的积极性,发挥爱岗敬业、爱校敬校的优良传统,渡过这个艰难的局面,为顺利完成今年的工作任务,通过上级对我院的评估做出我们所有人的共同贡献。我相信,大家会有这个决心！会有这个信心！

（2008 年 4 月 15 日）

为什么　干什么　怎么办

——在为创建省级示范性高职院校发奋工作动员大会上的讲话

今天我们全校教职员工集中在这里，召开为创建省级示范性高职院校发奋工作动员大会。我想讲三个问题：第一，我们为什么要创建省级示范性高职院校？第二，我们现在最重要的是干什么？第三，我们怎么去创建？简而言之，就是：为什么，干什么，怎么办。

一、为什么

我们为什么要创建省级示范性高职院校？

第一，形势逼人。改革开放三十年，我们伟大的祖国发生了天翻地覆的变化，综合国力跃居世界第二，特别是职业教育得到大规模的发展。我们知道，二次大战之后，战败的日本和德国之所以能够迅速地崛起，其主要原因就是它们推行职业教育和有为职业教育所积累的人才。在国家的大力推导下，在十万亿以上职业教育资源等待开发的前提下，我国职业教育蓬勃发展，一批又一批的高职院校如雨后春笋般相继建立。我们宜春职业技术学院就是在这种逼人的形势下创建的。

第二，竞争严酷。江西省有 60 多所高职院校，现在省委省政府决定，从这 60 多所中选拔 10 所成为示范性高职院校。被评为示范性高职院校的学校，不仅可以获得 2000 万元的资金注入，更重要的是，可以为学校的升级转型提供重要契机。比如招生计划，我们学校是先天不足，2007 年我到学校的时候，只有 1000 名大专招生计划，经过两年努力，到现在还不到 2000。而其他很多学校，却有两千多、三千，甚至四千。每个高职院校都竭尽全力，想挤入前列，想成为省级示范性高职院校。不进则退，小进也是退。所以，在这种严酷的竞争环境中，我们必须下决心争创省级示范性高职院校。

第三，理想追求。我们已经确定了新的办学理念：挑战一流、走向世界；确定了新的校训：自强不息、与时俱进；我们的办学目标是全方位、开放式、高质量地建设特色鲜明的示范性高职院校。创建示范性高职院校既是我们的目标,也是我们的理想追求。我在"七一"表彰大会上曾经说过:中国共产党之所以能够成为中华民族伟大复兴的主体力量,是因为她是三个"队":一是时代的先锋队;二是革命的战斗队;三是理想的梦之队。中国共产党的理想是实现共产主义,在当前是建设有中国特色的社会主义,建设小康社会,最终实现中华民族的伟大复兴。这是我们的强国之梦,也是摆在每一个炎黄子孙面前最主要的任务。那么,我们宜春职业技术学院,也要有自己的理想。我们的理想就是建设示范性高职院校,把我们的学校建设成和谐的校园,建设成心灵的桃花源、精神的伊甸园。这是我们的目标,也是我们的梦。我们全体共产党员是"梦之队"的队员,我们全体教职工也应该是"梦之队"的队员。我们要实现这个目标,就必须要在现阶段为尽早地进入省级示范性高职院校而努力。

8月5号,市委市政府组团到省教育厅商谈宜春教育发展问题。就我院创建示范性高职院校问题,省厅领导表态说,2010年的创建省级示范性院校,将给宜春职业技术学院创造重要的契机和难得的机遇,希望宜春职业技术学院抓住机遇,全面动员,进一步把创建工作做好,争取早日成为省级示范性高职院校。机遇已经给了我们,我们还有什么理由不努力、不发奋? 为了学校,为了宜春,为了我们的教育事业,为了国家的富强和民族的崛起,我们必须创建省级示范性高职院校。

二、干什么

"干什么"就是我们现在最重要的是做什么事。

我们都说眼下的中心工作是招生工作,它是我们的第一生命线,是我们的保障线,没有这个保障线,我们的一切工作都无从谈起。但是,我们创建示范性高职院校,除了一般性的保障工作之外,还有基础性的工作,那就是以专业建设为主的内涵建设,包括精品课程建设、教材建设、师资队伍建设等方面。而其中最关键、最核心的就是师资队伍建设。

中国传统对教师的要求,有四个字:德、才、识、学。"德"是品德,要求教师有优良的品德,教师是园丁,是人类灵魂的工程师,在中国封建社会,教师的地位是很高的,"天、地、君、亲、师",教师排在第五位;"才",要求教师有教学能力,不仅要传授知识,还要传授技能;"识"就是见识,你的认识水平有多高,比如说你对学校创建示范性高职院校这一问题是怎样认识的?"学"就是学问,你的文化知识的含量有多少。

记得2007年2月27日我第一次在这里开会的时候就说过,高校办得好不好,看两条:第一,看你的人才,也就是师资队伍;第二,看你的图书馆。我们职业院校,对于图书馆知识容量的追求与其他高校是一样的,但是我们的师资队伍建设,有自己特殊的要求。不但要看学历结构、职称结构,看有多少教授,多少博士、硕士,还要看有多少"双师素质"的教师。这是我们内涵建设和专业建设的主要内容,也是我们学校立于不败之地、永远保持先进的重要基础。

我们学校有很多很好的同志,像今天在这里受表彰的"十佳"班主任,刚才表扬的招生成绩突出的同志,他们为了学校的发展,可以说不仅是一般的兢兢业业,不仅是一般的苦劳、疲劳,他们是有功劳的。为此,我们在这个严肃而庄严的教职工大会上,对他们进行了表彰和表扬。

比较这些先进,比较创建的要求,我们很多教职工还存在很大的差距。具体表现为市委书记谢亦森同志概括的"三不":第一,不在岗;第二,不在行;第三,不在状态。"不在岗",你是教师,你有你的岗位,但在岗位上找不到人;"不在行",对你所要掌握的专业知识,你所要传授的技能,你不懂,或者"半桶水",在这里应付;最重要的是"不在状态",根本就没有一个好的状态来完成学校、部门交给的任务。主要表现为两点:纪律松懈,作风拖沓。刚才会上通报的,今年袁州区中考出现的违纪现象,就是"三不"的集中体现,也是一个严重的警告。类似警告去年已经出现,那张"黄牌"使我院受到重大挫折,延缓了我们招生计划的增加。纪律松懈,作风拖沓的现象不能说不严重,刚才通报的人和事,充分说明了这一点。作为教师,有教师的特殊的要求,有道德的要求,有纪律的要求,有作风的要求,这一点不能含糊,一含糊就要出问题的。如果我们再不采取有力措施,再不高度地重视这个问题,不仅创建不了示范性高职院校,而且还要出现新的挫折、新的危机。刚才我们宣布了"发奋工作"的通知,宣布了创建工作领导小组的人员机构,宣布了成立院级教学督查组,包括原先进行的督导工作,就是要对校风校纪、师德师风进行全面的督查和督促,就是为了解决这个作风问题。

三、怎么办

目前我们学校的发展形势比较好,有将近 6000 名的高中毕业生报考我院,有 2100 多名填报我院为第一志愿;有几个银行都追着要我们贷款。为什么呢?我们有信誉,我们的形象好。但是,如果我们纪律松懈,如果我们作风拖沓,就不可能在创建工作中取得胜利。怎么解决这个问题呢? 一要有责任心;二要有纪律性。责任心是工作岗位赋予你的责任,是学校给你的责任,是你作为一个教师应有的责任。怎样把你的责任与学校的创建工作,与我们国家职业教育的发展联系起来? 这就需要把责任心上升到使命感的高度,这样,你才能警醒自己、鞭策自己、鼓励自己。纪律性是工作要求,假如说责任重于泰山,那么纪律就如同衣衫。纪律就是你穿的衣服，是约束你的，是提升你的，是你的形象和品格的保障。你不要纪律，等于你不要穿衣服，你要有纪律，就要循规蹈矩。纪律性也要上升，上升到什么？上升到自觉性。纪律是外部施加的要求，自觉性是一种自我的内在要求。所以，责任心要向使命感提升，纪律性要向自觉性提升。

在这里有必要说说我们的校训。我们现在的校训是：自强不息、与时俱进。它既有我们传统文化的内涵，又有我们时代的要求。学校要自强不息，创建示范性高职院校就是自强不息的最典型、最集中的表现；教职工也要自强不息，你不自强就会后退，就会被淘汰。

那么，自强有什么内涵？其内涵包括三个方面：第一，自己看重自己。作为一个教师，要有教师的尊严。我们的社会发展很快，社会文化极其复杂，尤其是西方文明与东方文明的交织，特别是西方生活方式的流播，给我们整个社会的政治思想造成很大的扰乱，给中国的传统带来极大的挑战。这里面有合理的，有不合理的；有高雅的，有低俗的。各种各样的诱惑会导致人们背离自己的人格，偏离自己的轨道。在此，我要特别强调，教职工不要赌博，听说最近赌博之风又有上升之势，这是我们教师自己不看重自己的表现，是不要尊严，不要人格的表现。第二，自己要战胜自己。每个人都有人性的弱点，都有性格的缺陷，都有教育的不足。要成就一件事，必须要战胜自己的这些弱点和不足，要时刻与自己可能出现的违反纪律、违反制度的行为做斗争。战胜自己是很困难的，但是作为一个自强不息的人，必须时时保持战胜自己的心态。第三，自己强大自己。只要按照学校纪律，党员按照党规，公民按照法律，特别是在示范性高职院校的创建工作中，严格地、一丝不苟地按照学校的要求来展开工作，那么，你在人格上，在工作上，就会强大起来，就会受到人家的尊重，得到公众的承认。在此，我对自强不息做出进一步诠释，目的是为了在师德师风、校风校纪建设方面，特别是在解决当前我们存在的纪律松懈和作风拖沓这两个问题上有一个大的进展。

今天我们召开为创建省级示范性院校发奋工作动员大会，我说的"为什么、干什么、怎么办"这三个问题，集中到一点就是自强不息，发奋工作。希望今天的动员大会能够对我们全体教职员工起到鞭策、激励作用，能够使大家振奋起来、鼓舞起来、行动起来。如是，我们就一定能够实现创建省级示范性高职院校的目标，我们也一定能够走向成功，走向胜利，走向美好的明天！

(2009 年 8 月 27 日)

创造灿烂明天

——在迎评再动员大会上的讲话

　　今天我们的迎评动员大会是在特殊的情况下召开的,12 月 22 日也就是一个月后,教育部迎评专家组就要进入我校。距评估就是一个月,学校党委行政高度重视这个会议,进一步以此次会议来凝聚人心,全面动员。

　　我要说三个事。第一,紧迫性。第二,重要性。第三,积极性。紧迫性不仅仅是指时间上只有 30 天,而是指我们在精神状态上要全面地动员,全面地进入。为了迎评,我们已经足足准备了一年半,概括整个过程,也可以说是打了"三大战役"。第一是总体战,全面教学水平的提升和教学的管理,全面的基础设施建设"五大工程",全面的实验实训设施的改变。从教师人才的引进,学生管理的全面加强,从各个方面对我们学校的管理、协调进行了提示。第二是材料战,因为迎评最终看的更多的是材料,指标、表格、方案。我们集中了相当的人力和人才,动员了各系部院、院直单位各部门进行了全面准备。到底怎么样?现在,关键时刻到了。我们还要在这一个月的时间内对所有的材料进行检查、过筛。第三,接待战。也就是一个月后,专家组就要进来,我们现在已经制定了一个全面的方案,这个方案很快就要实施,这也是前哨战全面的接待。按照市政府的说法,我也套用一下,我们这个方案最终落实为 9 个字,就是项目化,时间表,责任人。项目化就是对整个评估专家各项工作的接待展开,要分成一个一个的项目,落实为一个一个的小方案,确定进度,也就是时间表,最后敲定责任人,用这 9 个字来规范我们整个接待方案的落实。所以,我们全体教职员工要有紧迫感,时间就是一个月,大量的工作需要我们去做,在这个问题上没有任何理由松懈。这个动员不仅仅是指我们工作上全面动员,精神状态全面动员,包括整个氛围都要动员。我们学校搞了"五大工程"建设,大家都看到了,当然现在是冬天,我们美丽的荷塘大家现在看不见了,但是我们可以以我们整洁的校园环境,以我们高度的精神状态、认真的工作态度来迎接专家组的到来。他们通过这一切可以看到我们的工作精神和工作业绩,我说的全面动员就是要加强紧迫感,落实到每个人每件事每个细节,这个话要通过方案的实施来体现,这就是我要说的第一个问题紧迫感。

第二是重要性。迎评的重要性我想大家都知道,我再从另外的方面来强调,我们已经在去年的教职工代表大会通过了我们的发展规划和计划,市政府也给了我们目标,在五年内增加 5000 学生,我们提出了"冲刺全国百强"的目标,但是非常客观地说,我们离全国高职院校的百强要求还有一定距离,但是距离大不代表我们不去努力,更不等于我们要失去目标,任何一个单位、一个国家它都要有理想,有目标。这次美国总统选举大家都看到了当选总统奥巴马就实现了美国人的梦想,也是原来他的先辈马丁路德金——一个黑人牧师的梦想。那就是在未来的某一天黑人能当上美国总统,在美国消除奴隶制已经几百年了,但是消除奴隶制的阴影还不知道要多少年的努力,但是现在,美国的梦想在奥巴马身上实现了,也就是这个梦想带动下的变革激动了整个美国。我们要发展,我们也要有自己的梦想,这个梦想就是建设一流的高职院校。上周,我和龚建华市长,舒建勋副市长和教育局长一起到省教育厅,为我们两件事情在跟省教育工委书记、省教育厅厅长、省教育厅的各处领导进行了会谈。第一是我们学校明年的大专招生计划。我们学校现在全日制在校生有近 1.4 万人,我们今年和去年的招生取得了很大成绩,这并不表明有多大优势,人数多带来了很多问题,管理、安全、稳定的压力也会更多更大。我们的目的是要在国家大力发展高职教育的历史进程当中更快地转型,更快地转进,由中专型向大专型最终向本科型转制转进的目标,而要达到这两转,我们必须有一个一流的目标牵引着我们。在上周的座谈会上,省厅的领导评价我们的学校,认为我们学校有特点,一个是医学类,一个是师范类,因为这两个特点可以向教育部申请更多的大专招生计划。前两天,我又陪龚建华市长、刘定明常务副市长到省厅,他们把教育厅领导的批示拿给我看,同意在我们明年的招生指标中给予我校适当的倾斜,也就是说我们明年的大专招生指标会有一定幅度的增长。第二,江西省已经决定在江西的 40 多所高职高专院校中确定 10 所位示范性院校。省教工委书记、教育厅长虞国庆同志听了我们的汇报以后,他问我们学校在全省的排位是多少,我说在 20 名以内,如果在设区市排名,是第一。虞国庆厅长就转头问高教处处长是这样吗?高教处处长掌握着全省的高校情况,他就说全省 20 名是排得到,因为省里的高职高专院校水平肯定更高,问题是全省只评十所示范院校,评上了给 2000 万,明年 2 所,分四年完成,也就"2、3、3"计划,但现在要求加快,一年 3 所,变成"3、3、4"。虞厅长问哪在设区市呢?高教处处长回答一、二名。龚市长就马上向省厅领导郑重提出建议，如果说每年搞两所的话，我建议示范院校要考虑全面，均衡各方，调动各个方面的积极性。因为按照硬性的排，我们排在20名，够不上，应该省里评一所，设区市评一所。如果设区市评一所，那么我们宜春市应该是当之无愧的，虞厅长马上表态，这个可以作为一条重要的思路向上面报告。但是有一个关键问题，我们能不能上省级示范院校，能不能拿到2000万，并且进一步转型转进、升格，关键在下个月22号的评估，它要看你评估之后的各项指标水平，这不是就我们几个领导在这里说就能办到，那就要全面动员全校教职员工同学们都要一起来顺利地成功地过好评估这一关，所以我们在评估的重要性上我要说的就是我们的目标。我们的目标就是办一流高职院校，所以上个月我在北京参加《中外护理教育合作发展论坛》回来以后，我就提出了我们学校要有一个办学理念，在上次的领导干部会议上我已经说了，我们要有一个目标我们要在国内外的竞争当中，立于不败之地，必须要有这样的一个精神状态，那就是"抢占制高点，掌握发言权"。这个制高点就是你的办学理念，理念就是思路，那就是我们必须"挑战一流，走向世界"。今年我们已经派出了第一批赴英实习的学生，我们还要扩大规模，继续地派遣，我们要全面地走出去，很快我们就要派出教师到菲律宾远大大学学习，把现在世界上最为先进的护理教育的先进模式带回来。我们现在的外教进来了，我们的老师要出去，我们的学生要出去，所以我们又两个"坚定不移"，一是坚定不移地做我们的护理品牌；二要坚定不移地走出去，通过走向世界，全面提升我们的办学水平，培养更多的职业教育人才。当然，最终检验我们"挑战一流走向世界"的标准是你首先必须过评估这一关。

第三，积极性。我们办好一个学校，跟办好一个国家，振兴一个民族是一个道理，这就要全面调动所有人的积极性，百分之百干部和群众职工的积极性，也就是毛泽东曾说过的十个指头的积极性。要调动这个积极性关键在于力的关系，关键在我们的办学理念，要科学治校、民主治校，要把更为先进的教育模式引进到我们学校来。我们学校在建校后走过了不平凡的历程，成绩不小，问题很大，即便就是现在我们面临评估的前夕我们还存在很多问题。我们的教学水平管理水平还是有问题，还有我们的校园环境、校园基础设施建设，实验实训建设需要我们做太多的工作。但是现在我们在迎评的前夕最突出的是两个问题，我们教职员工思想情绪方面的问题，对待迎评一是事不关己，与我无关，我就是一个旁观者。如果等专家组的人问他，你们学校评估怎么样啊，他反问哪里有什么评估啊？那就糟了。二是敷衍了事，马虎大意，从来不认真把自己的事做好，这就是我们学校今年黄牌事件的主要原因。我们要搞好评估就要跟这种不是主人翁的心理、懒散懒惰的心理要进行斗争,发现类似的问题一定要严肃追究处理。今天开动员会也是要告诉大家评估到了真正的冲刺阶段,要全面动员,要让每个人不仅知道,还要参与。

我们就要开始评估了,这个评估决定着我们未来发展的方向,决定着我们办学睡办学层次的提高,也联系着我们全校师生的根本利益。我们有两个明天,一个是灿烂的明天,一个是黯淡的明天。向灿烂的明天要靠大家的努力,只要我们团结一致、齐心协力,我们的明天一定会灿烂,黯淡的明天永远不会属于我们宜春职业技术学院。

希望大家团结一致,续努力,为让我们学校顺利通过评估作出自己应有的更大的贡献。

(2008 年 11 月 22 日)

团结一心　为成功创建而努力奋斗

——在迎评促建工作总结表彰暨创建示范性高职院校再动员大会上的讲话

今天,我们在这里隆重举行迎评促建工作总结表彰大会,并对创建省级示范性高职院校进行再动员。去年的这个时候,大雪纷飞,寒风扑面,在那个冬天,我们经受了专家组严格的考评,顺利通过了教育部人才培养工作水平评估。今年冬天,我们对评估工作进行总结表彰。可以说,去年的冬天是严酷的,今年的冬天是温暖的。我想起英国诗人雪莱的诗句:"冬天到了,春天还会远吗?"用他的诗来形容我们此时此刻喜悦的心情是非常合适的。评估的顺利通过是来之不易的,是经过全院上下齐心协力、团结一致、开拓奋进所取得的。经过两年努力,克服无数困难,实施六大工程建设,加强学生管理、安全稳定、实验实训建设、招生、就业工作等等,我们终于迎来了成功,顺利通过了严格的考评。

评估的顺利通过至少可以得出两条结论:第一,我们已成功地走出了负面影响的巨大阴影。这个阴影就是由06年的"11.6事件"、07年的"1.11"事件、红牌示警、2008年的黄牌事件等一系列不安全稳定事件所形成的。我们从这些阴影中走出来非常不容易。第二,我们赢得了一个很好的发展态势,集中体现在学校资金环境走向宽松以及招生工作连续两年的成功。资金环境的宽松来之不易,早在2007年,学校的资金环境非常紧张,那个时候是我们去找钱,钱不来找我们。经过两年的成功发展后,钱来找我们了。我们赢得了一个很好的声誉和形象,我们彻底地扭转了被动局面。我们连续两年招生都在5000人以上,超过了预定的招生任务。

评估的顺利通过,为我们积累了宝贵的经验,也向我们提出了新的更高的目标。

一、顺利通过评估不是终点

评建工作已经结束,但我院的发展才刚刚起步,按照我院提出的"三步走"发展战略:学院建校初至2008年,是奠定基础阶段;2009年至2013年,是发展巩固阶段,这一阶段通过深化教育教学改革,完善教学基本建设,完善内部管理体制和运行机制,提高教育质量和办学效益,将学院办成省内具有鲜明特色的示范性高职院校;2014年至2020年,是发展提高阶段,这一阶段着重建设高素质师资、特色专业、精品课程,大力增强学院的自我发展能力和竞争实力,将学院建成国家示范性高等职业院校。因此,我们前面要走的路还很长,我们要完成的事业还很大,我们绝不能懈怠。

另外,从近几年激烈的竞争来看,我们仍面临着巨大的压力;从发展的差距来看,我们与省属的兄弟院校、省外的兄弟院校差距还很大。在此,我想用两句话来概括:不知道差距就是最大的差距,没有危机感就是最大的危机。

二、团结奋进是永远的宝贵财富

我们之所以能够顺利通过评估,就是因为我们全面动员,全院团结,努力工作。这里面反映了三点:

第一,主人翁精神。08年的评估,两年的准备,充分体现了全院教职工高度的主人翁精神,这种主人翁精神体现在工作上的主动性、积极性、进取心、责任心,就是刚才发言的同志说的"舍小家,为大家",也正如我们校园歌曲里说的"美丽的校园我的家"。有了这种主人翁精神,没什么事干不成、干不好。

第二,危机感。党委始终强调,在负面影响的巨大阴影下,我们要"居危思危"。危机感充分体现了全院教职工、全体师生对宜春职业技术学院自身命运的关注之情。有了危机感,就会有使命感,就会焕发出巨大的能量。

第三,团结奋进的精神。全院师生在迎接评估和接受评估的过程中,凝聚出了一种团结奋进的精神,那就是万众一心、齐心协力、不怕困难、连续作战,要坚决地取得胜利的精神。团结奋进的精神是我院非常重要的精神。没有全体的投入,全面的动员,我们不可能取得昨天的胜利,更不可能取得我们未来的创建示范性高职院校的胜利。在创建示范性高职院校的工作当中,我们要继续发扬团结奋进的精神。"人心齐,泰山移",万众一心,没有什么困难不能战胜。

三、成功创建是我们新的目标

今天的会议有两个主题:一是总结表彰;第二个,也是更重要的,就是为创建省级示范性高职院校再作动员。成功创建,是我们新的目标。

第一,创建示范性院校是发展所需。概括起来,就是"天命人心"。所谓"天命"，就是我们国家职业教育飞速发展的态势，是中央对职业教育发展的高度重视和重大投入，是社会发展和现代化建设对职业人才的需求。我们要听从这个"天命"，服从这个"天命"。但是听"天命"还要顺人心。所谓"人心"就是全体师生要把学校建设成为示范性院校的需求，把学校办得越来越好的愿望。只要我们顺天应人，就一定能够立于不败之地，一定能够无往不胜。

第二，我们有成功创建的天时地利。"天时"就是省委省政府高度重视职业教育，决定用4年时间，在全省70所高职高专院校中，树立10所示范性高职院校，这是一个机遇。党委今年1月份决定参加10所示范性高职院校的竞争，我们今年报了。目前，10所示范性高职院校已经评掉了4所，这4所都是省属高职院校，还剩下6所。据教育厅的领导说，如果省财政资金到位，明年就一次评出6所示范性院校。因此，我们的压力更大，我们面临的形势越来越严峻。天时要靠我们去抓，机遇我们不能放过。"地利"就是市委市政府对我们创建工作的大力支持。市委书记谢亦森、市长龚建华同志两次和我以及有关部门的负责同志到省里去争取我们的招生计划，争取我们创建示范性高职院校的待遇和条件。省教育厅领导对我院留下深刻印象并给予充分肯定。这种印象是来之不易的，这个肯定也是来之不易的。正是因为顺利通过评估形成的良好发展态势，给省厅领导、市委市政府的领导留下很好的印象，给了他们信心。

第三，团结奋进是成功创建的关键。我们要获得明年创建示范性院校的成功，要靠我们团结奋进，靠大家齐心协力。没有全院师生的共同努力，创建示范型高职院校就是一句空话。我们要继续努力，加强以专业建设为重点的内涵建设、基础设施建设、安全稳定建设、学生管理工作、思想政治工作，等等。一项不能少，一个不能缺。因此，在今天的总结表彰大会上，我再一次向全体教职员工发出号召，号召大家迅速行动起来，为实现示范性高职院校的理想和目标共同努力！

同志们、同学们，总结表彰去年的评估工作是我们今天会议的主题之一，而对创建示范性高职院校进行再动员是我们当前更为重要的工作。我希望，在党委的领导下，大家团结起来，党委吹号，大家冲锋，尽早、尽快地实现创建省级示范性高职院校的目标。我相信，并坚信，我们一定能够实现这个目标。

（2009年12月1日）

站高望远　强势推进

——在"基本建设新工程推进动员大会"上的讲话

在开学之初,我们召开宜春职业技术学院基本建设新工程推进动员大会,一方面,表示一种新的气象;另一方面,表达我们的决心。我院八项工程建设体现为"三高",高强度,高密度,高难度,需要各方面的紧密配合。为了全面推进工程建设,我们在前年就成立了拆建指挥部。现在,为了配套八项工程建设,又成立了项目协调办公室和跑项争资办公室。另外院党委任命宋伟同志担任院长助理,具体负责新工程的推进工作。应该说院党委对新工程的建设决心很大,信心很足,一定要在两年零四个月,从明天9月1号开始,一共是850天,完成上述八项工程。这个决心是不好下的,为什么?两个字。一是钱。我们宜春职业技术学院建校以来,历尽坎坷,现在终于摆脱了困境。我们原来是拼命地去找钱,现在是钱来找我们。但是来找我们的钱不是白给的,我们在经济上依然紧张,压力依然很大。八项工程除掉教职工宿舍的建设,真正要盖起来的房子是九到十栋,到2013年底我们将要付出1.4个亿。我们的自筹能力达不到这个数。所以我们依然要去找钱,依然要在钱的压力下奋战、前行。二是难。不仅困难,而且还有无数数不清的磨难、辛苦、辛酸。一流的工作要靠"三流"的支撑,"三流"就是流血、流汗、流泪。流委屈的泪,流伤心的泪,当然还有高兴的泪。没有"三流"创造不了一流。这个磨难集中体现在食用菌研究所搬迁问题上。我们想在温汤要块地,建设新的食用菌研究所,看了几个地方,始终是因为各种困难,到现在还没有最后敲定,期间的辛酸和艰苦是难与外人道的。但是,钱的问题也好,难的问题也好,我们党委反复研究,决心要强势推进新工程。

首先,强势推进必须要下定决心。

决心是什么?决心是正确判断,决心是意志力的表现,决心是一种人生的境界,决心是志气。没有决心什么事都办不成。今年是我们中国共产党建党九十周年。1921年7月23日,当时中国共产党建党的时候只有五十多个人,他们的决心何等之大,五十多个人颠覆了旧中国,建立了新中国,实现了中华民族伟大复兴、繁荣昌盛的局面。

昨天我们学校请来了两个外籍教师,一个叫麦尔,一个叫劳伦。劳伦一米八的个头,爱尔兰人,是从美国的阿拉斯加迁过去的。麦尔是犹太人。我问劳伦,你来自美国哪个州?她说弗吉尼亚州。我说弗吉尼亚州不简单啊,总统就有好几个:华盛顿、麦迪逊、门罗。门罗创造出了一个门罗主义,正是门罗主义几乎改变了二战的整个局面。为什么呢?当时法西斯肆虐,日本侵略中国,德国在欧洲到处欺凌,美国始终不出手、不表态,更不动兵。我只管我自己的事,我只管我美洲的事。你欧洲的事、亚洲的事跟我无关。你的战火不烧到我头上来我不会动,我的利益第一,这就是门罗主义。罗斯福总统前期奉行的就是门罗主义。不动、不干涉、不过问、不问是非,没有正义和公平可言。如果1941年6月22日,法西斯德国不突然进攻苏联;如果日本法西斯在1941年12月7号不袭击珍珠港;如果英国不在旦夕之间可能陷落,不彻底伤到美国的利益,他是不会出兵的。所以按照门罗主义的逻辑,如果美国不出兵的话,法西斯德国将摧毁俄国统一欧洲,日本将摧毁中国。那世界的格局绝对不会是今天的模样。但罗斯福总统最后抛弃了门罗主义,下定决心干预欧洲,进入亚洲,发起太平洋战争,世界格局为之改变。

我院只是地球上的一个极小的局部,我们只是要实施小小的八项工程。但是要把这件事情干好,必须吸取市委市政府的建设经验:项目化、责任人、时间表。办好这件事必须强势推进,必须下定决心。刚才七位同志都在会上表了决心,现在我是第八位。我代表院党委也在这里表决心,我们一定要把这个事情干好。强势推进必须要有决战的决心。决战是一个军事术语,就是要敢于拼刺刀,敢于刺刀见红,要敢上。我们一定要有这种决战的态度。今天的会议既是新学年的教职工大会,又是新工程的动员会,更是走向明天的誓师会。所以没有决战的态度是不行的,我们经常说的一句话:"态度决定命运"。有一个正确的态度,有一个下定决心的态度,我们没有做不成的事情。

第二,强势推进,一定要站得高,看得远。

我们为什么要搞新工程建设,我们不可以不搞吗?我们不搞不是一样的吃饭、睡觉、教书、休闲吗?同志们,如果是这种态度的话,那肯定是不行的。但这种态度在相当一部分教职工中存在:我就是上课、拿工资、吃饭、睡觉、娱乐,学校的事情与我无关。胡锦涛在建党九十周年的讲话里强调了四个危险,这四个危险就是:第一,精神懈怠的危险;第二,能力不足的危险;第三,脱离群众的危险;第四,消极腐败的危险。摆在第一位的是精神懈怠的危险。精神懈怠在我们学校也存在,我们的作风非常成问题。作风决定态度。我们要做好一件事,没有一个坚决的态度,没有一个振奋的精神,没有志气,必将会失败。为了解决精神懈怠的问题,我们开始了"三风"建设,"三风"建设要解决的也就是精神懈怠的问题,现在不仅是"问题",胡锦涛同志讲是"危险"。这是针对全党来说的,八千万党员,如果全部精神懈怠,就是一盘散沙,一盘散沙就意味着被人侵略、侵凌、宰割,完全处于一种被动的、无助的境地。

我院的办学目标是全方位、开放式、高质量建设特色鲜明的示范性院校。我们要从两个方面用力:一是加大内涵建设的力度,包括师资队伍、精品课程、教材、双师素质、实验实训、校本教材等。要从内涵建设方面,确立我们的软实力,提高我们的核心竞争力,也就是教育教学水平、办学水平。二是基本建设。俗话说"江山易改,本性难移"。但是在经济全球化、市场化、国际化的时代,江山易改,人性也易改。现在我们要改的是学校的面貌,目的是创建示范性院校。我们的第一步是通过教育部的评估,第二步是争取在今年完成省级示范性院校建设,第三步是再用三年的时间完成国家级示范院校的建设。这是我们的理想,也是我们的目标。在没有实现以前它是梦想,实现之后,它就是我们的成功和胜利。当前,随着国际化、市场化全面的推进,西方发达的职业教育的理念和思路已经开始进入并且占据优势,而我们国内在近十年的发展中,已经形成残酷竞争的态势。教育部专家预言,在若干年内,有相当多的高职院校要被淘汰、关闭。我们要有这种危机感,要看到随着中国现代化进程的加速,随着中国成为世界第二大经济体,在十年左右成为世界第一大经济体的这种可能成为现实的时候,我们的职业教育将会是什么样子,以我们现在这样的状态能够应付未来的挑战吗?肯定不行。所以我们要把示范性院校的建设作为我们的目标,作为我们神圣的理想。

我们学校有一个荷塘,大家都很喜欢它,也很爱护它,我经常和保卫处的同志说,你们要把这个荷塘保护好,禁止下去采摘、践踏,破坏美丽的景致。为什么呢?荷塘给我们带来愉快,令人赏心悦目。在这么一个闹市,在这钢筋水泥林立的地方,有这么一个荷塘,它成了我们精神上的一个乐园,也可以说是我们精神上的蜜糖。但是我们真正的精神上的蜜糖是什么呢?是示范性院校的创建成功。示范性院校,省级的、国家级的,这才是我们真正的乐园,真正的荷塘。我这里有三句话,这三句话是对我们学校创建的设想。第一句:站前列;第二句:坐高位;第三句:有厚劲。站前列就是要在江西省六七十所院校里面,我们要站到前面去,这就是成为省级的示范性院校;坐高位,坐在一个高位、高端,就是在未来的三年,要进入国家级示范院校,进入百强;有厚劲,就是说我们的内涵建设、办学水平、人才培养模式及运转机制，积蓄着深厚的力量，有发展的可持续性和后爆发力。这样我们就能十年、二十年的立于不败之地，就能在赣中、赣西乃至整个江西占有一个优势的战略位置。这三句话：站前列、坐高位、有厚劲，概括起来就是顶天立地。站前列是指发展的速度，坐高位是指发展的质量，快和高那就顶着天啦，我们在高端，站在地上，顶着天上坐高位，这就是顶天立地。顶天立地才能让我们的学校真正强大。我们的校训是：自强不息，与时俱进。"自强不息"来源于古人的一句话："天行健，君子以自强不息。"但它真正的来源是《易经》里面的乾卦。乾卦就是天卦，乾就是乾坤。"自强不息"就是充满了阳刚之气，充满了强势推进，充满了决战决胜的精神。所以，强势推进要站得高看得远，要有顶天立地的气概。

第三，强势推进更要全面推进。

我们这么大一个学校，不可能天天、时时都关注、都做基本建设新工程这件事，我们要做的事还很多：内涵建设、安全稳定、作风建设等等。在安全稳定方面，我们今年采取了一个比较彻底的措施，就是对所有的大学生、中专生进行心理测试。在对中专生进行心理检测的时候，发现了 46 个新生有严重的心理问题，发现了入校之前割过腕的学生，还发现了神经病，有 11 个新生要劝退。像这种定时炸弹，如果我们不把他找出来，很可能会出事。我们还要推进服务态度，我们正在制定重点行政部门的办事规则，各个部门应该怎么办事，服务态度应该怎么样，要告之所有的教职工和学生，办得不好可以投诉。服务态度是至关重要的，我们上个星期在膳食管理处开了个座谈会，对整个膳食工作进行了一个全面的总结和布置。我想我院的膳食工作应该是做得不错的，但是问题还是不少，我们的管理水平、花色品种、服务态度，尤其是窗口的服务态度，学生是非常不满意的。我院的办学体制行政色彩比较浓厚，在处置一些大事、突发性事件的时候，很有力量，很团结。但是在处置日常的琐事、细节方面，非常薄弱。全方位、开放式、高质量建设特色鲜明的示范性院校中的"全方位"，就是学校全面的工作，重点是指精神作风。作风问题是当今社会存在的普遍问题，党风、民风、国风、村风、市风、街风，哪个风气都有问题，但在我们学校就是校风、学风、教风。要全方位的创建示范性的院校，就要全方位的强势推进"三风"建设，解决精神懈怠的问题。学风懈怠、教风懈怠，校风懈怠，这都是属于精神层面的问题。我们在上个学期已经下发了通知，是把上个学期开展的"三风"建设延续到全年，我们要坚持不懈地做下去。

强势推进必须下定决心，强势推进必须要站得高看得远，强势推进更要全面推进，这是我们现在要努力的。我们要动起来，要干起来，要跑起来，我们的学校就会有希望。居安思危，有时候还要居危思危，我们在成功的时候要看到失败，去年我们创建示范受挫，但是在受挫的时候要看到光明，要看到前景。现在又到了我们要拼搏、要奋战的时候了。八个项目牵涉到方方面面，每一位同志都应眼观六路，耳听八方，不要做事不关己、高高挂起的闲人，要做一个有责任、有良心、有积极态度的人民教师。我相信，只要我们大家努力工作，团结一致，奋力拼搏，不仅这八项工程，我们的全部工作都能够干好，也一定能够干好！

（2011 年 8 月 31 日）

奔向新征程

——在创建省级示范性高职院校成功表彰大会上的讲话

今天,我们隆重举行创建省级示范性高职院校成功表彰大会,首先我要向创建突出贡献个人和先进个人表示祝贺,同时也借这个机会向全校教职员工表示问候:同志们,为了创建,你们辛苦了。

创建突出贡献个人和先进个人凝聚着全校师生的创建精神,正是他们也通过他们带动全校教职员工,我们的创建才获得了成功。中国有句老话:人心齐,泰山移。我们终于把创建这个泰山拿下来了。马克思说过:在科学上没有平坦的大道可走,只有不畏艰险沿着陡峭山路攀登的人,才有希望达到光辉的顶点。这种攀登的精神,也就是我们的创建精神。我们一定要在学校的改革发展稳定上面,尤其是在创建方面,抢占制高点,掌握主动权。

1月6日,学校把一块磐石从大山深处搬运出来。什么叫磐石?磐石就是巨大厚重的石头。这块石头千难万险出深山,重113吨,动用了3辆180吨的吊车,一路桀骜不驯地来到我们学校,现在竖在广场西侧,还没有刻字,没有修饰。据我所知,在宜春中心城建城两千二百年的历史上,这是一块最大的进城石头,它的生存历史有一亿五千万年,是当年明月山,也是整个罗霄山脉在海洋地下往上隆起的过程中裸露到地表,经过千万年的河水冲刷,才为我们所发现。这块石头耸立在学校象征着什么呢?石头的前身是火,是岩浆,它在地壳下面是燃烧着的,耸出地面就凝固成磐石。我们把它立在学校,就是要象征一种自强不息的精神。这块石头来自于地老天荒之处,经历无数的时间和空间的磨砺,那样的坚韧不拔、百折不挠,那样的顽强、昂扬、向上。我们需要的就是这种磐石般的坚固、顽强、百折不挠的精神。北京中国人民解放军301医院的大校矫向前主任对我说:"我下次来的时候要看看石头上会写几个什么字。"我想我们要写的字一定要体现我们宜春职业技术学院人的创建精神,体现我们抢占制高点的攀岩精神、登顶精神。

但是前面的路还很远，我们还要向国家级示范院校前进，摆在我们面前的任务仍然很繁重，我们不能懈怠。我们的目标是全方位、开放式、高质量建设特色鲜明的示范性高职院校，最终目标是国家级的示范性高职院校。当前我们要完成的任务有三项：基本建设、内涵建设和作风建设。基本建设，我们要在两年半的时间里投入 1.4 亿，彻底改变校园面貌和基础设施条件；内涵建设，我们要投入 4000 万，改革陈旧的办学模式，锻造崭新的核心竞争力，这项工作通过 2 月 10 日的党委会提出的十个问题来具体落实；作风建设尤其重要，它是学校改革发展稳定的基本保障，我们要在"三风"建设方面做出更大的努力。

面临光荣而又艰巨的任务，我们应该以一种什么样的姿态来迎接挑战，走向未来？我想，我们今天召开表彰大会，就是要进一步弘扬敢打硬仗、敢于胜利、百折不挠的创建精神。没有这种精神我们不可能无往而不胜，唯有这种精神我们才能一鼓作气，锐不可当，取得胜利。要达到高远的奋斗目标，要完成如此繁重的工作任务，我们最缺乏的最需要的，除了这种精神之外，还要赢得时间。时间对我们来说太重要了。我们创建省级示范性高职院校花了三年，我们是不是还需要一个三年甚至更长的时间来取得创建国家级示范性高职院校的成功？这要靠大家的共同努力。但时间是不会等人的，时间就是生命，生命就是时间。我们要有神圣的使命感，要为学校创建国家级示范性高职院校争取时间，加快速度。对时间的管理是最重要的管理。时间有两个算法，一个是算字法。就是要把时间落实到分秒，落实到昼夜，凡是对时间掉以轻心的人不可能做出多大贡献，而善于计算时间和管理时间的人就是成功者；二是紧字法。就是在时间的面前你要感觉到紧迫，时间就是生命，生命就是几十年。毛泽东说过：天地转，光阴迫，一万年太久，只争朝夕。说的就是时间的紧字法。我们很多同志做事喜欢拖延、等待、观望，老是说等明天吧，多少事因为这个明天而拖延下来。所以古人说：明日复明日，明日何其多，我生待明日，万事成蹉跎。法国哲学家加缪说：对未来真正的慷慨，就是对现在的投入，而不是等待明天。

同志们、同学们：春天到了，江南三月，草长莺飞，树叶已经变青了，荷塘里的荷花就要长起来了。我们要以创建精神为指导，团结起来，以建设省级示范性高职院校为起跑线，奔向新的征程，去取得更大的胜利和更大的成功。

（2012 年 3 月 20 日）

学术研究

社会主义初级阶段中国精神现代化探微

一

自人猿揖别,风气渐开,世界上各民族国家社会形态逐渐出现并嬗变至今。活跃在地球上的人类,不论其地理环境、种族遗传、文明程度、心理状况如何,都无一例外是延绵至今的两种生产历史的产物:物质范畴的生产与精神范畴的生产。马克思将此称之为"物质劳动"与"精神劳动",并认为由此构成了"整个世界的生产"。[①]简言之,物质形式与精神形式,是人类社会生存与发展的两种基本形式。

当然,物质形式与精神形式之间,按经典说法,是存在与意识的关系:物质形式决定精神形式,精神形式也反作用于物质形式。不过,极其生动、复杂的人类社会历史却不会这样简单。作为历史活动主体的精神形式,与作为客体的物质形式,起码会有两种非正常的逆差形式出现。一是精神性形式的发展先于物质形式的发展。如欧洲中世纪后期的文艺复兴运动,产生了一批精神上的"先知先觉",叩响了人类现代文明的门扉,同时也宣告了中世纪政教黑暗与封建生产方式即旧的物质形式的结束。二是精神形式的发展被物质形式的发展所扼制。马克思在《剩余价值学说史》中指出:资本主义生产方式本质上敌视并扼制人类精神产品的生产,如美术与诗歌。因此,马克思嘲弄资本主义社会无法产生类似古希腊伟大史诗《伊利亚特》式的作品。这两种非正常的现象,其实是由人类社会历史发展中的两种基本形式的不相协调或不平衡造成的,其积极影响或消极影响都是难以估计的。

建设有中国特色的社会主义现代化国家,也会遇到类似的历史情况,这并非杞人忧天。因此,我们必须重视与协调好社会主义初级阶段的两种生产关系,使发展与进步中的社会不致成为跛足巨人。二十世纪下半叶,当中国社会发展到人民日益增长的物质文化需要与落后的生产力之间的矛盾上升为社会主要矛盾,同时世界历史也进入到和平与发展的新时代后,以解放和发展社会生产力为主要内容的全面的大规模的经济建设,便成为此时中华民族压倒一切的历史任务。这是完全正确的,没有疑义的。但恰恰也就是在这样的历史大转折时期,社会发展与进步的两种形式之间,极易出现不平衡、不协调的现象。因为此时整个社会的注意力,都为经济建设所吸引,一切工作的重心都以围绕经济增长与财富的积累进行,GDP 的有效增长成为社会的焦点。因此衡量综合国力的评价指标体系,主要是物质要素指标被强化了、突出了,物质力量的作用与价值,物质范畴利益与效益的作用与价值,也同时被强化了,甚至夸大了。而现代化建设中不可或缺的精神要素指标,却在某种程度上被忽略了,精神力量的作用与价值,精神范畴的道德、理想,真理的作用和价值,在某种意义上讲也被弱化了。由此造成物质形式的发展与精神形式的发展出现了严重不平衡的现象。在现实社会进程的实际操作中,这种单纯经济观点的负面影响的后果是严重的,成为社会运筹失误的主要原因。邓小平很早就预见到了这一点,指出建设社会主义国家,不但要有高度发达的物质文明,而且要有高度发达的精神文明,强调建设社会主义精神文明"要伴随着我们整个社会主义现代化建设的进程走"。②中国共产党对此也予以了充分重视,在十四届六中全会的《决议》中指出:"社会主义精神文明是社会主义社会的重要特征,是现代化建设的重要目标和重要保证。……但是精神文明搞不好,物质文明也要受破坏,甚至社会也会变质。"在邓小平理论指导下形成的党的基本路线,提出了包括精神文明在内的崭新的社会发展目标模式,概括为一句话:为把我国建设成为富强、民主、文明的社会主义现代化国家而奋斗。这句话涵盖了两层意思:一是明确提出富强、民主、文明的综合型社会发展目标。这个目标既包括人民富裕、国家强大的物质发展形式,也包括政治民主、社会文明的精神发展形式,其中的思想文化内涵是非常丰富的。二是提出并强调"现代化"的概念。这个现代化,不等同于任何国家任何社会制度下的现代化,它是中国式的,又是有中国特色社会主义的;有工业、农业、国防、科技等构成综合国力的硬指标因素的物质形式在内,也有文化、理想、道德、心理、行为方式等构成精神文明的软指标因素在内。物质发达的现代化与精神发达的现代化,或者说,物的现代化与人的现代化,是"富强民主文明"的目标模式里缺一不可、天然浑成的内容。

精神现代化的命题由此可以提出并确定。

这是个并不轻松的现实话题,也是个沉重的历史话题。我们可以上溯到 150 多年前,鸦片战争的炮声,开"中国千古未有之变局"。从那时起,旧中国社会在急剧、深刻的变化中开始瓦解,走向"凤凰涅磐"。这个大变化的质的界定,就是中国从此由传统意义上的农业社会向现代意义上的工业社会过渡。这个过渡是漫长而又痛苦的,充满了血与火,艰难与坎坷,也饱含了中国精神界先进战士愤怒、深沉的呐喊。这个伟大的历史演变过程,实际上也是中国社会开始现代化的非凡进程。当然,近代的中国人,是被西方人的坚船利炮、商品交换推着走向现代化的,是无意识、不自觉、被动的,充满了悲剧意味。但到本世纪中叶乃至下半叶,情况完全不同了,现代中国人开始自我启动,主动地、自觉地走向现代化,充满了英雄主义气慨。现代化的历史命运,开始与建设中国特色的社会主义息息相通。中国人的精神现代化进程,也就在这个时候真正启动,根植于十九世纪,枝叶触伸到二十一世纪。

显然,中国人在前所未有的现代化过程中,通过物质形式与精神形式的共同发展,将逐步形成区别于传统观念的现代观念,走向现代人格——这正是精神现代化的结果。因此,现代人格并不仅仅是知识、信息趋势日益明显的现代社会的直接反映,而且是这个现代社会全新的精神心理的直接构造。它由三个方面构成:其一,观念方面。当代发生的思想解放运动和深刻的社会变革,给中国人带来观念的巨变,尤其是市场经济的介入,提供了新的思想定位和价值取向,新的观念开始形成。有政治层面的改革开放意识、民主意识、平等意识、共同理想、法律意识;经济层面的发展意向、竞争意识、秩序意识、生态意识、人口意识、效益与效率观念、资源意识;思想道德层面的奉献意识、公共意识、仁爱意识、互助意识、社会正义感等等。其二,行为方面。行为是观念的外化,是包含了无数个别、具体行为的社会行为的总称,具有显著的感性和非程序性特征。现代人格的行为结构是多方面、多层次的,是人们社会活动中各种场合、各个领域、各式情况下举止作派的总和。主要有以纯道德方式出现的社会公德、职业道德、家庭美德等道德类型,也有以非程序方式出现的新型的社会交往方式、生活方式、风俗习惯乃至更大范围的社会风气等综合性内容。其三,素质方面。公民是现代意义上的称谓,公民素质则是现代人格的重要内容。没有一定的社会条件,公民素质的出现与提高几乎是不可能的。素质结构一旦形成,又是社会发展和稳定的重要前提。这个结构理性层面上有共同理想、国家观念、理论素养、制度意识、民主法制观念;感性层面上有民族感情、工作态度、生活技能、个人爱好;综合层面上有价值观、人生观、道德责任、文化修养、科学水准、使命感、荣誉感等。有理想、有文化、有纪律、有道德的"四有"新人是这个素质结构的另一形式上的概括。素质是观念结构和行为结构的综合,既内在,又外在,支配着个人和民族的发展能力和发展潜力,成为最宝贵的社会智力和精神资源,也是"现代化"是否完成的重要标志。

二

精神现代化是历史的必然,但决不能低估其实现过程的复杂性与曲折性。当代中国建立社会主义市场经济前所未有的伟大尝试,带来了社会转型时期思想的剧烈变动。一方面社会背负着因袭的重担却又要卸去这重担,一方面新的社会思想道德范式正在建立又尚未完全建立。观念形态既是超前的,又是历史的,不可能瞬间消逝,也不可能一挥而就。因此,社会转型期精神文化、思想道德失序状态的出现几乎是不可避免的。而社会运筹的若干失误,单纯经济观念的影响,特别是以非理性形式出现的、以生活方式为主要内容的西方文化的渗入,又加剧了失序的程度。精神现代化步履艰难,出现了严重的社会精神病症,妨碍了现代人格的建立,不可不引起我们的关注。概括起来,主要表现在以下几个方面:

(一)社会交往领域的"关系"病

人与人之间的关系是社会交往的必然,关系本身并无贬义。社会交往的重要性是不言而喻的。从根本上说,它维系着人类社会形态的再生产与人类自身的再生产,人与人之间的社会交往关系成为历史的自然存在。在当代中国,社会交往关系有两个非常显著的特征。一是历史特征。现代以前的中国社会,以小农经济为基础,封建历史文化悠久而丰富。其中最突出的是重血缘,崇人伦,讲究敬祖尊宗、"君子笃于亲"的亲亲之道,国家管理家族化,社会交往亲情化。所谓一人得道、鸡犬升天,朝中有人好做官,人情大于王法之类的观念,皆从"亲亲之道"攀缘而来。故军事斗争中重视"上阵父子兵",政治斗争中讲究"打虎亲兄弟",以及"非我族类,其心必异"等,自古皆然。传统精神是顽强而又持久的。遇上合适的气候,就会以惊人的速度返老还童。二是现实特征。由于社会的深刻变动和既有生活秩序的急剧变化,观念系统和道德系统的失序现象大量出现。社会交往领域的复杂性加大,人与人之间的信任度减弱,防范感加强,安全需要更趋强烈。而市场经济的猛烈扩张,使围绕物质利益运转的效率与效益观念深入人心,社会交往领域的求利动机与行为自然发生并日益膨胀。因此,传统的"亲亲之道"应时而来,并迅速与求利的欲望紧密结合,在道德制约松懈的情况下,甚至发展到赤裸裸地把社会交往关系变成了"亲亲"形式掩盖下的利益交换关系。由此"关系"一词不仅成为通行证意义上的社交重要手段,而且最后也成了庸俗功利意味上的褒义词,思想道德意味上的贬义词。"关系病"还有以下三个方面的涵义:

1. 网络性。"关系"有既在的,也有派生的,其活动惯性趋向构成亲情或人情的网络。如亲朋故旧、同乡、同学、同事乃至同宗等,皆是关系或可利用发展为关系,并依托亲缘、业缘、地缘向社会交往各领域延伸拓展。在"关系"网络中,不讲原则讲面子,不讲纪律讲感情,无视法律率性而为的言行比比皆是。这种自成一体的"关系"网络,严重损害了以国家法律法规为主体的社会公共活动准则,扰乱了社会运转秩序,劣化或者恶化了社会交往环境。

2. 交易性。"关系"的往来一般携有不良动机,以情感交流形式为掩护,实际目的是为了获取远期或近期的好处。因此,作为社会交往领域的重要现象,"关系"的交易性是明显的。这种交易性本质上是商品交换的伴生物,所以在市场经济活动中,"关系"可直接交换为商品价值,在经济范畴以外的社会活动中,也可间接交换为各种利益或好处。当然,这种交换可能是等价的,也可能是不等价的,可以是有形的,也可以是无形的,成为社会交往中人际关系利益化的主要特点。

3. 情感性。关系从人的血缘亲情、人性至爱出发,其接触、沟通多以情感交流方式出现,在情感交流中进行利益交换。所谓"感情投资"开始,利益收获告终,情感的内在性与利益的隐蔽性皆潜伏其中,把冷冰冰的利益交换的实质内容变成温情脉脉的情感交流的表面形式。

(二)思想道德领域的虚伪病

道德虚伪既是一种思想现象,也是一种社会现象,集中发生在社会变革或转型时期。既有的思想道德已不能适应社会意识发展的需要,新的思想道德范式尚不成熟,在新旧观念的对峙、磨合中,维持旧道德的企图与追求新道德的努力之间,必然发生激烈斗争。观察当代社会转型期的道德虚伪现象,就深刻着这样的社会政治痕迹。从社会条件看,保证现代社会运作与发展的法律等硬约束机制,正在建立但未最后完成;而思想道德的软约束机制,因结构失序而行伍不整,尚待完善。从政治条件看,由于社会主要矛盾的转移,执政党的路线、方针、政策作出重大调整,思想解放的现代潮流冲垮了左的僵化模式,思想政治领域出现全新气象。但由于单纯经济观点的影响以及人们对极左政治的厌恶,出现了"洗澡水和孩子一起倒"的现象。对马克思主义意识形态缺少真诚态度,以及把这种态度隐藏起来的思想失真的问题,在功名利禄等利益的吸引与驱动下,由思想上的信念淡化开始向道德上的信念虚假过渡。因此,在当代中国,道德虚伪主要发生在上层建筑领域,特别是其中的意识形态领域。其主要表现是缺少对理想信念的真诚,造成政治上的虚伪人格。这些虚伪人格,从根本上说,是不知世界潮流发展之大势,不明改革开放之由来,不信社会主义最后必将胜利的客观真理,逐渐与顺应、引导着时代潮流前进的执政党的理论纲领、基本路线、政策方针产生较大思想心理距离的必然产物。

因而其虚伪性有两个走向。一是佯作坚信实则不信。不相信马克思主义的社会理想与意识形态,对邓小平理论不感兴趣,但在表现上却假装热烈,作出坚信姿态。所以在实际工作中,说归说矣,行归行也,凿凿之言与昭昭之行差距甚大,滋生许多丑恶现象。如善做表面文章,搞形式主义、假大空,甚至出现数字经济、水分指标、泡沫政绩等。二是貌似排斥实为接受。面对各种思想文化相互激荡的局面,对非马克思主义的思想观点,表现出异常的兴趣与热情。相信并推崇一些封建主义的思想垃圾,如厚黑学、官场权术等。在这两个走向的支配下,必然导致公仆观念弱化,宗旨意识淡漠,价值取向退向个人,不管民族兴衰、不问百姓疾苦的思想心理则膨胀起来,历史使命感与社会责任感逐渐丧失。

相对集中在社会政治领域的道德虚伪现象,无疑加剧了其他领域如经济领域虚假现象的严重化,形成一种极为不利的社会氛围,影响了经济发展,甚至造成人民生命财产的损失。因此,思想道德领域的虚伪病,从意识形态领域开始,严重影响了整个社会,大大减弱了社会主义共同理想的神圣性与正义性,松懈甚至亵渎了为神圣事业奋斗的奉献精神与牺牲精神,其后果是十分严重的。

(三)公共权力领域的贪欲病

在现代社会,公共权力代表着国家与人民的根本利益,是政治运行机制的核心动力,其运作质量标志经济社会的发展水平与内在素质。在我国,以现代化为己任的公共权力,还不可能在全社会公众中直接行使,公共权力的使用者有相对的独立性,在用权力"谋公"的同时,也包含着"谋私"的可能与条件。由于公共权力的行使与监督机制尚待完善,在复杂纷繁的现代化过程中,公共权力发生异化并产生腐败的现象大量出现,形成了公共权力领域的贪欲症。贪欲是一种强烈的指向情感意志的心理现象,中心是对物质利益过份的、不正当的、不道德的追求与攫取。贪欲并非仅仅是私有制或商品交换的特产,它与人性中对生活资料的自然需要有关。不过在贪欲的意义上,这种自然需要被大大夸张了,往往成为社会既定秩序的破坏者。

1. 贪欲症是公共权力领域市场经济利益规则侵入的结果。在经济活动中,利益规则反映了客观经济规律的作用,是经济范畴的一种"合理存在"。属于政治范畴的公共权力活动,虽与社会经济活动有着千丝万缕的联系,但相互的运行规则却有严格的区别,不能混淆。贪欲症正好在这一点上,把经济范畴的利益规则移用到政治范畴的公共权力领域,进行赤裸裸的权钱交易,公共权力蜕变为谋取私利的工具。于是,在经济范畴"合理存在"的利益规则,在公共权力领域,则成为一种绝对地要被排斥的"非合理存在"。

2. 贪欲症的必然走向是利益至上、金钱万能。在公共权力领域,贪欲症既不完全是现代市场经济的直接产物,也不完全是经济活动与政治权力交叉的间接结果。它是古老的,与私有制的产生一胎而来;又是现代的,与追求效益的市场竞争紧密联系。但从根本上说,它是公共权力放松约束后,市场交换规则进入政治领域后催生的怪胎。在贪欲症锁定的公共权力运用中,对金钱利益的强烈追求与无情攫取,成为政治活动中的最大噪音,是一切不择手段、不问后果的权力寻租活动的精神原动力。在把权力与金钱进行等价交换的同时,崇高的公共权力领域也就变成了庸俗的商品交换场所。

3. 贪欲症导致公共精神的彻底丧失。公共精神是公共权力使用者的显著特征。在公共权力运用中,国家至上、人民至上、整体至上是理所当然的根本原则。公共权力领域的贪欲症一旦发生,维持公共权力运转的重要构件法律、纪律、行政规约、程序等就面临被破坏的危险。而维护这些重要构件的感情媒介如理想、情操、志趣、友谊、道义等则被视若粪土,置之不顾。金钱、实惠、好处等物质利益成为公共权力领域交往的重要媒介。在这样的不良状态中,公共权力运用所依赖的公共精神将丧失殆尽,必然出现物质需求高档化、精神追求低级化、思想观念庸俗化的趋势。在思想道德层面上,贪欲症是产生极端个人主义、享乐主义、拜金主义的温床。

公共权力领域的贪欲症严重损害了公众利益,破坏了国家观念、社会观念、民主观念,削弱了以社会主义共同理想为重要内容的主流意识形态的崇高性与权威性,践踏了法律、纪律、道德。在相当一部分人群中,引发了政治冷漠症的发生与蔓延。公共权力领域的贪欲症不仅仅对整个社会起一种"示范"效应的作用,毒害社会风气,损害公众心灵,而且它有发展到最后断送公共权力本身的危险。

三

新的历史纪元即将开始,世界局势却更加错综复杂,中国的现代化进程面临严峻挑战。同样,中国的精神现代化也必然经受考验。但是,中华民族要在二十一世纪约一百年时间内实现现代化的决心是不可动摇的。深刻考察精神现代化的历史进程,应有高屋建瓴的气度。有两个方面的问题需要重视。一方面,中华民族在150年来走过的近代化与现代化的漫长过程中,曾经蒙受了巨大的精神创伤。这个创伤是深刻的,一直埋藏在民族心理的深层,其疗治与转化需要很长时间。另一方面是以民族精神文化为主体的中华文明,正面对经济科技占优势的西方文明的挑战。中华文明亟需在主体意识形态的指导下,进行精神创新和文化创新。一是创伤,二是创新,要解决好这两个问题,又必须清醒地看到当前精神文明建设中的三个不足：

1. 心理准备不足。改革开放，国门洞开，在政治对峙与经济科技交流中，我们对西方"和平演变"的意图与意识形态的进入始终保持着较高的警惕，是有成效的。但在另一方面，对西方以其非理性的生活方式为主要作用力量的社会价值观的猛烈冲击，则缺乏足够的心理准备。单纯从政治角度强调的单一防范机制，明显缺少立体抵御力度，在冲击面前极为被动。

2. 教育准备不足。建国初期，革命曾一扫百年阴秽，人民精神面貌焕然一新，但未能有效巩固与发扬。面对当今思想道德领域前所未有的激荡局面，对民族精神更新的曲折性复杂性缺乏思想准备，导致在以经济建设为中心的经济社会构架内，缺少一套与经济发展同步的教育机制。特别是多年来对思想道德教育的疏忽或冷淡精神发展与经济发展的失衡，增加了精神现代化的难度。

3. 认识准备不足。在现代化建设中，由于精神文明建设战略的相对滞后与力度不够，出现了诸多道德问题、思想问题，如"关系"病、贪欲病、虚伪病等。同时，对这些严重问题引起的社会风气的劣转缺乏深刻认识，以至社会风气始终未能根本扭转，在一些地方甚至出现下滑之势。风气也是文化，是一种特殊形态的文化，要更新精神，就必须更新这种特殊文化。没有或缺乏这个认识，就会延缓精神现代化进程，贻误大局。因此，在精神现代化过程中，要解决这些问题，就必须从宏观上予以引导，疗治创伤和开拓创新同步进行。

有三个根本指向值得重视。一是价值指向。大力倡导包含社会公正与历史正义重要内容的社会主义共同理想，是我们的时代任务。共同理想既是精神现代化的动力，又是其目的和价值主体，是人类先进思想的科学结晶，也是中华民族百年奋斗的伟大旗帜。没有这个理想的引导，精神现代化就无法找到自己的历史坐标和社会价值，就不可能充满活力，带动整个社会向上发展。二是实践指向。以思想道德修养、科学教育水平、民主法制观念为主要内容的公民素质的提高，是精神现代化的实践指向。公民素质的提高，是一个具体的实践的过程，在这个过程中，由公民素质所决定的公共秩序、生活环境、社会风气也会逐渐得到改善，最终实现好转，导致整个社会文明程度的显著提高。三是道德指向。从民族传统与时代需要两个方面看，突出理想人格的倡导与培养，是精神现代化的道德指向。为什么这样说呢？

在改革开放初期，邓小平就指出：革命和拼命精神，严守纪律和自我牺牲精神，大公无私和先人后己精神，压倒一切敌人、压倒一切困难的精神，坚持革命乐观主义、排除万难去争取胜利的精神，是"中华人民共和国的精神文明的主要支柱"。[3]这些精神是中国共产党在长期艰苦卓绝的革命斗争中依靠理想信念锻炼出来的优良传统,成为中国人民的宝贵财富与精神特征。现代史上众多的革命英雄人物,如李大钊、方志敏、张思德、黄继光、雷锋等,集中体现了这些精神特征。经过历史洗礼与思想发酵,这些人物已成为中华民族精神文化中的理想人格。这些理想人格,既有革命的涵义,又有历史的涵义,可以触摸到清晰的传统脉搏和心理呼应。鲁迅曾说过一段著名的话:"我们从古以来,就有埋头苦干的人,有拼命硬干的人,有为民请命的人,有舍身求法的人。……这就是中国的脊梁。"④如同历史上中华民族的优秀人物:大禹、屈原、诸葛亮、文天祥、戚继光、谭嗣同一样,现代革命英雄人物是伟大、崇高的理想人格的践行者,也就是"中国的脊梁"。从中华文明史看,理想人格始终是我们民族生存、发展的精神动力。人民向往、尊崇这些伟大人格,把他们的言行举止当作模范来学习,效仿与追求。千百年来,理想人格作为历史精神的丰碑与灯塔,导引着民族思想文化的发展方向,逐渐沉淀为民族的集体意识,成为难以估量的精神力量。显然,对理想人格的倡导与追求,是当今精神现代化的根本道德指向,既是疗治民族精神创伤的一般方法,更是进行民族精神创新不可缺少的重要内容,也是引导民族整体精神进入更高道德境界的有效途径。

鉴于当前思想道德领域的严峻形势,在对理想人格的道德指向进行强调的同时,还必须辅之以对社会精神病症的积极疗治、对不道德行为的严厉斥责,否则对理想人格的倡导将软弱无力、收效甚微。因此,当前最紧要的一个事就是要反虚伪。虚伪是当今思想道德领域的最大问题之一,集中表现是瞒和骗,严重损害了现代化建设,对社会发展造成了恶劣影响,已经成为一个复杂的社会问题。要根除虚伪现象,既要依靠制度的力量,也要依靠道德的力量。因此,在倡导理想人格的前提下,还应在思想道德方面,提出并要求做到两点:

一是心的不自欺。虚伪的要害表面上是骗别人。实际上在本体的意义上,也骗了自己。骗别人是有意的、主动进行的,骗自己则是无意发生的结果。因为没有对真实自我的否决,就不可能形成虚伪,欺骗别人。所以骗自己是在对真实自我进行否定的时候发生的,反复地否定真实自我,必然出现心灵的折磨,这比欺骗别人还要痛苦。心的不自欺,就要从欺骗别人与欺骗自己的两种痛苦中摆脱出来,从良心至性出发,是则是,非则非,不可矫情作伪,掩饰欺瞒。做到这一点并非易事,需要具备高度的自觉。必须通过锲而不舍的学习与自省,一方面以知识涵养心志,在学问中通晓正道,接近真理,消除愚昧,根绝诡诈的心理与思想,陶冶、纯化思想境界;一方面注重在社会实践中修身养性,善养正气,深刻反省,砥砺意志,焕发历史使命感与社会责任感。从而在良心至性的心灵基础上,向马克思主义的原则观点、党性立场的理性层次过渡,成为时代先进思想的承载者与输送者,走进理想人格。

二是事的不自欺。事的不自欺是心的不自欺的必然延伸,区别在于,心的不自欺的运作是内在的、自省的,带有先验性质的思考和认定。而事的不自欺则是在心的不自欺的支配下,在社会活动中认真奉行"不自欺"准则的外在行为。因为不自欺,当然也就不可能欺瞒别人,在内在心性中拒绝了虚伪。? 提倡心与事的不自欺,实际上也就是倡导理想人格中那些无私、自觉、光明磊落的高尚品格。只有这样,我们才能在公共权力领域、社会交往领域、思想道德领域,真正做到对党的纪律和国家法律的敬畏与遵守,对人民监督的欢迎与自觉接受,对"关系病"等社会精神病症侵入的抵制与排斥。对心与事的不自欺的严格要求,必然促使个体行为向群体行为的转化,升华积聚为盛大的社会正气氛围,在精神创新中,根除政治上的虚伪人格,为理想人格的追求与倡导打开道路。当然,反虚伪的理论表述最终应该成为实践表述,没有实践的支撑,任何思想都将是空洞的。在这个意义上,精神现代化的历史进程,实际上也就是中华民族精神创新的实践过程——在这个特殊的现代化领域,需要倾注更多的热情和力量。

我们站在二十世纪的峰巅,迎接别开生面的二十一世纪的来临,期盼中华民族的兴旺昌盛与民族精神的更新。当精神现代化的鲲鹏在整个世界纵情地成功翱翔时,我们那时才可以自豪地说,中国人民从此真正地站起来了。

注:①见《马克思恩格斯选集》第一卷 42、52 页。
　　②《邓小平文选》(1975～1982 年)第 358 页。
　　③《邓小平文选》(1975～1982 年)第 327 页。
　　④鲁迅《且介亭杂文·中国失掉自信力了吗》。

论马克思主义社会理想的现实化与具体化①

一

马克思在深刻研究与剖析人类阶级社会,特别是资本主义社会的基础上,提出了关于未来人类社会的科学构想,这就是资本主义制度的掘墓人无产阶级,通过使用阶级斗争、无产阶级革命和无产阶级专政的重要手段,建设社会主义和共产主义,最终实现人类的彻底解放。这一构想恩格斯在《共产主义原理》中曾作过极为清晰的论述:"由社会全体成员组成的共同联合体来共同而有计划地尽量利用生产力;把生产发展到满足全体成员需要的规模;消灭牺牲一些人的利益来满足另一些人需要的情况;彻底消灭阶级和阶级对立;同过消除旧的分工,进行生产教育、变换工种、共同享受大家创造出来的福利,以及城乡的融合,使社会全体成员的才能得到全面的发展。"②这段话包括了以下这些意思:1. 国家逐渐消亡,由共同联合体组织和管理社会全体成员;2. 生产资料公有,实行计划经济;3. 尽量发展生产力,物质产品极大地丰富;4. 通过发展生产,科技发达,人对自然的控制极大加强;5. 消灭阶级差别与私有制从而消除人压迫人的根源;6. 各尽所能,共同享受物质和精神财富;7. 人的精神和个性的全面发展。

类似的意思或表述在《共产党宣言》、《反杜林论》、《哥达纲领批判》等著作中都能看见。应该说,这一些,或主要是这一些,就是马克思主义社会理想的重要特征。显然,这些重要特性的出现范围,既包括了共产主义社会,也包括了社

---

① 原载《江西社会科学》1999 年第 8 期。
② 《马克思恩格斯全集》第一卷 223～224。

会主义社会,只不过是各有侧重而已。

马克思主义的社会理想是社会历史客观发展规律的科学结晶,就其理论形态来说,无疑是一种原则。在未来社会的构建中,这个原则是不可更改、不能违背的,必是当时的当然现实,真正的共产党人都对此坚信不疑。自马克思主义诞生以来的一个半世纪中,这种理想信仰及由此激发出来的革命热情和献身精神,曾以排山倒海之势,雷霆万钧之力,磅礴于全世界,蔚为人类史的奇观。但是,在马克思主义社会理想实现的历史过程中,无产阶级革命及运动并非一帆风顺。20 世纪末叶,在资本主义世界经济科技的优势和政治进攻面前,世界社会主义运动出现收势敛态、渐至平静的势态,由此而令人不得不深长思之。其一,马克思主义理想原则的最终胜利实现是不可抗拒的历史法则,必将由理想演变为现实。故从历史总体观之,马克思主义的理想原则与人类社会的现实发展之间,具有一致性或统一性,是没有差异的。其二,在理想原则逐步演变为具体现实的历史运动中,本来就产生于极其复杂的历史背景中的马克思主义理想原则,其所面对的运作前景,将是更为纷繁多变、广阔深邃,有着无比复杂的种族、历史、文化、经济、心理等背景的国度与人民的世界。具体情况的千变万化,将使理想向现实的演变过程变得异常困难和艰巨。差异由此产生,原则与现实之间又是不一致的了。其三,马克思主义创始人显然洞察了这一切。恩格斯尖锐指出:"共产主义不是学说,而是运动。它不是从原则出发,而是从事实出发。"①因此,如果无视原则与现实之间的差异性,不从具体情况出发,轻视现实生活中的无比丰富性与复杂性,原则就必然远离现实,发生矛盾导致分裂,使社会主义遭受挫折乃至失败。

马克思主义社会理想的实现,要通过革命和建设的诸多手段来完成。比如无产阶级反对和镇压敌对阶级的阶级斗争,民主革命时期的统一战线,社会主义时期的无产阶级专政,生产资料公有制与国民经济有计划按比例发展等。缺乏手段,或手段使用不力、不得法,必然影响甚至损害革命与建设事业。但是,如果脱离急速变化的社会现实的需要使用手段,真理就会多走一步成为谬误。在社会主义的历史进程中,突出的有两类现象。一是手段绝对化现象。众所周知,手段是过程,不是目的。但若把手段神圣化,绝对地加以使用,则必然在走向极端中,忘记真正的目的,反把过程当成了目的,差错也就发生了。这也有两种情况:一个是手段的绝对使用,这在前苏联的斯大林时代和中国"文革"时最突出。即错误的估计阶级形势,不顾客观情况发生变化,不以时间、地点、条件

---

① 《马克思恩格斯全集》第一卷第四卷 311 页。

为转移,视"阶级斗争"为万能,脱离实际地、强行地、绝对地使用阶级斗争手段。结果是搞阶级斗争扩大化,使社会主义事业蒙受重大损失。一个是手段的永久使用。在经典理论中,计划经济是公有制的基本特征,且计划经济在社会主义国家的工业化建设中贡献很大,但由于脱离了社会主义初级阶段的基本国情,无视现实生产力状况的发展需要,搬本本、套模式,把计划经济当灵丹妙药,错误地以为计划经济是任何社会主义国家唯一起作用的经济模式。因此,在认识和实践领域,把计划经济神圣化、固定化、永久化,最后事与愿违,反而使计划经济体制成为束缚社会主义生产力发展的日趋僵化的经济模式。二是理想的理念化趋势。马克思主义社会理想,必须也应该逐渐演变为社会现实,否则它就堕入空想,既无实践意义也无科学意义,成为纯粹观念性的东西。但是,长期以来在"左"的影响下,由于急于求成的"冒进"情绪的膨胀,经济工作不按客观规律办事,政治上搞假、大、空,最后甚至演变为把发展经济与搞资本主义画等号。结果是崇高理想与实际现状完全背离,加以手段绝对化现象的日益严重化,社会生活不仅没有出现人民期望中的理想变化,反而离理想越来越远。在这样的情势下,马克思主义社会理想的强烈魅力逐渐散失,人民对理想的热情与向往也随之褪落,甚至在一些人中出现信仰危机,由是出现了理想的理念化趋势,对整个社会的负面影响越来越大。

二

中国社会主义历史发展的艰难命运,加之世界范围内社会主义事业的停滞、变形乃至受挫,不能不引起中国共产党人的深切关注。显然,停滞、变性乃至受挫与手段的绝对化、理想的理念化两类社会政治现象有关。严格说,正是这两类现象的深层,产生了制约社会主义健康发展的负面因素。更严重的是两类现象在政治层面上损害了社会主义的美好形象,也在思想层面上扭曲、混淆了有关社会主义的科学认识。正是在"扭曲"或者"混淆"的意义上,马克思主义的崇高理想变形了、空洞了、失落了,人民在对追求丰裕的物质文化生活失望的同时,也对理想原则逐渐失去热情。时代给予真正的马克思主义者的任务是,必须对社会主义的历史现实与未来予以重新审视和思考。

此外,历史发展到20世纪后期,列宁所说的帝国主义和无产阶级革命的时代已告结束,世界范围内生产力大发展,科学技术日新月异,经济全球化趋势迅速凸现。国际社会已从毛泽东所说的"战争与革命"的时代转进到邓小平说的"和平与发展"时期。国内亦时移事转,人民日益增长的物质文化需要与落后的生产力之间的矛盾,已代替阶级斗争成为主要矛盾。中国承受着双重压力:一方面是社会主义阵营内意识形态对峙与西方国家"和平演变"强烈意图并存的严峻政治局面,一方面是发达国家物质财富科学技术巨大优势下社会生产力亟待发展的严重经济形势。如果仍然坚持左的观点,搞"穷过渡","把改革开放说成是引进和发展资本主义,认为和平演变的主要危险来自经济领域",①中国势必在新的历史条件下被无情淘汰,面临的前景将是极其暗淡、悲惨的。

正是在这样的思想背景和时代背景条件下,邓小平开始对"什么是社会主义、怎样建设社会主义"的根本问题,进行全面、彻底、深入的思考。

第一,寻找逻辑起点的整体性思考。

"什么是社会主义"——自从马克思主义诞生,这个问题就从认识领域到实践领域,再从实践领域到认识领域,一直存在着、争辩着、反复着。在深刻、复杂的社会主义运动中,很多问题被澄清了、解决了,但新的问题又接踵而来,又会回到这个根本问题上来。但邓小平是在前人无法想象的复杂情况下,是在社会主义历经百年发展的前提下,是在中国社会主义走过独特的30年的历程基础上提出这个问题的,其沉重的思考分量与深远广阔的认识意义是不言而喻的。"什么是",从哲学的角度看,是对社会主义做一个整体性的回顾,必然走到问题的根源上,即科学社会主义理论的逻辑起点上去。那么,什么是"什么是社会主义"的逻辑起点呢?这就必须回到马克思,回到马克思主义的源头上去。

什么是社会主义,也就意味着什么是马克思主义,其逻辑起点是共同的。科学社会主义的诞生,是与马克思主义的诞生同时开始的,这就是恩格斯评价马克思时说的"两个发现":

"人们首先必须吃、喝、住、穿,然后才能从事政治、科学、艺术、宗教等等;所以,直接的物质的生活资料的生产,因而一个民族或一个时代的一定的经济发展阶段,便构成为基础,人们的国家制度、法的观点、艺术以至宗教的观念,就是从这个基础上发展起来的。不仅如此。马克思还发现了现代资本主义生产方式和它所产生的资产阶级社会的特殊的运动规律。由于剩余价值的发现,这里就豁然开朗了……"②

这段话明白无误地告诉我们,由生产力状况决定的物质生活资料生产构成的经济基础,是社会上层建筑和意识形态的根本所在,而由剩余价值学说揭示资本主义生产关系对生产力的巨大束缚,正是资本主义制度必然灭亡的根本原

---

① 《邓小平文选》第三卷375页。
② 《马克思恩格斯选集》第三卷574页。

因。科学社会主义恰恰是诞生在这两个"根本"之上,这也就是科学社会主义的逻辑起点:一定的生产力状况决定一个国家的政治经济法律文化制度,上层建筑经济制度,若不适应生产力的发展,就将被生产力的革命性发展所否定。因此,没有对生产力的解放与发展,不可能有资本主义生产方式的出现,也不可能有社会主义制度的出现,正是生产力这个革命性因素的深刻变动与历史存在,才是马克思主义的逻辑起点,也是社会主义不断发展与完善的动力和目的之所在。回到马克思主义的逻辑起点,才能够牵一发而动全身,对"什么是社会主义"有一个历史性的准确、完整的认识。

第二,寻找结合点的彻底性思考。

"怎样建设社会主义",是"什么是社会主义"的逻辑演绎,也是方法论的展开。"怎样建",也就是手握马克思主义普遍真理,眼观中国当代具体实际,寻找经济建设、改革开放的根本的着力点。这个着力点,根据中国革命与建设的历史经验,也就是普遍真理与具体实际相结合的结合点。那么,什么是这个结合点,它的理论意义和实践价值又有多大呢?

邓小平对此进行了相当彻底的思考。在"文革"结束复出工作后,针对"两个凡是""左倾"思潮,他强调要完整地准确地理解毛泽东思想,肯定实践是检验真理唯一标准的正确意见,提出了实事求是的观点并反复强调。他说:"马列主义、毛泽东思想的基本原则,我们任何时候都不能违背,这是毫无疑义的。但是,一定要和实际相结合……实事求是,是毛泽东思想的出发点、根本点"。①历史证明,实事求是既是马列主义、毛泽东思想认识世界的根本原则,也是马克思主义者改造世界,经世致用的根本方法。可以确定,实事求是就是马克思主义普遍真理与中国当代实践相结合的结合点。这是邓小平对整个马克思主义意识形态与中国的实际情况进行彻底思考的科学成果。实事求是的理论意义是不可估量的,因为它抓住了马克思主义、毛泽东思想的"理论精髓",不仅涵盖了马克思主义普遍真理与优秀的中国传统文化相结合的历史文化内容。因此,实事求是的思想原则是无比深刻的,又是极其丰厚的,引导中国的经济建设、改革开放走向成功,其巨大的实践价值也是令人惊叹的。

三

马克思主义社会理想在现代中国的实践,绝不是一个简单、平直的过程。马克思主义的理想原则,需要在实践中充实不同样式,丰富具体的社会主义历史内容,失去实践内容的原则只是没有血肉感与生命力的一纸空文。因此,社

---

① 《邓小平文选》(1957～1982)109 页。

会实践反对把科学理想神圣化与教条化。神圣化把理想原则视为远离人间烟火，不能与社会实践结合下临尘世的"仙女"。教条化则把理想原则文本化、模式化，使之脱离实际走向僵化。两者都是手段绝对化现象和理想信念化趋势发生、发展的重要原因。马克思主义创始人在构建科学社会主义时，最初也只是把未来社会视为一个完整浑圆的历史阶段，随着研究的深入与实践的深化，才逐步意识到有"第一阶段"和"高级阶段"之分，并进而由列宁确认，就是"第一阶段"，也还有社会主义的"初级形式"与"发达阶段"之分。显然，马克思恩格斯无法勾画未来理想社会的丰富内容与生动细节。但是，既然马克思主义的社会理想是 19 世纪世界历史实践诞生的婴儿，那它也就必然会在未来世界的社会历史实践中，健康地成长、成熟起来——这就是马克思主义社会理想的现实化与具体化之路。

邓小平理论对马克思主义社会理想的实践概括主要体现在两个方面：

第一，现实化：对应与发展的双重选择。

邓小平对马克思主义社会理想的现实化，说到底，就是把马克思主义普遍真理与中国实际相结合。在理论与实践的结合中，既有对马克思主义社会理想的继承即对应性，又有对这个理想的发展即创造性。这无疑发源于他对社会主义的根本认识。对社会主义与中国这个大题目，邓小平站在历史与时代高度，进行了彻底的、卓有成效的思考。他在两方面提出了极有价值的精辟论点。一方面，他确认中国仍处于社会主义初级阶段，一切理论与实践都必须以此为现实依据，不得忽视或脱离。另一方面，提出了社会主义本质论，指明了社会主义的实践方位与政治方向。这就是他在南方谈话中提出的关于社会主义本质的论述："社会主义的本质，是解放生产力，发展生产力，消灭剥削，消除两极分化，最终达到共同富裕。"正是在这个根本认识的前提下，邓小平提出的党在改革开放、经济建设新时期的基本路线，使马克思主义社会理想的现实化更具实践性和号召力了，是现实化的集中体现。这个基本路线经党的十三大概括为："领导和团结全国各族人民，以经济建设为中心，坚持四项基本原则，坚持改革开放，自力更生，艰苦创业，为把我国建设成为富强、文明、民主的社会主义现代化国家而奋斗"。这个基本路线一般称为"一个中心，两个基本点"，这当然是非常正确的，反映了基本路线的基本内容，也是中国社会主义自我发展与完善的根本途径。但如果站在马克思主义社会理想的角度来观察党的基本路线，就会发现与理想原则相对应的并不直接是"一个中心，两个基本点"，而是"富强、民主、文明"的三个目标性、终极性、理想性的综合概念或指标。联系到邓小平关于社会主义本质的五项规定或标准，这三个概念包括了以下社会理想的内涵：(1) 消灭剥削,消除两极分化,阶级差别逐渐消失;(2)生产力高度发达,产品极大丰富;(3)不完全意义上的生产资料公有制向完全意义上的生产资料公有制社会过渡;(4)人民经济上富裕,政治上享有高度民主与自由;(5)人的精神和个性在文明社会中向全面发展转进。

显然,这与马克思主义社会理想在本质上是完全对应的,当然这种对应不是简单、生硬的,而是一种精髓的继承与传达,不完全是也不可能完全是马克思主义社会理想的全部复述。这种理想精髓的吸收与转达,一方面浸透了马克思主义理想的精神营养,流动着这个理想的耀眼光彩;一方面又在继承、对应的层面上,创造性地发展,丰富了马克思主义的社会理想观。

第二,具体化:个别与深刻的特殊样式

马克思主义社会理想在中国的现实性,同时也就是具体化的开始,只不过前者侧重理性思考,后者着眼具体实践而已。因此,具体化较之现实化,更有个性色彩与血肉感,也更为细节化。在邓小平的大量具有历史开创性的论述中,富有个性的"具体化"表述比比皆是,如关于社会主义精神文明建设的见解,一国两制的伟大构想等。但他在80年代提出的"三步走"战略构想,确实"具体化"表述最典型的体现:

"我们原定的目标是,第一步在八十年代翻一番。以一九八零年为基数,当时国民生产总值人均只有二百五十美元,翻一番,人均达到一千美元。实现这个目标意味着我们进入小康社会,把贫困的中国变成小康的中国。那时国民生产总值超过一万亿美元,虽然人均数还很低,但是国家的力量有很大增加。我们制定的目标更重要的还是第三步,在下世纪用三十年到五十年再翻两番,大体上达到人均四千美元。做到这一步,中国就达到中等发达的水平。这是我们的雄心壮志。"①

在这个构想的基础上,十三大将其概括为温饱——小康——富裕的三步走战略步骤。显然,"三步走"对马克思主义社会理想在中国社会主义初级阶段的实践,进行了彻底的"具体化"转换。这转换是极富个性的,用最一般也最形象的"美元"形式作了生动具体的表述。应该说,"美元"的具体表述是原则最尽情、最淋漓尽致的发挥,使人民对社会主义理想有了极为实在的、可触可摸的强烈感觉,产生了巨大的吸引力,从根本上消除了"理想信念化"的现象。从形式上看,温饱、小康、富裕"三步曲"是纯物质纯经济的。但从实质看,"三步曲"包含了丰富的思想文化内容,是社会主义发展到何种程度的综合指标,成为经济

———————————
① 《邓小平文选》第三卷 226 页。

社会发展的阶段性标记。在这个基础上,邓小平为了更准确地表述什么是社会主义的判断标准,把三个综合指标进行了高度的概括与深化,他在南方讲话中指出:"判断的标准,应该主要看是否有利于发展社会主义社会的生产力,是否有利于增强社会主义国家的综合国力,是否有利于提高人民生活水平"。三个标准的提出,无疑为三个指标注入了强大的理论活力。生产力——综合国力——人民生活水平,三位一体,是递进的,根本是生产力的解放与发展。其内涵与温饱——小康——富裕一样,逻辑顺序是接承的、一致的,对马克思主义社会理想在中国的具体化,作出了更集中、鲜明的表述。

因此,"三步走"战略步骤是马克思主义社会理想中国化的创造性运用,它是具体的,又是独特的,既是初级阶段中国社会主义必然发展的三个坐标,又是递进的三个阶段性目标。"三个标准"的提出,则是对"三步走"的认知深化,是马克思主义关于社会主义价值观的根本标准,深刻表述与评价了马克思主义社会理想的具体化进程。它是结论式的,但又是极为明了、准确的,具有巨大的理论穿透力和说服力。

人类思想史告诉我们:无论何种思想学说,在其作用中,都会与社会实际产生差异或者矛盾。在矛盾与磨合过程中,思想学说如不为现实社会所接受,就必然被社会实践无情抛弃。马克思主义社会理想同样如此,它是科学,最终必定要实现,但它又是构想式的原则,必须也无法回避与实践结合。原则是一般的共通的,实践却是千变万化的、多姿多彩的,两者之间发生差异以至矛盾也是必然的。如果不能正视差异,不能妥善处理矛盾,科学的理想也是难以实现的。近百年来社会主义运动的艰难曲折,大起大落,雄辩地说明了这一点。在这个意义上,理想原则与具体现实的矛盾,是一个必然发生的普遍性矛盾。纵观社会主义发展历史,这个矛盾没有得到较好的解决,造成了诸多社会主义国家的巨大困难与挫折。邓小平理论的历史性贡献在于,通过马克思主义社会理想在中国的现实化与具体化,成功地妥善处理了这一矛盾,实现了科学理想的一般原则与具体现实的特定条件之间的统一,为马克思主义理想的最终、全部实现奠定了深厚基础。同时,邓小平理论的内涵中,还强烈地显示出在马克思主义社会理想指导下,强调马克思主义政治理念,并将其持续现实化与具体化的趋势。这无疑将强化邓小平理论的意识形态效应,从根本上确保走向新世纪的中国,沿着马克思列宁主义、毛泽东思想的道路顺利前进。

此外,邓小平理论的历史贡献还表现在另外一个方面。邓小平在把马克思主义社会理想现实化与具体化的同时,也把肇始于本世纪初的社会主义革命与建设,推进到一个新的发展水平。历经艰难与胜利的社会主义运动,从高潮跌入低谷后,饱受西方的诽谤与诅咒,且似乎正在被整个世界所冷淡或遗忘。正是此时,邓小平却在当代中国,进行了一场令人信服也相当成功的社会主义实践。理想并未化为泡沫。从现在起往后看一百年至二百年,这种全新的社会主义实践,已经明白无误地指示着人类发展的根本方向,也鲜明地昭示着社会主义在世界范围内的重新振作与最后胜利。

鲁迅对佛教思想的二重选择①

一

广义而言,鲁迅对现实和传统的批判是意义深远的社会批判,其中既藏孕着文化启蒙的高尚动机,又隐含着爱国救亡的民族思想,极为醒目的是,这个批判自始至终把特定历史条件下的人,作为批判性思考的主要对象,从总体上鸟瞰鲁迅的社会批判,可观察到两个迥然不同的批判方式。

A:人性批判。主要表现是鲁迅站在人性立场上,猛烈抨击灭裂自我与个性的千年积淀的社会黑暗;同时号召尊个性而张精神,忘情地呼唤并寄厚望于精神界之战士。他坚信"人各有己,而群之大觉近矣",②认为唯此才能立人,兴邦,使中国"乃始雄厉无前,屹然独见于天下"。③ 这种批判着眼于人性的改造与更新,以对虚拟的理想人性的积极推崇,来达到批判否定封建主义的目的。

这种批判方式出现并形成在日本留学后期。

B:人生批判。鲁迅"咀嚼着人我的渺茫的悲苦",④以博大的悲悯感,注视和体察着封建专制压迫与封建礼教毒害的痛苦人生。如果说在《彷徨》与《呐喊》中,鲁迅对社会人生给予了无情批判,那么在《野草》中,鲁迅则彻底怀疑着自我人生。因为痛感"唯黑暗与虚无乃是实有",⑤批判与怀疑的根本态度是"绝望而反抗",⑥不免带有悲观虚无的色彩。

这种批判方式主要出现在五四时期。

AB 两种批判方式,在鲁迅的社会批判中是有代表性的。前者带着理想人

---

① 原载《中国现代文学研究丛刊》1990 年第 2 期。
② 《破恶声论》,《鲁迅全集》第 8 卷 24 页、人民文学出版社,1982 年版。
③ 《文化偏至论》,《鲁迅全集》第 1 卷 56 页。
④ 《淡淡的血痕中》,《鲁迅全集》第 2 卷 221 页。
⑤ 《两地书·四》,《鲁迅全集》第 11 卷 17 页。
⑥ 《书信·250411·致赵其文》,《鲁迅全集》第 11 卷 442 页。

性的追求,较为积极与乐观,而后者流走着痛苦万状以至于悲观颓唐的情绪,有一定的消极性,两种方式客观上构成了一对矛盾,仅仅因为它们出现在鲁迅不同的活动时期,其对立性不是那么鲜明而已。

借此观照鲁迅的内心世界,两种批判方式的对立,实际上揭示了鲁迅思想中长期存在的理想与现实的矛盾,鲁迅对理想人性的迷醉与探寻,使他的幻想世界充满了美丽的色彩与悦耳的歌声,但黑暗与罪恶的现实人生,却冷酷地把他的理想变成了一个货真价实的乌托邦。进而言之,两个批判方式的对立,还深刻反映了鲁迅精神人格的分裂性特征,即热烈的浪漫情感与冷静的理智态度的对峙,对此他的知交许寿裳有过很好的论述:"至于他之所以伟大,究竟本原何在?依我看,就在他的冷静和热烈双方都彻底,冷静则气宇深稳,明察万物;热烈则中心博爱,自任以天下之重。"①因此,AB 两个批判方式的对立,就连接着鲁迅思想中理想与现实的冲突,又联系着鲁迅精神人格的分裂性特征:热烈与冷静的矛盾。同时,理想与现实的冲突,热烈与冷静的分离,又通过两个批判方式的对峙,得到了比较充分的表现。

根据《鲁迅日记》记载,鲁迅有目的的大量阅读佛经,恰好发生在 A 批判方式向 B 批判方式过渡之际,主要阅读时间是 1912 年至 1918 年,即从辛亥革命失败到五四运动爆发这一沉闷灰暗的历史时期,AB 两个批判方式,各自带着本身的批判特点和鲜明趋向,进入了鲁迅研究佛教思想的过程,如果说鲁迅阅读佛经还有某种历史偶然性的话,那么他对佛教思想的吸收和消化,却是其思想逻辑发展的必然结果了。

鲁迅对佛教表示关注继之进行研究,有着比较复杂的原因,他幼年就在民俗化了的佛教思想中耳濡目染,拜和尚为师,得法名长庚。到日本留学,恰好又遇上梁启超、章太炎等人在《新民丛报》等报刊上鼓吹"佛学救国",随后从章太炎学,这时章太炎对佛学中的唯识宗已在狱中研究得烂熟,正以此来构筑自己的思想体系,撰写《齐物论释》等著作,研究和阐扬佛学,并非章氏一人独家经营,这反映了中国近代思想界的一个特异现象。在隋唐曾经鼎盛一时,至明清已基本沉寂的佛教,清末突然崛起,提倡者且大多是革新派人物。龚自珍、魏源等一代英才均学佛并受菩萨戒,康有为、谭嗣同、文廷式、唐才常、夏曾佑都大力张扬佛学,原因或如梁启超所论:"社会既屡更丧乱,厌世思想,不期而自发生,对于此恶浊世界,生种种烦懑悲哀,欲求一安心立命之所;稍有根器者,则必遁

---

① 许寿裳:《我所认识的鲁迅》第 11 页,人民文学社出版社,1981 年版。

逃而入于佛。"①这显然是先知者们在民族灾难深重、危机逼近的痛苦中,本能地寻找精神支柱,激烈者则据此奋袂而起,英勇抗争,如谭嗣同、唐才常,在这个近代思想变迁的大背景中,章太炎是一个典型代表。

时代风气和老师的言传,不可能不感染鲁迅,同时对文化启蒙的兴趣和致力于国民性研究的志向,也必然促使他到重视人生和人心研究的佛经中去寻找思想资料。鲁迅在日本时撰写的文章,从最早的《斯巴达之魂》到较晚的《摩罗诗力说》,都醒目地引用了不少佛教术语。在《破恶声论》中,鲁迅还正面赞扬了包括佛教在内的宗教,认为宗教是向上之民建造的,充满了灵觉妙义,需要张扬昌大,并且直接写道:"夫佛教崇高,凡有识者所同可……"大声呼吁"定宗教以强中国人之信奉矣。"②梁章二氏的影响是明显的。辛亥革命失败后,鲁迅对佛教的认识更为深入了,较之以往有很大不同,这时他对社会变革严重失望,陷入苦闷,同时又无法摆脱家累和个人婚姻的不幸,只好在无言的痛苦中"度灰色的生涯"。③ 为了排遣苦闷和解脱痛苦,除了钞古碑与校旧籍,鲁迅对佛教发生了极其强烈的兴趣。他一到北京,就与佛教协会的梅光羲和佛教徒许季上等有较密切的来往,同时选购和攻读佛学书籍,仅1914年,购买佛书达到二百册以上,令人惊骇。他的学生宋紫佩当时在北京写信中提到此事,说鲁迅等人"现皆志于佛"。④ 鲁迅后来颇为感慨地说:"释迦牟尼真是大哲,我平常对人生有许多难以解决的问题,而他居然大部分早已明白启示了,真是大哲!"⑤可见他比较系统地研究佛经,再也不是为了激扬民气,陶冶人性的理想,而是为了在主观上寻找人生答案,在痛苦的内心冲突中得到解脱。

鲁迅研读佛经的范围是很大的,接触较多的是华严宗和唯识宗,如《华严经》、《瑜伽师地论》、《大乘起信论》等。当然,在研读中,鲁迅也表现了他对佛教艺术的爱好,他喜欢菩萨绣像,佛像拓本,爱好借喻说教的经书,如《百喻经》、《三慧经》、《迦丁比丘说如来变经》等,在《中国小说史略》中,鲁迅解释《续齐谐记》中阳羡鹅笼记的故事渊源时,提到并引证了《旧杂譬喻经》和《欢佛三昧海经》,显示了他熟悉这一类佛经的实力。《痴华鬘》的题记,更体现了鲁迅对美言经文的热爱和了解,这无疑加深了鲁迅对佛教思想的理解,拓宽了思路。

考虑到上述因素,应该充分注意到,鲁迅对佛教思想的选择过程,一方面自

---

① 《梁启超论清学史二种》第81页,朱维铮校注,复旦大学出版社。
② 《破恶声论》,《鲁迅全集》第8卷27页。
③ 《书信·250411·致赵其文》,《鲁迅全集》第11卷442页。
④ 《鲁迅研究资料》第10册143页,北京鲁迅博物馆鲁迅研究室编,天津人民出版社。
⑤ 许寿裳:《亡友鲁迅印象记》第44页,人民文学出版社,1977年版。

愿接收了中国近代思想发展的深刻影响,一方面又展示了他精神人格的分裂性特征,以及思想感情深处的内在矛盾,这通过两个批判方式对选择过程的支配作用,较为集中,也较为直接地体现出来了。因之,我们能够看到,相对明朗、昂扬一些的人性批判,与比较凝重、低沉的人生批判,在鲁迅对佛教思想的选择中,不仅同时起着作用,而且导致了二极对立的现象的出现。比如,选择的一端是理性的清醒,一端却是感情的迷惘;一头是"执着现世,而求精进,"①一头却是"玩世不恭",②自我麻醉;一方洋溢着积极向上的乐观意气,一方却弥漫着消沉颓唐的气氛,由此形成了鲁迅与佛教思想的二重选择关系。

二

否定人生的价值判断与执著现世的伦理精神。

佛教思想本质上是反科学的神学体系,但作为人类的思想宝库,它又包含了宏深的智慧和杰出的辩证观念,富于自我冲突的矛盾意味,鲁迅敏锐地意识到并捕捉到了佛教思想中的矛盾现象,经过吸收消化,积淀下来形成了自己思想中的一些特殊区域。

这首先表现在两条思想线索的不同发展中。

一、佛教的中心思想是否定人生,第一大命题就是"一切皆苦",四谛首谛即苦谛:"所谓生苦、老苦、病苦、死苦、爱别离苦、怨憎会苦,求不得苦、五盛蕴苦,如是名为苦圣谛。"③聪明的中国僧人用简洁灵动的语言把佛教奥义变为形象描述:"且夫有生劳我处胎,有老夺我壮色,有病损我形貌,有死坏我神灵,有荣纵我骄奢,有辱败我意气……有苦痛我精神。"④寥廓宇宙,恍惚如苦集之场,生理病痛,精神矛盾之内苦,与天灾人祸之外苦相逼相煎,众生如坠苦海,没有安乐,只有痛苦相随。

辛亥革命失败后,这个人生皆苦的价值判断,是触发鲁迅悲观厌世思想的重要媒介。此后一个很长的时间内,鲁迅反复地,甚至是不厌其烦地强调类似的一些思想,如人生多苦辛,苦痛是总与人生连带的,⑤等等,流露出对人生的失望乃至绝望情绪。他自述:"许多年,我便寓在这屋里钞古碑,客中少有人来,古碑中也遇不到什么问题和主义,而我的生命却居然暗暗消去了,这也就是我唯

① 《破恶声论》,《鲁迅全集》第 8 卷 28 页。
② 《两地书·二》《鲁迅全集》第 11 卷 15 页。
③ 《分别圣帝经第十一》,见任继愈选编的《佛教经籍选编》,中国社会科学出版社,1985 年版。
④ 《中国佛教思想资料选编》8 卷 1 册第 101 页,石峻等编,中华书局。
⑤ 《鲁迅全集》第 1 卷 282 页,第 11 卷 15 页,第 3 卷 55 页。

一的愿望。"①在《祝福》中这样沉重地叹息着:"这百无聊赖的祥林嫂……现在总算被无常打扫得干干净净了,魂灵的有无,我不知道;然而在现世,则无聊生者不生,即使厌见者不见,为人为己,也还都不错"。这固然发泄着黑暗压抑下的悲愤,但也展示了鲁迅厌世、厌生的消极思想,这无疑直接影响了鲁迅的行为方式,他"本抱厌世,置病不顾"②,"带些自暴自弃的气味地喝起酒来了"③,长期过着寂寞如古寺僧人的生活,行为方式反过来又影响着鲁迅的人格气质,以至内山完造先生有这样的印象:"鲁迅先生,是深山中苦行的一位佛神。"④在此可以理解鲁迅为什么喜爱俄国作家安德列夫,如他后来所说的,安德列夫"全然是一个绝望厌世的作家,他那思想的根底是:(一)人生是可怕的(对于人生的悲观);(二)理性是虚妄的(对于思想的悲观);(三)黑暗是大有威力的(对于道德的悲观)"⑤。这显然切合鲁迅的悲观主义思想,两人的颓唐与消沉有着某种程度上的一致性。

二、恰好与否定人生的悲观论相反,佛教思想中同时又蓬勃着执著现世的伦理精神。它无私地主张自我牺牲,"然我今者,为求佛法,应受一切地狱众苦,何况人中诸小苦恼。菩萨如是发动精进。"⑥提倡平等,读之感人肺腑:"病者得愈,饥渴者得饱,羸者得力,老者得少,裸者得衣,一切众生皆得同志,相视如父如母如兄如弟。"⑦慈悲为怀,普度众生,还要惩除邪恶,不杀生,不偷盗,不妄语,不饮酒,不邪淫,"勇猛精进,降伏魔怨……除灭一切恶道诸难。"⑧浩荡之气,令人感佩。

佛教思想中积极进取的伦理精神,对鲁迅影响很大,如他的牺牲精神,悲悯态度,淡泊沉静的个性等,都与之有关系,特别显著的是鲁迅的惩恶精神,最能体现佛教伦理精神的影响,杂而言之,如鲁迅倡导专与袭来的苦痛捣乱,以为复仇是不足为奇的,不妨以目偿头,也不妨以头偿目⑨。在《华盖集·碰壁之后》中指华夏为地狱,其间充满了故鬼新魂,牛首阿旁,大叫唤,无叫唤,"教育家在

---

①　《鲁迅全集》第 1 卷 418 页。

②　王得后《<两地书>研究》第 318 页,天津人民出版社,1982 年。

③　《这是这么一个意思》,《鲁迅全集》第 7 卷 263 页。

④　徐诗荃:《星花旧影——对鲁迅先生一些回忆》,见北京鲁迅博物馆鲁迅研究室编《鲁迅研究资料》第 11 册 171 页、天津人民出版社,1983 年。

⑤　《书信·250930·致许钦文》,《鲁迅全集》第 11 卷 457 页。

⑥　《大藏经·大方广佛华严经第三十五》,频伽精舍主人迦陵罗诗氏校刊,民国版(下同)。

⑦　《大藏经·放光般若经第一》。

⑧　《大藏经·大方广佛华严经第六十九》。

⑨　《鲁迅全集》第 1 卷 271 页、223 页。

杯酒间谋害学生","杀人者于微笑后屠戮百姓",决意要碰破此"壁",惩恶精神灼然可见。《野草·复仇》以象征性的虚构场面,写一对欲拥抱未拥抱、欲杀戮未杀戮的男女,捏着利刃,永久地立着,终于使要赏鉴这拥抱或杀戮,也要品尝自己舌上的汗或血的鲜味的路人们,无聊地等待着,以至于干枯到失去兴趣,在精神上被裸体男女施之以无血的大戮,复仇者永久地站着,在沉酣于生命灭亡即永生的大欢喜中,永远制裁着丑陋的旁观者们,小说《铸剑》写的是眉间尺为父报仇的故事。意义却超出了一般的复仇模式,由于黑衣人宴之敖者的介入,复仇从个体的单独行动变成了群体合作的惩恶。宴之敖者就是惩恶精神的象征,他这样表白自己:"聪明的孩子,告诉你罢,你还不知道么,我怎么地善于报仇,你的就是我的,他也就是我。"通过怪诞的沸水中三头搏斗的生动描写,也通过黑衣人和眉间尺的头唱的稀奇古怪的歌,这个古老的复仇故事,给人印象深刻的是强烈的惩恶精神,而不是那个表层的传奇形式了。

总之,悲观主义的人生价值观与惩恶复仇的现实生活态度,作为两条思想线索,是鲁迅对佛教思想二重选择后的双向转化,具有明显的对立性,不过,二者并没有静止在对立的程度上凝固起来,而是交织、融化在鲁迅深沉的思考中,形成了一些思想上的特殊区域,比如,鲁迅曾多次认真地谈到自己的思想"太黑暗",作品也"太黑暗","但究竟是否真确,又不得而知"①。

作品"太黑暗",大约有两层意思,一是指愚昧、麻木、吃人与被吃的现实人生的描写;二是指艺术描写中隐藏的阴冷气氛和悲凉情调,前者是对人生痛苦的美学把握,后者则是对芸芸众生的一种情感评价,二者的主观性是很鲜明的,由此体现了鲁迅悲观主义的人生价值观。因而,鲁迅以苍凉的笔调,在"辛苦展转"如"我","辛苦麻木"如闰土,"辛苦恣睢"如杨二嫂的三种人生苦况中,舒缓地抒发了酸楚的人生沉重感(《故乡》)。而祥林嫂"眼珠间或一轮,还可以表示她是一个活物"的至大苦楚,又在人生的沉重感中,输入了作者悲悯式的同情(《祝福》)。等到魏连殳"像一匹受伤的狼,当深夜在旷野嗥叫,惨伤里夹杂着愤怒和悲哀"时,这种至痛至烈的孤独之苦,就更是作者忧伤心怀的自况了(《孤独者》)。这婉转而深切地转述了鲁迅悲观主义的人生价值观,隐寓着佛教人生皆苦的思想命题,在这个意义上,几乎可以把《呐喊》《彷徨》中的大部分小说,与苦谛中的八谛联系起来理解,如《白光》与求不得苦,《伤逝》与爱别离苦,《离婚》与怨憎会苦等等。诚然,这并不等于说这些作品阐释了佛教观念,而是指作品渗透了佛教思想的影响。否定人生的价值判断是难于被"为人生"的鲁迅所

---

① 《两地书·四》和《两地书·二四》,《鲁迅全集》第 11 卷 21 页,79 页。

认可的,但他不能不承认并接受这个价值判断的深刻影响,在这个两难境地中,于是鲁迅指自己的作品为"太黑暗"。

作品的"太黑暗"与思想的"太黑暗"当然是一脉相承的。在此,鲁迅的精神人格的分裂性特征表现得尤其鲜明,悲观主义的人生价值观,对执著现世、勇于精进的鲁迅来说是有意义的,他使鲁迅沉浸在人生命题的思考中,对人生的认识走向深刻化和全面化。但是它的消极性又将破坏"执着现世"的人生斗争。鲁迅不可能不认识这一点,心理深处必然会发生激烈的矛盾。勇于精进的鲁迅,将对悲观颓唐的鲁迅严厉诘问:人生真的全是痛苦的吗? 真的如佛教所言,必须全部予以否定吗? 而悲观颓唐的鲁迅则会反唇相讥:难道人生不是痛苦的、寂寞的、虚妄的吗? 不是应该彻底被否定吗? 甚即是人生批判本身又有什么用处呢? 在勇于精进的鲁迅看来,这些思想是如此的可怕和阴暗,他这样坦白着:"我自然不想太欺骗人,但也未尝将心里话照样说尽,大约只要看得可以交卷就算完……发表一点,酷爱温暖的人物已经觉得冷酷了,如果全露出我的血肉来,末路正不知要到怎样"。① "太黑暗"的思想,对于既勇于精进又先知先觉的鲁迅来说,是不能也不愿意公开给人看的,而对于内心充满着矛盾的鲁迅来说,则又是难于确证也是不能确证的。

鲁迅内心矛盾的剧烈性与紧张性,体现了他对悲观主义人生观的对立性态度,同时也说明了黑暗势力在他心理上造成的压抑感,这几乎直接诱发鲁迅情感对黑暗的强烈反感,清醒的认识往往和激愤的情绪一道倾泻而出,在五四那时代众多的先觉者们中间,鲁迅以强硬的不妥协的姿态,对黑暗施行了极为彻底的猛烈攻击:全盘的虚无式的否定,表现在三方面:

文化的虚无。鲁迅坚决主张少读或者不读中国书,对以儒学为主体的传统文化是嗤之以鼻,视之蔑如。②

政治的虚无。鲁迅以为一部中国历史,究其实不过是吃人与被吃的历史,是阔人享用的人肉筵宴,必须全部掀掉,无情否定了几千年封建专制主义的政治历史。③

道德人格的虚无。鲁迅嘲讽地也是精辟地把千百年来中国国民的处境归纳为:一,想做奴隶而不得的时代;二,暂时做稳了奴隶的时代。对传统文化与传统政治的综合产物:国民性,从道德人格上毫无顾惜地予以彻底摒弃。④

---

① 《写在〈坟〉后面》,《鲁迅全集》第 1 卷,283 页。
② 《青年必读书》,《鲁迅全集》第 3 卷 12 页。
③ 《狂人日记》、《灯下漫笔》,《鲁迅全集》第 1 卷 432 页,217 页。
④ 《灯下漫读》,《鲁迅全集》第 1 卷 213 页。

事实证明,虚无式的攻击空前地震动了旧中国,非如此则不足以摇动乃至扫除封建主义的雄厚根基,非如此则新文化、新的社会制度将无立足之地。虚无式地攻击完全贯彻了鲁迅执著现世、勇于精进的惩恶精神,同时也包含了悲观主义价值观的因素在内。恰恰是这样,它的猛烈性和彻底性,在情感和精神领域,为政治革命——武器批判封建专制主义的军团和官僚买办政权,作出了榜样,有着咀嚼不尽的历史意味。

三

消极的泯灭自我与积极的自我扩张。

佛教思想整体上否认人身价值,是从否定自我入手的,除"自识"灭"我执",认为"我空者,我本自无。但凡夫之愚痴颠倒,于五阴中妄计为有。何以知无,凡夫依心识妄想分别,于五阴因缘法中见我为有,然此我相于五阴中实不可得"①。通过否定或泯灭自我达到对人生的否定,当然,自我泯灭了,人生的痛苦以至自我的痛苦也就烟消云散了。不过好笑的是,佛教提倡的自我泯灭,始终只是一厢情愿的主观悬想,只存在于精神之中,由是自我泯灭一方面有自我麻醉与自我欺骗的特点,另一方面又隐藏了自我泯灭本身不能包含的意义。

鲁迅的悲观,一头是对外否定人生,一头是对内怀疑自我,面对人生的苦难,鲁迅在自我怀疑中,寻找精神的出路。他的悲观主义思想,与泯灭自我的佛教观点是吻合的,吻合点是自我麻醉的解脱方式。有两个时期,辛亥革命失败前后,与五四退潮时期,鲁迅沉默著也彷徨著,思考著社会、人生和自我,最后以对自我的消极,总结了这三者:"我于是用了种种法,来麻醉自己的灵魂,使我沉入于国民中,使我回到古代去。"②1927 年,在国民党令人目瞪口呆的恐怖行为面前,他在《答有恒先生》中重复了类似的意思:"但我也在救助我自己,还是老法子:一是麻痹,二是忘却。"这不能仅仅看成是一时愤激之言,其中确实含有自我麻醉的成分;但又确实是愤激之言,是绝望的战叫,正是这样的矛盾心理,长期折磨着鲁迅,自我麻醉转化为酷烈的自我虐待,他承认,做事的时候,"有时竟因为希望生命从速消磨,所以故意拼命的做"③。《墓碣文》以整体隐喻和个别隐喻相结合的象征手法,集中揭示了自我虐待的奇特心理,胸腹俱破,中无心肝的墓中孔尸,曾经不顾创痛抉心自食,但不知本味,只好寄希望于成尘时,写得惊心动魄,令人不寒而栗。

---

① 《大藏经·大乘雕识论序》。
② 《鲁迅全集》第 1 卷 418 页。
③ 《两地书·二四》,《鲁迅全集》第 11 卷 130 页。

　　自我麻醉与自我虐待交织在一起,把自我精神推向泯灭状态,故鲁迅在悲愤中自陈:"我也常常想到自杀,也常想杀人。"①在《过客》中借过客的嘴诅咒"一切全都灭亡。连我自己,因为我就应该得到诅咒,"甚至曾怨愤地说过:"我很憎恶我自己。"②类似的意思通过《铸剑》中宴之敖者的话也表达过:"我的魂灵上是有这么多的,人我所加的伤,我已经憎恶了我自己!"这反映了鲁迅对社会现实严重失望的心情,也夹杂着他对早年人性批判的软弱性所产生的悔恨,是主观与客观背离的结果,也是历史与个人矛盾的产物。

　　自我泯灭是精神或意志的消极,但它只是鲁迅自我内省的复杂体验的一部分,是作为自我扩张的精神体验的对立面而存在着的,有趣的是,自我泯灭的体验,往往又是通过自我扩张的积极形式来进行的。

　　这恰好印证了佛教"一切皆空"思想的影响。"我空"是达到"涅槃"的初步,佛教一头把"一切皆空"集中于"我空",细分缕析,归纳为"内空、外空、内外空、空空、有为空、无为空"③等十八空;一头又提出"空非绝无"的命题,认为"空"是精神上旁若无人,内若无我的"空","无心于万物,万物未尝无"④。因此,"空"实际上是精神作用的结果,先把世界缩小为我,然后再把我扩大为整个世界,以我空来证实世界空。显然,"空"作为精神作用的结果,就必然有了精神扩张的层面。

　　鲁迅自我精神的扩张,与此极为相似。《野草·颓败线的颤动》中的"她",在深夜中走在无边的荒野,高天下伟大如石象,颓败的身躯全面颤动,有如暴风雨中荒海的波涛,且辐射如太阳光,使空中的波涛也立刻回旋,汹涌奔腾于无边的荒野,隐喻着鲁迅自我的"颤动线",在天地间扩张廓大,与寥廓宇宙一体存在,自我的生命个体,融汇在恢宏荒古的自然中,气势宏伟,《野草·淡淡的血痕》中的"猛士"也是这样,识见超卓,气度非凡,似自我之人,又非自我之人,是人是神,无法确认,实际上是极度扩张,已带幻化色彩的鲁迅的精神自我。《野草·影的告别》更以苍凉、忧郁的气氛,推出一个逍遥宇宙又拥有虚空的自我。

　　……我愿意只是黑暗,或者会消失于你的白天,我愿意只是虚空,绝不占你的心地。

　　我愿意这样,朋友——

---

① 《书信·240921·致李秉中》,《鲁迅全集》第11卷430页。
② 《书信·240921·致李秉中》,《鲁迅全集》第11卷430页。
③ 《坛经校释》第4页,慧能著,郭明校释。
④ 僧肇:《不真空论》,引自任继愈《汉唐佛教思想论集》第8页,人民文学出版社,1981年。

我独自远行,不但没有你,并且再没有别的影在黑暗里,只有我被黑暗沉没,那世界全属于我自己。

"影"作为鲁迅的自我精神,驾天地而游,与虚空和黑暗同在,代表着生或死,也象征着不生或不死,或伸延于黑暗,或永生于虚空,把自我扩张到无法预测、无法把握的程度。这很近似鲁迅自己所提倡的"天马行空"的"大精神"①,充满着扫荡黑暗,与黑暗同归于尽,意欲以自我的涅槃造出个新世界的旷世气概。

鲁迅对自我的省察,隐晦地反映着佛教思想的二重影响,自我精神既泯灭又扩充,二者经常融汇在一起,较多地体现在一些意向性的思考中。比如"梦",鲁迅或把理想比喻为梦,或者比人生为梦,或借梦境来申述极为复杂的思想情感,十分钟爱"梦"的意象。庄子也有以梦喻人生的说法,显然影响了鲁迅。但是,比起庄子的比喻只是一种机智来,佛经对梦的分析就更有心理解析的特点和思辨化的趋向:"如梦见色皆是虚妄,寤时所见皆不如是……以梦见者当未寤时皆谓为实,乃至寤时方知虚妄"。② 以此推论迷于我执著,不知身处迷妄之中,和做梦者一样。这对鲁迅是有启发意义的,也切近他关于"梦"的意象性思考。《野草》诸篇描写梦境非常出色,一方面写自我欲与黑暗同毁的决心,以自我的泯灭来泯灭黑暗,一方面又写自我精神之气充塞于天地间,徘徊在虚空内,体无其形,无所不至,极尽浩然之态。

"寂寞",也是鲁迅喜欢的意象,以《野草·希望》的描述最为充分:"我的心分外地寂寞。……没有爱憎,没有哀乐,也没有颜色和声音",以至于寂寞到认为"绝望之为虚妄,正与希望相同。"比小说《故乡》中"希望本无所谓有,也无所谓无"的思想,还要更为绝望,这乃是"肮肮华土,凄如荒原,"③的人生感受,在自我思考中发酵的结果,寂寞而丧失希望,而陷入绝望,正是表现了一种无可言喻的、深沉的人生孤独感,其中包涵着多重的意味。

孤独是先觉者的特有感受。身处夜气如磐的黑暗人世,先知先觉者们的理想肥皂泡般破灭了,幻灭感和孤独感接踵而来。在《呐喊》与《彷徨》中,鲁迅形象地表达了这些刻骨的感受。涓生坐卧在广大的空虚中,"还有死的寂静,死于无爱的人们的眼前的黑暗……还听得一切苦闷和绝望的挣扎的声音。"体味着

---

① 《鲁迅全集》第10卷232页。
② 《大藏经·唯识论八十二》。
③ 《破恶声论》,《鲁迅全集》第8卷26页。

失爱后被黑暗所包围的孤独,孤独而可怜的子君已辞别人世,他自己呢,如不像子君在肉体上被黑暗吞噬掉,就会像"敷敷衍衍,含含糊糊"的吕纬甫一样,在精神上被黑暗所泯灭。魏连殳忍受不了人生的孤独,先行在精神上自我泯灭,继之以肉体的灭亡对精神泯灭作了一个总结,表现了一个孤独者的惨淡结局,狂人最后虽然清醒了,也告别了他在吃人者群中的孤独,但他的代价是丧失了真正的自我,在精神上他已被黑暗吃掉。夏瑜的孤独更为深沉而动人,死后仍为"历史和数目的力量"所压抑,肉体已殁,精神仍然被误解,即使是生身母亲也不例外,先觉者的孤独是凄婉而永恒的。

鲁迅的孤独感,包含了多少自我泯灭的痛苦呵!

但是,鲁迅的孤独,还有反抗黑暗、自我扩张的一面,退向自我退回内心是反抗的一种特殊方式。《野草·这样的战士》孤独地在无物之阵中作战,"在这样的境地中,谁也不闻战叫:太平",他终于老衰、寿终,终于不是战士,无物之阵则是胜者。这样的战士可说在肉体上已经消失了,但在精神上他非但没有消亡,反而在最后仍旧傲然地"举起了投枪"。自我从肉体转向精神,永远举着投枪,永远拥有热烈的蓬勃的反抗精神。这很像鲁迅沉默而深邃,孤傲又倔强的个人自况。在《故事新编·补天》中,鲁迅进一步把人与人之间难于沟通的孤独感,又赋予了更新的意义。女娲独立于宇宙间,她的孤独是在无生命的大自然面前产生的,表现了人类自古即有的感情困惑,因而抟土造人来驱除自己的孤独,可是她终于枉费气力,同类的人不仅不能理解她,反而报之以叽剌笑骂。女娲面对宇宙和人所产生的双重的孤独,正是鲁迅的独特感受。但是,女娲的孤独是通过造人和补天来体现的,其中充满了强烈的创造精神和献身精神,自我的存在是巍然的,世界因而显得狭小。女娲在天地之间潇洒自如,恣意所为。自我的矗立和精神的奔放,胀破了孤独的形式,获得了永恒的超越意义。

自我的泯灭与扩张,是鲁迅思想的特殊现象,体现了佛教思想的影响。鲁迅绝望于苦痛的现实,消极地泯灭自我精神,是对自我的绝望,但他不甘泯灭,又以自我精神的积极扩张去反抗绝望。这是鲁迅对黑暗势力猖獗的极大愤怒,表现了他意欲在精神上否定黑暗的决心。在此,鲁迅已脱离了佛教思想的本意,二重选择也开始出现倾斜了。

四

黯淡的宿命思想与明澈的理性智慧。

鲁迅的人格气质有特殊的魅力,或凝然冷坐,或神寒气静,风仪不凡。佛学造诣极高的徐诗荃先生,曾经这样评价鲁迅:"先生在日本留学时,已研究佛学,揣想佛学造诣,我至今仍不敢望尘,但先生能入乎佛学,亦能出乎佛学。……胸襟达到了一极大的沉静境界,仿佛是无边的空虚寂寞,几乎要与人间绝缘,如诗所说的'心事浩茫连广字',外表则冷静得可怕,尤其在晚年如此。"①

这种人格气质,显然与鲁迅在研究吃透佛教思想后,能够透彻地认识人生、自我、生命,特别是生命。佛教思想对生命的论述,既有宿命论,又有理性智慧,鲁迅的人格气质,与二者有内在关系。

鲁迅是一个对生命和死亡有特殊敏感的人,由此产生了浓厚的思考兴趣,促使他亲近和研究了佛教思想,佛教认为,一切众生未涅槃成佛前,都不能摆脱生死的局限,原因或如梁启超撮述的:"由妄生分别,故有我相,我相若留,则堕生死海,我相若去,则法身常存。"②执著于我相,就无从超出生与死的两个活动范围,众生当然只好在世俗世界的欲界、色界、无声界中流转,在地狱、恶鬼、畜生三恶道和阿修罗、人、天三善道中轮回,因果报应,环环相扣。由此佛教把生命与死亡等同起来,把生死解释为一个命定的过程,一个环流的圆圈,表现出面对死亡的软弱和困惑。

这不能不影响鲁迅,不能不以潜移默化的力量,逼使他的批评文字笼罩着一股凝重、肃杀的气氛。《呐喊》、《彷徨》、《朝花夕拾》大约有一半篇目写到死亡,悲凉之雾,遍被鲁迅的情感空间,五四退潮期,鲁迅抱病彷徨,对生命和死亡的深切体味加重了极度悲观后的绝望感,他所陷于宿命性的思考中。

> 然而我终于不明白我一向是在做什么,比方做土工的罢,做着做着,而不明白是筑台呢还在掘坑。所知道的是即使是筑台,也无非要将自己从那上面跌下来或者显示老死;倘是掘坑,那就当然不过是埋掉自己。总之,逝去,逝去,一切一切,和光阴一同早逝去了,要逝去了。——不过如此,但也为我所十分甘愿的。
>
> ——《坟·写在〈坟〉后面》

宿命感是如此直露,如此沉重,以至于他干脆把坟墓比作人生的终点,把绝灭生命的死亡,在宿命意义上予以充分理解,许寿裳夫人逝世,他也曾作了类似的劝慰:"夫人逝去,大出意外……夫节哀释念,固莫如定命之谭……当早识聚离生死之故,不俟解于人言也。"③

---

① 徐诗荃:《星花旧影——对鲁迅先生一些回忆》。见《鲁迅研究资料》第11册169页。
② 《梁启超哲学论文选》第134页,葛懋青、蒋俊选编,北京大学出版社,1983年。
③ 《书信·180619·致许寿裳》,《鲁迅全集》第11卷350页。

鲁迅不仅把生命和死亡作为人类的一个永恒主题来思考,而且放在历史的角度上来考察,进而给宿命论以更深入的解释,更富有创造性的发挥:

> 历史上都写着中国的灵魂,指示着将来的命运……
>
> ……试将记五代,南宋,明末的事情的,和现今的状况一比较,就当惊心动魄于何其相似乃尔,仿佛时间的流驶,独与我们中国无关。现在的中国也还是五代,是宋末,是明季。
>
> 难道所谓的国民性者,真是这样的难于改变的么?……
>
> "地大物博,人口众多",用了这许多好材料,难道竟不过老是演一出轮回把戏而已么?
>
> ——《华盖集·忽然想到》

悲痛的言辞,说明鲁迅清醒地看到,国民性不变,任何社会变革都将是徒劳的。但是国民劣根性从古至今,绵连不绝,宿命般攫住了民族的灵魂,因而鲁迅在这里流露出历史循环论或历史宿命论的悲观思想。

但是,鲁迅终究不是一个宿命论者,宿命思想对他的影响是有限的,佛教思想关于生命论述的另一方面,即重视智慧、重视理性分析的特点,给鲁迅的影响却更为重要。

鉴于世界的复杂性和统一性,佛教思想的最大智慧在于,把有情世界和无情世界统统浓缩到"心"这个特殊角度来认识,"盖闻统万法唯一理,贯万古唯一心,心也者,万法之源,众妙之体,灵魂不昧,清净空寂,非色相之可求"。[1] 逮住根本,然后步步进逼,对"心"作出详尽的分析。如唯识宗的五位百法,对人的各种心理现象,如根本烦恼、贪、瞋、痴、慢、疑、恶见六种,随烦恼忿、恨、恼、覆、诳、谄、悭、散乱等二十种,节节相续,逐一解析,令人心折,而要站在"心"的特殊位置上破除我执,修成法身,就必须通过特定系列的思维形式,在"坐禅"或"入定"的方法中进入精神专注的状态,以高度智慧去观察和思虑自身,破除以不净为净,以苦为乐,以无常为常,以无我为我的颠倒妄见,这种宗教思维方式,运用智慧专注思考,以灭绝生命本体的和社会性的各种欲望,包含着一定的辩证观念。徐诗荃说鲁迅受佛教思想熏陶而成的冷静境界,成就了他精辟的见解,看事物异常深透,所谓"静则生明"[2]。鲁迅确有类似的思维特点,入静而凝神结

---

[1] 《大藏经·大方广佛华严经序》。

[2] 徐诗荃:《星花旧影——对鲁迅先生的一些回忆》,见《鲁迅研究资料》第 11 册 170 页。

想,沉默则智慧充实,往往能够独辟蹊径,出语惊人。

这产生了鲁迅特殊的自我体验的思维方式。

鲁迅对于生命的自我体验是微妙而又精细的,他强调"保存现在生命"和"保存永久生命"①,认识到个体生命只是一个"中间物"②,在茫茫宇宙间只是一个点或一个瞬间,故生命弥足珍贵。这似乎有很明显的生物学的意义,但鲁迅并未留步于此,他意识到:虽然生命个体是环环相扣的"中间物",但"人们的苦痛是不容易相通的"③。岂止是苦痛,人的思想更是难以相通,他引证并赞同赫克尔的话:人和人之差,有时比类人猿和原人之差还远④。数千年封建主义的毒害,使生命只是成为"数目"或"庸众",或"无聊的看客",从肉体到精神都被恶性异化。因此鲁迅在自我体验中,经常虚拟出一个宗教式的"造化"或"造物主",在生物学和社会学的意义上,谴责他们对生命的冷漠和无能;进而又设想出一个"猛士",洞察生命的底蕴,代表生命的热望,以反抗吞噬生命的黑暗势力。

鲁迅静观默察的智慧,还在于对死亡的见解,他把死亡描写成"生命的飞扬的极致的大欢喜"⑤。因为死亡意味着生命的结束,也是人生痛苦的结束,同时就意味着它还是黑暗势力停止作用的终点。鲁迅在著名的《纪念刘和珍君》里,描述了这一思想,一方面他极度悲痛,以至于"我已经出离愤怒了,我将深味这非人间的浓黑的悲凉,以我的最大哀痛显示于非人间"。一方面又称许"真的猛士"既是哀痛者,又是幸福者。面对鲜血淋漓的烈士遗体,"真的猛士"深知死亡对生命的休止也即等于生命的解脱,哀痛之余,自然在生命解脱于黑暗人生的这一理解中,得到愉悦精神的安慰感,这便是幸福,鲁迅在理性上认识到这一点,在感情上也认可这一点,表示他对反动势力的蔑视和对死亡的超然态度。在一种即哀痛于死亡又幸福于解脱的矛盾心态中,鲁迅心理深层中的自我体验被表现得淋漓尽致。

鲁迅以高度的智慧洞照自我生命的隐秘,在心理感受的基础上,又能准确地传达出明晰的思想观念。在《野草·复仇(其二)》中,鲁迅写到耶稣被钉杀时的生命意识:耶稣既要分明地玩味以色列人是怎样对付他们的神之子,即耶稣自己,又要较永久地悲悯他们的前途,然而又仇视他们的存在。这是一种泛

① 《鲁迅全集》第1卷131页。
② 《鲁迅全集》第1卷286页。
③ 《鲁迅全集》第1卷239页。
④ 《鲁迅全集》第1卷239页。
⑤ 《野草·复仇》,《鲁迅全集》第2卷172页。

滥在生命意识中的潜意识的瞬间感觉,鲁迅将其捕捉下来,准确地概括和转述了理性意义上的深刻见解:先知者也即革命者的最大悲哀,是在于不为包围着他们的愚昧的群众所理解,他们为之谋求解放和幸福的群众,却正是虐杀他们的凶手,鲁迅通过耶稣的潜意识活动,描述了自我心理的深层体验,这类体验完全以自我世界为中心,把理性智慧转变成感性悟觉,通过灵动锐敏的悟觉的细微活动,传达出深邃的思想。

鲁迅的自我体验,充满了佛教思想的智慧,或者说,是佛教特殊的思维方式参与作用的结果。不过,佛教思想的智慧,是与其宿命思想共同作用于鲁迅思想的,混为一体,有时很难分开它们。但二者又是了了分明,明晰可辨的。比如过客被一种莫名其妙的声音所召唤,一直往前走,不知从何而来,又向何而去,在盲目性的后面是宿命的操纵。但是,过客又力图超越宿命,不理老翁"息下"的劝告,往坟那边走去,要喝水,甚至要喝人的血,以支持艰难的人生行程,这就是理智的作用了,用智慧来估量情势,决定行动的方式和方向。不过,《过客》的宿命思想似乎压过了理性智慧的作用,不像《死火》那样更精当地表现了宿命和理性的统一,"死火"要奋战,但是会烧完;不奋战,要被冰山冻灭,反正都是死亡,宿命精神是强烈的。但是"死火"最终选择的死亡方式,不是冻灭,而是在奋战中烧完,反抗死亡,反抗宿命。"死火"清醒地估价了死亡的不同意义,作出了充满战斗智慧的选择。

总之,在悲壮地反抗与反抗的徒劳之间,在个体认识的有限性与历史发展的永久性之间,在黯淡的宿命思想与明澈的理性智慧之间,鲁迅准确地把握到了辩证法精神。这样,鲁迅不仅创造性地转化了佛教思想的影响,而且也为越过佛教思想这块沼泽地,准备了充分的思想条件。

人性批判与人生批判,成为鲁迅对佛教思想进行二重选择的基本依据。二者之间的对峙或矛盾,在鲁迅思想中造成了一些悖论现象。如悲观主义的人生价值与执著现世的进取精神,消极的自我精神的泯灭与积极地自我精神的扩张,等等。

思想上的悖论现象,说明了鲁迅对佛教思想选择的多向性和矛盾性。但是,鲁迅更多地是以一种糅合的方式,把悖论化解到一些极富于思想意义的命题中,使矛盾的对立性转化成了统一性。如《华盖集·杂感》中提出的"无泪的人"的思想命题。他认为泪如盲肠一样是无用的赘物,无论什么种类的泪,如过客所说的,是充满同情但暗藏虚伪的"眶外的眼泪",还是真诚但无益的"心底的眼泪",都为"无泪的人"所摒弃。因而"无泪的人""拒绝一切为他的哭泣和灭亡"。类似的思想也出现在魏连殳的一句话里:"呵,人要使死后没有一个人为他哭,是不容易的事呵"。"无泪的人"的思想命题,揉进了两层意思:一、在封建军阀残暴统治下,鲁迅欲舍弃一切,不管是亲友的同情,还是爱人的悲痛,拼命反抗,义无反顾,绝望而坚决。以情感变态的形式,装满了一个战士的无畏气概。二、在无情的措词中,隐含着鲁迅看透人生,戳破"我执",视人生情感为"无",视感性生命为"空"的思想,流露出漠视众生、无视生命的悲观虚无情绪。思维的奇特性与尖锐性,心理活动的复杂性和深刻性,令人叹为观止。

鲁迅在一个思想命题,或者一个意象中,往往既说明了二重选择过程的分裂性与对立性,又说明了这个过程的相容性和统一性。显然,相容性与统一性是主要特征。因而在鲁迅的大量言论中,一方面能明显看到佛教思想影响的痕迹,如直接征引的佛教用语、典故等,是有迹可求的。另一方面却只能通过对精神气韵的把握,去体会佛教思想的影响,属于无迹可求的范围。后者多被忽略,往往造成对鲁迅的误解。但恰恰是在无迹可求的空灵境界中,表现了鲁迅对佛教思想研究的深入性和消化吸收的巧妙性。《坟》《热风》《呐喊》《彷徨》《野草》《华盖集》《华盖集续编》《两地书》等杂文、散文、小说、通信集,就较好地体现了这两个方面。

总之,佛教思想不仅在智慧和思辨的理性领域,也在意志、情感、无意识等非理性领域,深刻地影响了鲁迅。由此丰富和深化了鲁迅的社会批判,提高了鲁迅自我选择的社会价值和历史价值,在历史和现实的纵横交叉中,鲁迅的社会批判今天仍具有不可估量的巨大价值。鉴于这一事实,鲁迅早年对佛教思想的二重选择,这个选择所包含的思想内涵,就越来越富有现实意味了。

论鲁迅的两次自我否定[①]

　　一般比较重视鲁迅大革命时期从"逆子贰臣"到"现代革命圣人"的思想转变,但忽略了作为文学家鲁迅的文学观的变化。同时对他早年发生的另一次重大思想转变研究不够。我们拟把鲁迅的两次转变结合起来,把他的思想和艺术结合起来,对鲁迅作一考察。

否定——鲁迅的自觉扬弃

　　在对半封建半殖民地的旧中国进行坚决否定与无情批判的过程中,鲁迅也进行着自我否定和自我批判。最醒目的是他对文艺的态度。他从 1906 年弃医学文后,对文艺的作用备极推崇,觉得学医并非一件紧要事,第一要著是改变国民精神,"而善于改变精神的是,我那时以为当然要推文艺。"(《呐喊·自序》)但二十五年后,鲁迅却说:"我想,文学文学,是最不中用的,没有力量的人讲的"……(《而已集·革命时代的文学》)虽然鲁迅此后并未弃文从政或投笔从戎,但这种对文学态度的明显变化却很难用思想变迁、即阶级论取代进化论来解释。

　　我们认为,鲁迅 1927 年前后的思想嬗变,不是孤立发生的,而是有着极为深远的历史根源。在鲁迅早期就潜伏着诱发此次否定的深刻缘由,发生过另外一次不同性质的否定。1906 年的弃医从文便是鲁迅早年自我否定的一个明显标志。

　　鲁迅的早年经历和思想大致有两个特点:一,接受封建文化教育。读私塾,背典籍,应对,做试贴诗和八股时文,鲁迅无一漏失。他承认"长辈的教诲于我是这样的有力"(《华盖集·忽然想到·五》)封建传统的文化对鲁迅既有"固有

---

　　① 原载《齐鲁学刊》1989 年第 3 期,与曾激波、聂国心合作。

血脉"的滋养,又有"鬼气"和"毒气"的浸淫。二,西方现代文化的影响。鲁迅置身的近代社会,正发生着空前激烈的动荡和剧变,古老悠久的封建专制政体已濒临土崩瓦解,西方新潮蜂拥而入。洋务运动,康梁维新,辛亥革命等,给青年鲁迅以巨大冲击。可以说,到1906年初步形成的鲁迅思想,不啻是鸦片战争来六十年各种思潮沉浮的一个缩影。

传统教育,新潮影响,尤其是民族危亡感,奠定了鲁迅保种救国思想的基础。由此鲁迅选择了实业或科学救国的道路。从赴南京投考江南水师学堂,到去日本后弃矿学医,都自觉不自觉地体现了这一思想。他写《说铂》热情绍介最新科研成果,与顾琅合著《中国矿产志》和独撰《中国地质略论》,纯属实业救国路数。此外译凡尔纳科幻小说《月界旅行》,改写《地底旅行》,翻译美国科幻小说《造人术》,更是借小说宣扬科学。这时的鲁迅虽然一如既往地爱好文学,但如周作人所说,他"不过只是赏玩而非攻究,且对于文学还未脱去旧的观念"(《关于鲁迅》)。当然,此时鲁迅大脑中新的观念的种子已开始萌蘖,他对国民性的探讨早就进行了,他阅读了大量的外国文学作品,这为即将来到的思想飞跃做好了充实的艺术和精神准备。

早期鲁迅的思想,不在它具有多大的时代意义。但他在这个思想基础上完成了一次自我否定。弃医学文,不仅是职业选择的变动,在深层意义上,它是对中国近代蒙难以来数十年间各种救国思潮和办法的否定。由此确定了鲁迅在近代思想史上的重要地位。鲁迅认为,许多人"虑举国惟枝叶之求,而无一二士寻其本。"(《科学史教篇》)什么是"本"呢?鲁迅说:"诚若为今立计,所当稽求既往,相度方来,掊物质而张灵明,任个人而排众数。人既发扬踔厉矣,则邦国亦以兴起,奚事抱枝拾叶,徒金铁国会立宪之云乎!""是故将生存两间,角逐列国是务,其首在立人,人立而后凡事举;若其道术,乃必尊个性而张精神。""外之既不后于世界之思潮,内之仍弗失固有之血脉,取今复古,别立新宗,人生意义,致之深邃,则国人之自觉至,个性张,沙聚邦,由是转为人国。"(《文化偏至论》)要达到这个今天看来有些乌托邦味道的总目标,扫除国民劣根性,重造国民精神,就必须提倡新文艺。鲁迅对自己的新观点是如此的执著和笃信:"举世誉之而不加劝,举世毁之而不加沮。有从者则任其来,假其投以笑骂,使之孤立于世,亦无慑也。"(《破恶声论》)

鲁迅批判和否定的有一部分正是自己曾相信和奉行过的。他根据自己长期的体验和省察,无情地抨击了那些甚嚣尘上的浅薄议论。鲁迅对救国之物质性手段的否定和精神性手段的选择,构成了他第一次否定的真实内容。从此,鲁迅以恢宏的气度和精到的眼力,颂拜伦,赞雪莱,崇尼采,尊普希金,看重密茨凯维支,乃至于弘扬宗教。他对民族劣根性的犀利批判,对社会人生的敏锐洞察,对历史经验的吸收消化和运用,大约都萌动于此时。鲁迅这种精神批判的活动时期约二十年,这期间他提出了许多带根本性的问题,但这些问题对他本人来说也是难题。他也必须用相当长的时间来思考、探索和逐步寻求解决的途径。于是,鲁迅走过了一段时而意气超迈,时而冷傲不群,时而灵性蛰伏,时而狂躁不宁、血脉贲张的艰难思想历程。这当中有三点值得注意:

一、向西方寻找真理,鲁迅不是始作俑者,也不是外来思想的集大成者。但他兼收并蓄,取其精华,融会贯通。更重要的是,在与时代的同步发展中,它能够审时度势,吐故纳新。鲁迅早年信奉进化论,兼有浓厚的传统思想(其底蕴是儒家和诸子文化),人道主义意识也很鲜明(与西方的人道思潮和土生土长的宗教悲悯性有联系)。第一次否定后的主导思想是个性主义,以它为中心,先后簇拥有科学、民主、自由、博爱等域外观点,并程度不同地接触了各种社会主义、无政府主义思潮和马克思主义。这是由精神批判的特殊性促动的。因此,面对"本根剥尽,神气旁皇"的中国这座漆黑的铁屋子,在这堆庞杂的思想中,鲁迅必须作出根本的或是最准确的选择或否定。最后甚至触及到自视神圣的进化论和个性论。

二、"路漫漫其修远兮,吾将上下而求索。"长夜茫茫,鲁迅由激昂而沉默,由苦闷而呐喊,由元气充溢而彷徨无主。其悲凉孤独的心绪,积淤久之,浸透在精神气质中,以《野草》的勃发为之最。鲁迅的沉郁、孤独,在本质意义上,还导源于民族文化的孤独。古老悠久的中国,此时已绝无现代意义上的大国气象,在先进的西方文明围攻下,文化孤独感极为强烈。鲁迅作为中国精神的代表人物,在其民族意识中不能不反映这种孤独感。而鲁迅并没有止步于此。他由对社会风云变幻和民族家国兴亡衰败的观察,逐渐把视界扩大到生死、善恶、宇宙、天人等普遍性的人生大问题上,思路开阔,见识精辟绝伦。这种宏远的人类意识,增加了他精神气质中孤独和沉郁的分量。此外,使鲁迅深受鼓舞和启发的近代西方思想,一方面由于恰好是侵华诸列强的精神凭借的文化源头,故经常使鲁迅感到莫名的恐慌;另一方面,由于进化论、个性论、人道论并非民族土壤的产物,仅为小部分知识者所信仰,遂不仅与民族意识想牴牾,更与民族的社会政治革命相脱节,这就不能不使鲁迅感到无路可走,苦闷彷徨。这个局面,直到鲁迅找到既否定本土封建主义,又否定海外帝国主义的马克思学说后,才宣告终结。

三、鲁迅进行精神批判的主体方式是文艺活动,他更多的精力是用来创造形象和写作形象性的杂文,这样,他的逻辑思维方式就不能不带有直感性的特色。鲁迅历来对纯思辨没有兴趣,喜欢直面的观察和得自现实人生的感悟。他对各种思想和学说的接纳,多择其可行与可用之处,并不考虑它们的完整框架甚或整体效应。这导致了他的顽强和偏执,不易摆脱旧的束缚,难于收容新的思想精髓。但是,他尊重社会实践。正是社会的大震荡再次酝酿了鲁迅的否定。虽然这个否定的来临是如此的缓慢和痛苦,却恰好说明了鲁迅思想转变的可贵。

1927 年的大屠杀,改变了鲁迅的世界观和文学观。他认为"改革最快的还是火与剑"(《两地书·十》),自觉地把文艺当做批判的武器,前所未有地把杂文这一文学体裁推到了至尊位置。显然,这是接受马克思主义世界观的结果。

鲁迅的第二次思想激变,本质上是以物质批判的思想范畴否定或代替了精神批判的思想范畴。鲁迅仿佛又返归到了早期物质批判的思想范畴,形式上兜了一个物质→精神→物质的大圆圈,但实际内容已大有不同。第一次否定是由非完全自觉的物质批判跃进到完全自觉的精神批判,只是这种自觉主观感悟的色彩较浓,基本脱离了当时的社会实践。这是一代启蒙者的特点。第二次否定是理性的客观抉择,由较低级的物质批判形态进入到较高级的物质批判形态,本质上与毛泽东等共产党人的思考相一致了。鲁迅的两次否定由是构成。

内在机制——浪漫气质与现实意识的双向运动

用历史眼光审视鲁迅的两次自我否定,即可看到中国近代以来两个批判系统的深刻影响。处于半殖民地状态之中的半封建的专制政体,千疮百孔,但又死而不僵。中国的先进分子们在两个方面对此进行了猛烈批判。一个是属于物质系统的武器批判,以太平天国革命领袖洪杨为始,对封建的清王朝给予全面否定。继之是辛亥革命的首脑孙黄,提出"种姓革命","倡率义师,珍除外虏",力图恢复中华,实行共和。再是二十年代国共合作的大革命,以扫除封建性的北洋军阀为目的。与此相辅,是精神批判的系统。以龚自珍的大胆怀疑为滥觞,中经康梁的维新改良,乃至严复林纾的古奥广博的翻译,直到轰轰烈烈的五四新文化运动,以文字舆论的手段严厉抨击了封建专制主义。两个批判系统的主要作用时期,鲁迅都是亲身经历过来的。从政治思想范畴的角度看,鲁迅的第一次否定发生在旧民主革命时期,第二次否定发生在新民主革命时期。在旧民主革命时期,封建势力强大,资产阶级软弱,工人阶级尚未成熟,进行精神批判的先进知识分子,缺乏远大的理想和切实手段,言论空泛,批判往往软弱无力。第一次否定后的鲁迅,就体现了类似的时代特点。第二次否定发生在新民主革命时期,屡遭败绩的资产阶级革命派与已经强大起来的工人阶级及政党形成了第一次联盟。尽管革命失败了,但是,人们看到了理想社会苏联的存在,看到了作为武器批判的革命武装和共产党的存在,因此,革命的气势与希望未去,理想和勇气都在。他们重新思考着自己的价值,逐渐从精神批判的位置上向共产党的武器批判表示敬意和靠拢,以至于用笔墨为武器,投身到武器批判的革命洪流中。鲁迅的第二次否定就是在这样的历史背景下完成的。时代改变了鲁迅的思路,几乎重新塑造了鲁迅的自我形象。

伟大时代的庄严召唤,对鲁迅的两次自我否定只是外在的原因。鲁迅转变的更为深邃的底蕴需要对他自身进行考察。在鲁迅的思想性格中,最明显的特征是诗人般的浪漫气质与农民般现实意识的冲突和糅合。浪漫气质,系指鲁迅的艺术爱好和富于感情。现实意识,一是指感性层面,即鲁迅冷静、客观地对待现实人生的生活态度;二是指理性层面,是鲁迅理性思考的鲜明倾向。比如他对黑暗社会的估价和从容应酬,对中国革命大业持续性的思考,对古代经典、现实学说、自然科学甚至宗教典籍的熟悉和了解,时断时续的学术活动等,由此建立了理性烛照下的经验性的思想体系,养成了冷眼横看社会人生的严峻态度。现实意识与浪漫气质作为统一的内在机制,是如何推动鲁迅思想转变的呢?

在鲁迅两次思想转变前后,其自我精神状态时或处于热情勃发的浪漫玄想,时或沉入缜密冷静的现实考虑;时或悲愤彷徨于感情的积压体味,时或执著于理性的探问。在现实意识与浪漫气质二者的双向运动中,他总是在两端游移,既不是纯情感的艺术浪漫主义者,也不是耽于抽象玄想的理论家。合二为一,又分一为二,时有所重,但从未走向极端。但其两次思想转变,都首先是从感情的变化开始的。

鲁迅到南京求学,更多的是出于现实的考虑,是为了家族和个人谋生的需要而学船、学矿、学医(这也是他早期较易走上物质救国道路的基本条件)。此时他的浪漫气质及文艺爱好,客观上被压抑着,少有流露。留学日本后有了较大变化:首先是官费留学,暂时摆脱了个人谋生的窘迫困境;其次是大量阅读国外文学和哲学著作;再次是留学生的革命影响。这些诱因使鲁迅的浪漫情感抬头了。此时他还以锐敏的理性眼光,看到了革命派主张的不足和"天下攘攘,皆为利往"的人性弱点,使他日益浓烈的浪漫情感更富有超越意识。于是,以幻灯片事件为起因,情感的巨大刺激为契机,鲁迅终于不顾谋生需要,毅然弃医从文,完成了第一次思想转变。这次自我否定,浪漫感情的激化是直接的,主要的,理性思考较为次要。当时鲁迅思想有两个特征:一方面,他清醒的现实意识总是让步于浪漫气质所产生的孤独、悲凉情感的自醉;另一方面,他现实意识中的理性思考层面又总是让步于感性层面凝重和阴冷的直观。应该看到,第一次思想转变后,浪漫气质与现实意识的双向矛盾运动,并未停止在精神批判的特定范围内。现实意识仍在两个方面刺激着鲁迅。一是他不得不正视现实,回国求职谋生;二是他的精神批判主张无人赞同,亦无人反对,使他陷入苦闷,沉默十年。他像乾嘉学派中人一样,进行着烦琐的考证、校订、拓扑的工作。同样的精神状况还有五四后的"荷戟独彷徨"。现实意识的刺激,并未泯灭鲁迅的浪漫感情。伴随理性思考的深入,浪漫感情愈益成熟,主宰了第一次转变第二次转变期间的全部活动。但是,随着二十年代大革命的兴起和鲁迅逐渐切近现实斗争,浪漫情感遂渐渐褪色。无路可走、精神极度苦闷的鲁迅,必然把目光投向新兴力量无产阶级和蓬勃发展的农民运动。他渴望对现实深切的了解,更思慕对新的理论形态的把握。现实意识中的理性思考急剧进行着。1927年的大屠杀促成了他又一次思想巨变。他用纯理性的马克思主义阶级论取代了情感成分浓郁的个性论,而不仅仅是取代了进化论。现实意识支配了浪漫气质,这是第二次自我否定的内在依据。此后,鲁迅更冷静,更清醒,更清刻,逐渐远离形象的创作。

在长期的浪漫气质与现实意识的分裂与糅合中,其思想转变的复杂过程有三个显著特色:

第一,感性层面的生活态度与理性层面的理论认识的矛盾。鲁迅在生活态度上承认既成事实,在认识上又坚决加以否定。他的婚姻悲剧最为典型。在1906年发生关键性的思想蜕变后,鲁迅准备以全新的思想和无畏的勇气与封建主义进行殊死搏斗,同时却遵奉母命,与一个素不相识的旧式女子完婚,几乎牺牲了自己一生的幸福。一个伟大的精神反叛者,却顺从了传统的拘牵,表现了先驱者的精神批判在当时社会条件下的软弱性。他一方面在五四前后以空前猛烈的火力,对封建伦理道德进行毁灭性打击,一方面又怀疑这种打击的效果。这个时候,他很难在传统的伦理主义藩篱中迈出关键性的一步,他尚缺乏理性思考的成熟和时机。但是,正好是婚姻悲剧给他的感情打击,加速了他否定精神批判的步伐。在社会大革命的启迪下,鲁迅的理性思考成熟了,在思想转变同时,也否定了以伦理主义为中心的生活态度。他先与走向思想歧途的周作人分手,次同母亲强送的礼物诀别,终于摧毁了伦理主义,不仅在笔下,而且也在他个人的行为规范中。

第二,创作的理性化趋向。鲁迅创作的理性化趋向,根源于鲁迅思想上的启蒙主义。鲁迅富于感情的浪漫气质,是他进行文艺活动、推动精神批判的内在根据。第一次否定的完成,甚至可说是浪漫气质战胜了现实意识。但鲁迅决定走文艺道路,对现实的理性思考起了决定作用。鲁迅的思考必然影响他的创作。一方面,鲁迅历来强调小说的写作艺术,主张"选材要严,开掘要深",精心构筑艺术精品。另一方面,鲁迅又从不为艺术而艺术,"例如,说到'为什么'做小说罢,我仍抱着十多年前的'启蒙主义',认为必须是'为人生',而且要改良这人生。"(《南腔北调集·我怎么做起小说来》)在启蒙观点支配下,鲁迅酝酿和创造艺术形象的过程,实际上也就是进行痛苦的精神探索即理性思考的过程。深沉的理性思考清晰地镌刻在各类形象身上。聚讼不已的阿Q形象的审美涵义和思想涵义便是有力的佐证。在长达二十年的精神探索中,鲁迅创作中的理性因素十分鲜明强烈。有人以三个"冷静"评价鲁迅,是有道理的。鲁迅的第二次否定,理性因素无疑起了重要作用,此后他基本上没有进行小说创作,而主要是撰写半形象半抽象的杂文。

当然,鲁迅重理性思考并不是说他热衷纯思辨、纯理论的建构,而是以救国为的,启蒙为矢,对西方文艺复兴后的各种思想和学说,择其要而选其精以彼营养壮我筋骨。鲁迅未看《资本论》,但他凭借自己的社会人生经验,衷心接受了马克思主义的阶级斗争学说。鲁迅吸取了尼采、叔本华等思想精神的某一方面,或其他哲学家、科学家、文艺理论家的若干观点,并非接受了他们的思想体系。还有一点应引起我们注意的是,对鲁迅的评价历来就有两个模式。一个是政治模式,誉鲁迅为战士,革命家,民族英雄,忽略了他作为一个文学家的本质特色。另一个是艺术模式,对鲁迅的思想转变取鄙视态度,因而不能够理解鲁迅两次自我否定后的选择。这两种模式都未能从中国近现代社会特殊的文化环境去考察鲁迅,忽略了鲁迅文学观点和政治思想已经发生变化的基本事实和鲁迅内在的思想、气质方面的特点,结果曲解了鲁迅的真实形象。

第三,思考的情绪性特点。鲁迅的浪漫气质与现实意识的矛盾及统一,除了显示出创作理性化的特点外,还酿制了一个思考的情绪性的特征。一方面,鲁迅的艺术创作以沉郁凝重的情感氛围为主,深隐着思考的机心;另一方面,鲁迅邃密冷静的思考中,又灌注着浓烈如酒的情绪,以论文为主的散文(包括杂文)尤为明显。思考的情绪性不仅给鲁迅的创作提供了丰润的审美意味,而且还包含着极为深沉的人道主义思想内涵。在鲁迅的思想转变中,如果说长期的精神探索是充分条件,那么情绪的激化则是完成转变的必要条件,而且深厚的底蕴是人道主义的悲悯感。两次自我否定的诱因,皆有残酷的杀人场面引起,显然,思想发展中的质的跃变赖于饱蓄着人道悲悯感的情绪的促动。鲁迅这种人道主义精神富有人性和人情的意味,观察社会问题时也如此。因之,鲁迅对改良派,甚至革命派的种种活动进行分析时,就能独辟蹊径,敏锐地看到"时势既迁,活身之术随变,人虑冻馁,则竟趋于异途,制维新之衣,以蔽其自私之体,为匠者乃颂斧斤,而谓国弱于农人之未耕,事猎者则扬剑铳,而曰民困于渔父之网罟。"(《破恶声论》)他从人之本性出发,预见到维新派的一些人们以后必将堕落的结局。在精神批判时期,鲁迅在思考中随着心境和情绪的变化而流淌出富有激情的文字。如《论费厄泼赖应该缓行》,《魏晋风度及文章与药及酒之关系》,散文诗《野草》等,传达出的是难于言传的关于社会、生死、宇宙的深沉意识。这使鲁迅的自我否定充满着理性的力量,更充满着人格感情的力量,显示出巨大的说服力。经过两次自我否定后,鲁迅的思想为之大变,思考的情绪化特点也更鲜明。

两个系列——鲁迅自我否定的象征标志

先后两次自我否定,不能不给鲁迅思想和创作留下印痕。

思想系列:轩辕·尼采·马克思

轩辕。"我以我血荐轩辕",是鲁迅早年强烈的爱国主义的总体表现。"轩辕"代表祖国,是鲁迅效忠的对象,热血救国缘于对"轩辕"的深厚感情,这与1906年以前鲁迅走科学、实业救国道路,用物质手段批判旧中国(主要指代表着封建主义和民族压迫的清王朝)是一致的。父辈的爱国主义思想,直接熏陶着年幼的鲁迅。1898年鲁迅致祖父的家信中,说到《知新报》内有一瓜分中国图:"言英、日、俄、法、德五国,谋由扬子江先取白门,瓜分其地,得浙英也。"(见《鲁迅年谱》第一卷51页,人民文学出版社版)表现了对国家安危的忧虑。南京求学,更加清晰地目睹了祖国严重破败的状况。此时鲁迅已接触改良思想和现代科学,忧国忧民的情绪日益强烈,逐渐产生一种"天将降大任于斯人也"的庄严使命感。鲁迅在留学前期,学医,买刀,剪辫,赴会馆,听演说,主张兴业,主张通电拒俄,都与他热血救国奉敬轩辕的态度分不开。这当然也有进化论的影响,但他的思想主干是民族主义和爱国主义。此时鲁迅的思想并没有超出诸多的同代和同龄人。

尼采。鲁迅曾颇为首肯"托尼思想,魏晋文章"的对联。尼采精神曾风靡过鲁迅的思想原野,与拜伦、雪莱等人强烈的个性主张一起构成了鲁迅反抗社会的个性主义思想。如果说他弃医学文后进化论是其思想基础,那么个性主义则是这个基地上面的高楼。"物竞天择,适者生存"的进化论是鲁迅救国的思想指导,而尊个性、排众数、张扬自我的个性主义是鲁迅精神批判的理论支柱。尼采强悍的个性意志力量与鲁迅批判国民性紧迫要求合辙。在1907与1908年之交发表的文章中,鲁迅反对金铁主义、制造商估、共和立宪,对实业救国等不屑一顾。主张科学与艺术互补,防止文化"偏至"。鼓吹建立人国,充分阐扬个性精神等都与尼采思想有密切联系。但鲁迅终于发现自己不是一个挥手一呼、应者云集的英雄,他的精神批判主张几乎无人响应。因此,一,在精神批判前期,他接受了尼采对基督教的无情批判精神。五四时期鲁迅对封建主义极端激烈的批判态度,以异乎寻常的逆理悖论的方式发表意见,显然都有尼采的思想精神成分在内。这是积极的昂扬的一面。二,鲁迅辛亥后沉默苦闷和五四后的彷徨都受到尼采一些超人思想的影响。如:"我在这个人民里走过,掷落许多语言,但是他们不知道取得,也不知道保持他们。""在这个人民里,我是我自己的前驱,与黑巷里的鸡唱。"(《查拉斯图如是说》)以否定一切、猛烈批判传统的个性精神作为明显标志的尼采思想,是鲁迅精神批判时期思想的主干。虽然鲁迅欢迎西方舶来的科学、民主、自由、平等、博爱等思想观念,但这些都是簇拥在个性论的周围的。

马克思。在曲折漫长的精神批判时期,鲁迅对自己所信奉并为之呐喊过的思想主张,经历了一个由自信到自卑,从笃信到怀疑的过程。特别是在五四后的彷徨时期,他就多次表白过:"倘说为别人引路,那就更不容易了,因为连我自己还不明白应当怎么走。"(《坟·写在〈坟〉后面》)鲁迅终生都在寻找一条路,他集中体现了中国好几代知识分子向西方寻找真理的艰难历程。就像由洪秀全而孙中山到毛泽东,终于寻找到了一条武器批判旧中国的成功途径一样,鲁迅承传龚自珍、康有为、严复的精神批判方式,也终于找到和接受了马克思主义作为思想指导的最后归宿。用马克思来代表鲁迅约十年的思想是符合事实的:一,鲁迅用阶级论代替了进化论,写作的革命性和功利性更加明显。他由主张自我的个性主义转化为人民本位思想,肯定了人民的重要性,这在后期杂文中比比皆是。他由对国民性的批判转变到主张暴力革命,认为对旧社会的批判要靠政治解决。二,鲁迅从历史唯心主义进到了历史唯物主义,从机械唯物论上升到了辩证唯物论。在思想方法上,他也从好偏激、走极端转变为冷静客观、科学地看问题。这些都显示出他对马克思主义的接受。

形象系列:斯巴达人·阿Q·大禹

斯巴达人。鲁迅早期的文学创作主要是旧体诗歌文章,多半为思乡、恋亲、抒志、鄙俗之作,不脱传统文人的咏写内容。情绪、格调、立意皆如此。真正能够引起注意并可看作是文学作品的(宣传科学的科幻译作除外),大约只有《斯巴达之魂》一篇。鲁迅塑造(主要是改作)了斯巴达人的尚武形象,鼓吹热血救国。虽然斯巴达人还不能算是真正意义上的艺术形象,但他们集中凝集了鲁迅该时期的思想感情,显示出鲁迅此时豪放纵恣、青春洋溢的精神状态,这在他一生中很少见到。斯巴达人的形象是初期物质批判思想的文学表现,他一直隐藏在鲁迅意识中,在他以后的创作中不时闪现(如《铸剑》、《这样的战士》)。

阿 Q。鲁迅的小说散文创作主要集中在精神批判时期。在此期间鲁迅创造了许多不朽的艺术形象,以阿 Q 为最杰出。从整体的精神批判角度来看,阿 Q 的出现不仅标出鲁迅对国民性的批判进入了一个最为辉煌的时期,也不仅是阿 Q 形象揭示了辛亥革命的软弱和不彻底以及鲁迅讽刺幽默的才能发挥到了无人企及的地步,而且阿 Q 形象是一个归纳,一个结论,一个象征词。阿 Q 把鲁迅笔下众多的艺术形象在精神实质上贯通、集结起来了。丑恶者如四铭、高老夫子、七大人、鲁四老爷、假洋鬼子、赵七爷,不幸者形象如狂人、孔乙己、闰土、祥林嫂,非人物形象叭儿狗、媚态的猫、挂着铃铛的山羊等,都可以在阿 Q 身上看到投影。在这个意义上,我们把阿 Q 看作一个时代,看作一个时代的艺术形象的总结。鲁迅在精神批判期间塑造的各类形象,没有正剧气概和崇高气质灌注的人物,没有庄重、尊严、或叱咤风云、或独立鏖战、或坚贞守节、或杀身成仁的理想形象。笔下人物或不幸、或秽恶、或卑琐、或颓唐软弱、或麻木不仁、或奴性十足,这些形象不是审美的,而是审丑的。即便如塑造"自我"形象的散文作品《野草》,也满溢着颓唐、孤独的情愫。不知何来何往的过客,是《野草》的象征,也是鲁迅的自况。这是精神批判的残酷性和艰难性所造成的。没有鲜花,没有歌颂,没有目标明确的理想,只有因袭的重担和埋葬了过去的墓场。阿 Q 最后绑赴刑场,标志了阿 Q 时代的结束,也标志着鲁迅的精神批判不是消沉在茫茫长夜,就是被即将来临的黎明所否定或取代。

大禹。大革命风雨的洗礼推出了一个崭新的鲁迅。告别了过去,鲁迅的笔墨在物质批判的战场上发挥凌厉作用。他在故事新编和杂文作品中塑造了令人耳目一新的形象。《理水》中的大禹可作为代表。这是一群艰苦奋斗者由坚韧沉着的领袖带领,以恶水为敌,为民谋福(《理水》发表于 1935 年)。正如有人指出,大禹象征着共产党领导的红军。鲁迅引古喻今,提出了"中国的脊梁"的概念。这与早年称颂过的带有荆轲色彩的斯巴达人,或掺着尼采思想的精神界之战士的形象,都大有不同,蕴涵着新的时代意义,是剧烈动变着的中国现实土壤的产物。与衷心赞叹那些为民请命、埋头苦干、拼命硬干的古代志士同时,鲁迅深切怀念左联五烈士以及刘和珍和毕磊等先进青年,并把他们塑造成为光彩夺目的散文形象。这是一些死去的现代大禹。而更多的正在奋斗着的大禹,则代表了中国的未来和希望。这应是鲁迅作品暗示给读者的真义。

回过头看,拿鲁迅后期力主物质批判时与早期倡言物质批判时塑造的形象对比,有着某些相似特点,比如勇敢、顽强、自信等。但这不是一个简单的回归。大禹的形象蕴含着丰富的时代和历史内容,他是鲁迅经过艰难的精神探索之后所作的一个简单明快的结论。虽然他的思想意义要超过其审美意义,但与斯巴达人的形象相比,大禹的形象更多地显示出鲁迅可贵的探索,显示出鲁迅在中华民族的深重灾难中看到了希望。瞿秋白曾经在《鲁迅杂感选集·序言》中说:"急遽的剧烈的社会斗争,使作家不能够从容的把他的思想和情感熔铸到创作中去,表现在具体的形象和典型里。"我们认为,鲁迅没有更多地去创造如大禹这样的艺术形象,并不是鲁迅缺少艺术思考和创作的时间,而是鲁迅在物质批判的文字战斗中,更愿意使用短兵相接的战斗方式和杀伤力更大的武器。他从来没有走进象牙之塔,因此也就没有必要用象牙之塔的空间和时间来范围鲁迅的创作活动。

　　历史地看,鲁迅的两次自我否定,以不同的方式呼应了社会革命的进程。他权威性地代表着中国人民寻找真理的无畏勇气和卓绝见识,并出色地论证了这个寻找过程的必要性和必然性。鲁迅的"论证"有着极为特殊的意义。他在思想上综合了中国近代社会以来的两个批判系统,在对社会进行总体批判中从倡导精神批判(第一次自我否定的结果)转移到力主物质批判(第二次自我否定的产物)。这就是作为文学家的鲁迅社会政治思想的根本所在。而作为思想家鲁迅的深刻性和撼人力量,又恰好含蕴在有意味的文学形式里。鲁迅物质批判的社会政治思想是历尽艰难探求的结果,它吻合现实社会发展的规则,赢得了千百万人民群众特别是伟大的政治家的欢迎。而其关于精神批判的课题通过他的自我否定,虽曾暂时被时代所搁置,但终究会被人重新提出来,他的光辉思想昭示着我们去完成他提出的课题。我们强调鲁迅第二次自我否定的同时,亦不忽略第一次否定的重要性,正是基于此认识。

人类意识与鲁迅的隐秘世界①

有较长的一段时间,主要是在五四退潮后,鲁迅进入了一种比较特殊的精神状态:持续性地思考着人生并沉浸在悲凉的思绪中。他反复述说"人生多苦辛","苦痛是总与人生联带的。"(分别见《两地书·二》和《写在＜坟＞后面》)甚至提出了"惟黑暗与虚无乃是实有"的思想命题,令人惊诧。

鲁迅的悲凉心态,通过对自我主体、自我命运的思考,在对自我人生和社会人生的特殊体察中表现得淋漓尽致。他从人生的根底上来反思个体对社会的反抗,评价自我的分量和价值,并没有脱离社会政治,但是在思考内容和陈述形式上,他超出了社会政治的范畴,因而不能用通常的眼光去看待。试看《野草·过客》中的一段对话:

> 翁——客官,你请坐,你是怎么称呼的。
>
> 客——称呼?——我不知道。从我还能记得的时候起,我就只一个人,我不知道我本来叫什么。……
>
> 翁——呵呵。那么,你是从那里来的呢?
>
> 客——(略略迟疑)我不知道。从我还能记得的时候起,我就在这么走。
>
> 翁——对了。那么,我可以问你到哪里去么?
>
> 客——自然可以。——但是,我不知道。从我还能记得的时候起,我就这
>
> 么走,要走到一个地方去。这地方就在前面。我单记得走了许多路,现在来到这里了。我接着就要走向那里去,(西指)前面!

---

①　原载《宜春师专学报》2000 年第 4 期。

　　鲁迅通过"过客"表现出他对人生"最终意义"的思考兴趣。这是他对社会极度失望后的产物。因而借"过客"对人生做一个归纳或抽象的时候，他剥去了"过客"全部的社会外衣，把"过客"象征的人生，即人的生存活动——生命活动和社会活动——简化为无目的、无价值的生命冲动。过客状极困顿，只凭着一个声音的呼叫向前走去，不知何来，亦不知何去，更不知自己如何称呼，他要去的前方，是充满了暗示意味的阴森恐怖的墓场。

　　显然，过客体现的人生内涵，表现了鲁迅的悲观，是他"绝望而反抗"的一个手段。过客的倔强、执著、不畏困苦，透露了这一点。但是，除此之外，读者感受强烈的，却是笼罩着"过客"全篇的宿命精神，其主旨是：人生的规定及是宿命，命者，必然性也，人生的最终意义是什么？无他，只是完成先验的宿命而已。

　　不过，如果把过客仅仅看成宿命的化身，又会走入谬误。确切地说，过客只是表现了浓厚的宿命意识。其重要性在于，鲁迅借此接触到了人对自身命运的思考这个永恒主题。鲁迅试图是让过客走出宿命，但又没有明示过客将走出宿命，恰恰在这里，鲁迅对人生的思考，超越了个体样态，陈述了人类本体对自身命运的关注之意。这是一种特殊心态中产生的特殊意识，本来也只是个体思考的结果。但是，一旦我们转移到人类心理领域来考察这个"结果"，特殊意识也就变成了人类意识，成为一般现象。

　　应当如何确定"人类意识"这个概念的具体涵义呢？

　　显而易见，人类意识不是一个哲学概念，它只是一个在心理领域确定其涵义的心理学概念。约略言之，主要指人对自身最基本的生存状态的思考，如对人生的关注和困惑，对死的体察与隐忧，对不可知的宇宙和命运的惊惧，以及对生命本能的自由感的依恋，对背离这种自由感的异化的厌恶等等。

　　瑞士心理学家荣格曾提出"原型"的概念，大意说：人类一些特定的共有经验，在漫长岁月中逐渐转化为本能，在无意识中积淀并遗传下来，并且深深镂刻在人类的心理结构中不断重复出现。人类意识无疑与原型相通，从宽泛的意义说，马克思说过的人的"一般本性"，亦包含了人类意识的含义在内，如同原型一样，是人类世代皆有并不断传递接续下来的意识内容。列宁曾有过一句著名论断："人的实践经过千百万次的重复，它在人的意识中以逻辑的格固定下来。"人的重复千百万次的实践活动，既然可以造成人的意识（哲学层面）中的"逻辑的格"，那么显然也可以造成人的意识（心理层面）中的心理的"格"。人类意识，就是一种心理的"格"的活动及其活动结果。

　　应该提请注意的是，鲁迅自己并未对我们现在所称的人类意识有明晰的认识，他这样说过："我的意见原也一时不容易了然，因为其中本含有许多矛盾……此外或者还有什么道理,自己也不甚了然。"(《两地书·二四》)这不甚了然的道理,大概是指他处于特殊的自我状态中时,心理活动中那些隐秘的、难以用理性分析,或用语言难于描摹的人类意识。

鲁迅是怎样把这些隐秘的"特殊意识"形诸笔墨的? 或者简单说,他是如何表现人类意识的呢?

在鲁迅的思考范围中,人类意识的活动是隐蔽的、深藏的,萌动在潜意识中,只是一些模糊地、不确定的、随时出没、闪烁不定的意绪。它在流露或表达时,需要归纳和提炼。所以鲁迅在艺术活动中,喜欢用象征的手法来表现这些既有强烈感情,又有深层意味的"意念",把这些"意念"融化在具体的"物象"上面,这就产生了鲁迅作品中特有的意象。

试举二例较有特征性的"意象"进行分析。

1. 坟——

鲁迅时或把坟比作"一面是埋葬,一面也是留恋"(《坟·题说》)的生活痕迹,又时而把坟比喻为人生的"一个终点"(《坟·写在 < 坟 > 后面》)。在《过客》中的老翁看来,人生也只是"荒凉破败的丛葬"而已。坟,是死亡的象征,生命的归宿。虽然生命是宝贵的,但它迟早将死灭,因而人类始终是在宝贵的生命中,时刻恐惧着死的。鲁迅把人类数百万年来对于死亡的原始恐惧和不可解脱的困惑,都输入到阴森、灰暗、寂寞的坟的意象中,充满着原型意味。《野草》中的《墓碣文》最有代表性,全文弥漫着可怕的死亡气氛,终篇读毕,不寒而栗。正是通过对死亡恐怖的渲染,通过恐怖气氛中作者的自嘲与自虐,《墓碣文》中坟的意象内涵,反映了黑暗社会的残酷性质,把那个时代特定的历史空间彻底阴暗化了。读者在对死亡恐惧滋生厌恶心理的同时,也在情感上厌恶乃至否定了那个时代。坟的象征意味,潜藏在很多作品中。《狂人日记》最明显,通篇是狂人在死亡威胁下(时刻恐惧着被人吃掉)的呓语,比《药》"人血馒头"式的"阴冷"更为深切。因而狂人形象的寓意是非凡的,狂人个体生命(生理生命)的死亡威胁感,是民族整体生存(精神生命)死亡威胁的象征。民族整体的精神生命一旦被扼杀,民族的整体生存亦将很快宣告结束。狂人心理幻觉意义上的死亡恐惧感,转变成了非幻觉的真实的社会危机感。惟其如此,狂人个体生命的死亡威胁感,才有了不可估量的现实和历史的双重意义。

坟的意象,是鲁迅深刻的悲观主义的一个注脚。生命因此进化而庄重,因死亡而宝贵。人间的丑恶却抹去了生命的尊贵,使人生的悲剧性扩大到无限——黑暗与虚无占有了一切,这是多么悲怆的思绪!

2. 暗夜——

在鲁迅笔下,暗夜不仅仅是与现实的简单互比,它有着特殊的内涵。夜的神秘、幽玄、不可知,产生了人类特有的孤寂感和依赖感。这是人类作为一个高级生命种类,在茫茫宇宙中必然产生的感觉现象。在人类社会从野蛮、愚昧到文明的递进过程中,代表着寂寞、孤独、恐怖的黑夜原型的人类意识,就逐渐形成了。黑夜中产生的恐慌与惶惑,使人喜欢无限引申夜的象征意义,却又大多停留在表面的类似上。鲁迅跨越了这类肤浅的模仿游戏。他不是一般地感受着黑夜的寂寞和恐怖,而是从社会人的自然观感出发,又在自我体味间游离了这种感觉,纯粹在黑夜的寂寞感中进行着虚无式的思考:

> 我不过一个影,要别你而沉浸在黑暗里了。然而黑暗又会吞没我,然而光明又会使我消失。
>
> 然而我不愿彷徨于明暗之间,我不如在黑暗里沉没。
>
> ……
>
> 我还想我的赠品。我能献你甚么呢?无已,则仍是黑暗和虚空而已。
>
> ……
>
> 我独自远行,不但没有你,并且再没有别的影在黑暗里。只有我被黑暗沉没,那世界全属于我自己。
>
> ——《野草·影的告别》

遍尝了人世间的失望与绝望滋味后,作者对人世间也失望乃至绝望了。现实的寂寞是难耐的——人们都在"绝无窗户而万难破毁的"铁屋子中昏睡——和可怕的①(《呐喊·自序》),不如退回自我。然而,自我在无意识中触摸到的,却又是黑夜给予人类的自古流传的寂寞。现实的寂寞掺和着人类意识中的寂寞,作者在无所凭依中无法摆脱的双重寂寞中,只得"我被黑暗沉没,那世界全属于我自己"。

鲁迅的感知是精细而又深切的,他从情感的表层感受(现实的寂寞)深入到情感深层体验(宇宙本体的寂寞),又在两者的结合中生发出形而上的哲学意味,自我吟咏,自我消失。面对寥廓宇宙中的暗夜,生命本体是寂寞的,而生命之间的相互肯定(人道主义)和自我肯定(个性主义)又被社会现实的"暗夜"所

---

① "……独有叫喊于生人中,而生人并无反应,既非赞同,也无反对,如置身毫无边际的荒原,无可措手的了,这是怎样的悲哀啊,我于是以我感到者为寂寞。"

否定,生命的存在及其选择都是艰难的。在此,我们真切地感受到了暗夜那磅礴的森人的力量,在这种力量的威慑面前,寂寞和恐怖象坚冰一样难于溶解。于是,在鲁迅形而上的寂寞感受中,我们还能领会到,其中不仅有颓唐中的坚韧,还有着惨烈的自我牺牲精神——这是真正的对于黑暗的蔑视与反抗。

鲁迅的人类意识,在坟和暗夜两个意象里,是表现得很鲜明的。这在其他一些意象中,比如路与梦,也是如此。因为意象涵义是含蓄和隐晦的,鲁迅心理活动深处那些不好明说,也不易说清的"特殊意识",就能藏身其中,舒展自如。但如果认为人类意识只能通过意象表达出来,那也是机械和呆板的看法。人类意识提高了鲁迅的思考质量,丰富了思考内容,使他的认识更加深刻化了。人类意识虽然是隐蔽的、模糊的,但它始终集结在鲁迅的思考中,通过批判性文字显示出潜流般的力量——即使鲁迅已走出悲观的自我状态,进行着清醒战斗的时候,也是这样。

最精彩的当推国民性批判。

鲁迅最喜欢自我省察的思考方式。在这种特殊的心理状态中,他沉思默想着人生、命运、生命诸种问题。在现实的撞击和历史的勾动下,他常常深入到潜意识的空间,体味着种种的寂寞、恐怖、悒郁、疑惧、胆怯、虚空、超脱的感觉,洞见了超越时空的心灵困惑、偶像膜拜、血缘纠缠等人类意识中的原始因素。在如此深邃的思考活动中,鲁迅不仅敏锐地揭示了国民性中民族文化传统的因素,还进一步确认了国民性中种族遗传的心理因素。

在《祝福》中,鲁迅没有直写祥林嫂对死亡的原始恐怖,而是通过祥林嫂对臆造的阴间的疑惧,间接地、但是强烈地渲染了这种恐怖。由此反映了封建主义对生命本体的异化与异化后的荒谬。这种荒谬的异化,又正是在含隐不露的生命死亡的原始恐怖基础上形成的。祥林嫂的悲剧命运能够打动人,能够激起人们对封建主义的痛恨,实际上是威胁生命的死亡恐怖,在其中起了关键性的催化作用。阿Q在被枪毙时,盲目的虚荣感使他还要充一个英雄,大叫"过了二十年又是一个……",博得看客的喝彩。但是,死亡的强烈威胁,迅速而又自然地支配了他的全部心理活动,最后只能无比恐怖地在心里喊着:"救命……"。这并非是故作的滑稽之笔,而是说明,阿Q的卑怯心理,在死亡恐怖的突袭下,不仅有着国民劣根性的民族文化的根据,而且还出示了国民劣根性的生命本源的根据。阿Q的卑怯,由是有了特殊(民族文化的)和一般(生命本源的)相统一的巨大说服力。因此,作为一个杰出的人物形象,阿Q还充满着原始意识的意象涵义。在鲁迅强大的思考力量作用下,阿Q几乎成了这种意象涵义的化身,或者说,阿Q是一个特殊的以形象性为主的意象。因为,阿Q不仅有着特定的意象形成(一个不觉悟的无赖式的落后农民),还包含着特定的意象内容(死亡意识、习惯偶象膜拜、血族观念及奴性人格等)。如果剔去阿Q个性的全部血肉,阿Q在失去形象的欣赏价值后,他包括丰富的人类意识在内的精神价值,仍然具有极大的思想意义。阿Q有资格充当一个充满人类意识的原型,在此基础上,他能够衍变、组合出更多的,填满了新的意识经验和个性血肉的人物形象。可以断言,正因为此,阿Q的原型模式将不断出现在未来时代的文学中(甚至包括他民族的文学)。

这样,鲁迅对国民劣根性,如卑劣、麻木、愚昧、自大、自卑等的批判,正是在输入了他深藏不露的"特殊意识"即人类意识后,才含有了更为深刻的生命本源的意义。鲁迅的特殊眼光,使他对于国民劣根性的观察,经常能独辟蹊径,出语不凡。如他认为二十四史不过是一部"相斫书"而已(《华盖集·忽然想到》)。晚年谈到统治者血腥的残暴时,犹恨恨不已。他列举了剥皮、油炸、大辟、腐刑、幽闭等酷刑,慨叹"真也无怪有些慈悲心肠人不愿意看野史,听故事;有些事情,真也不像人世,要令人毛骨悚然,心里受伤,永不全愈的。"(《且介亭杂文·病后杂谈》)他尖刻而精到地讥刺着统治者对生命的恣意宰割:"身中间脖最细,古人则于此斫之,臂肉最肥,古人则于此打之。"(《华盖集·忽然想到》)残酷摧残生命所形成的死亡恐怖,千百年来压抑着国民的精神,造成民族心理的严重歪曲:"康圣人主张跪拜,以为否则要此膝盖何用。"(同上)统治者恣意屠戮生灵,培植了国民的劣根性。屠杀者否定的是人的物质生命,劣根性否定的是人的精神生命。丧失了精神生命的国民,愚昧而麻木,"即使体格如何健全,茁壮,也只能作毫无意义的示众的材料和看客。"(《呐喊·自序》)由这样的劣质国民所组成的文化心理气氛,摆作"无物之阵",扼杀着一切进步的社会改革。

当鲁迅陈述着这些内容的时候,确实应该承认,已经很难看到人类意识的痕迹了。但是只要把这些内容放到鲁迅的"特殊意识"中去观察,我们就能轻而易举地感受到,在这些内容背后,人类意识是重要的原动因素之一。鲁迅隐秘世界深处那些不可捉摸又难以描述的心理内容,终于变成了活生生的形象和语言。显然,人类意识作为一种"特殊意识",是鲁迅思想心理的一个重要内容,由此构成鲁迅创造的艺术世界的丰厚底蕴。在鲁迅复杂的思想发展中,准确把握这种"特殊意识",是深刻理解鲁迅社会批判和艺术批判强大力量的一个重要前提,我们应该给予足够的重视。

传统文化对当代中国社会发展的精神作用之思考①

中华民族正处于历史上最好的发展时期：经济繁荣，社会小康，国力昌盛。究其原因，文化的作用极为重要，其中传统文化的作用不可低估。马克思·韦伯在他的《新教伦理与资本主义精神》一书中，强调资产阶级对传统经济的胜利，并不是由源源不断用于工业投资的新货币引起的，"而是由于这种新的精神，即资本主义精神已经开始发生作用了……其基础是这些商人群众的精神气质。"②对传统文化重新进行评价和审视，寻找促进中华经济腾飞的文化基因，即韦伯所说的"群体的精神气质"，从而找出传统文化中的优美质素，既有古老的永恒的哲学意味，同时又具有崭新的现代意义。这对我国今后的经济社会发展无疑具有重大的现实价值。

一、传统文化的内涵

英国人类学家 E. B. 泰勒提出：文化"是一种复杂的整体，包括知识、信仰、艺术、道德、法律、习惯及作为社会成员的人获得的任何其他能力及习性。"③这个概念也可用于对传统文化的理解。与马克思主义意识形态领导下的当代文化不同，传统文化是中国历史五千年积淀而成的文化形态，也是中华文明和东亚文明的主要精神特征，一般来说，分为文字文化和非文字文化。

文字文化：以儒释道三家典籍文化为主，其中儒家文化是占绝对统治地位的，是主体。传统文化包罗极广，大凡天文地理军事经济科技建筑乃至美食风水卜筮等，形成了文字，构成了书本典籍的，都是文字文化，如著名的诸子百家唐诗宋词元曲明清小说与对联。

非文字文化：以非文字形式出现的文化形态，如口头流传的、行为模式体现

---

① 原载《解放军艺术学院学报》2008 年第 3 期。

② 马克思·韦伯：《新教伦理与资本主义精神》，于晓、陈维刚等译，本经；三联书店，1987 年，第 49 页。

③ E. B. Tyler: Primitive Culture, London: John Murray, 1871, 5th ed, vol 1, pl.

的民间传说和交往礼节等。此外风俗民情、生活习惯、方言心理和思维方式、情感类型等也是其重要内容。非文字文化进入到民族生活的各个方面,时时起作用,也随处可见,可触可感,并不与我们想象的隔得很远。

经过数千年的浸淫熏陶,传统文化已经融入到我们民族的血肉,触处皆是,简单如我们填的一张履历表,姓名、籍贯、民族,都含有传统文化的因子。如俗话说"搞名堂",源于每个宗族都有祠堂,姓氏之下则分堂,如刘氏彭城堂、墨庄堂,邹氏范阳堂等,说明该姓氏出于著名的郡望,是旺族之后。但也有人攀龙附凤,说自己出自某某"名堂",就叫"搞名堂",有贬责之意了。此外衣食住行乐,无一不含有类似的内容。如体现尊卑、主客的坐、行、称呼、礼仪,体现道德褒贬的忠臣奸臣君子小人,体现社会政治的革命共和小康大同等,都是传统文化的继承。尤其是坐哪一把交椅,非常重要,有政治含意和地位高低之分。南怀瑾先生曾打比方说佛家是百货店,随时可逛;道家像药店,生病了就要去,如中医气功命相等;儒家尤其孔孟思想是粮店,是天天要吃的。说明传统文化与我们的生活息息相关,须臾不能脱离。

可以说,传统文化是在中国历史上过滤、结晶而形成的普遍心理,而心理是在个人情感性格中溶解、流动、升华着的文化,它把中国人和其他文化中的民族群体区别开来,调节着我们的情感、认知和行为。中华文明五千年,一切俱已过去,活着的只有文化。文字文化通过我们的阅读和运用而复活,非文字文化则在我们的社会生活中时时起着作用,并由于我们民族在经济全球化和文明冲突背景下产生的"文化自觉"而日益加强。

二、传统文化对当代社会的意义

首先,传统文化是中华民族的精神支柱。中华民族始终不倒,具有超强的凝集力,主要是靠精神文化的力量。鲁迅说自古就有为民请命、舍身求法、拼命硬干的人,如诸葛亮、魏征、文天祥、于谦、海瑞,就是传统文化中秉正气、肩道统的人物,做到内圣外王,立德、立功、立言三不朽。这些中华精神的代表人物,很多就是儒家精神的承载者,完全受儒家思想的支配,同时他们把这些烈烈正气、浩大思想、高远志向不断灌注到民族的血液里,形成精神支柱,中华民族因此才能够自强不已,生生不息,成为世界上各古老文明唯一续存下来,并重新走向伟大复兴的民族。

其次,是实现中华民族伟大复兴的时代需要。一百多年的苦难历程,酿成民族奋斗和复兴的必然大势。可以说,优秀的中华传统文化,与马克思主义意识形态结合,成为崛起的中华民族精神的重要内容,一定会再次凝聚我们的民族,推动世界社会历史前进。西方发达的资本主义国家由于高度发展甚至是畸形发展的经济和科学技术,已经形成种种新的异化现象。比如,技术的高度发展使人成为技术的奴隶,广告的泛滥使人成为广告的奴隶,斯宾格勒所著《西方的没落》给我们展示了种种西方国家的社会矛盾、文化矛盾。与西式分析思维迥然不同的传统文化,成为拯救西方国家精神空虚的良方,东方文化能使西方人重新调整人与人及自然的关系,从而走出经济社会发展的困境。汤因比和池田大作对此皆有预言,期望很高。他们认为,以儒家为代表的中华文明,将引领东亚经济,或者说华人圈经济的勃起,儒家学说传统的中华民族,将一改旧貌成为世界主体民族,21世纪是中国的世纪。

文化的一个重要功能,就是文化认同。所谓认同,指人群内部于理智上达成共识,情感上产生共鸣,意志上达成共同追求。近代以来,中国面临两项重要历史任务,一是现代化,二是民族复兴,它们都影响到中华民族的命运。但如果只有现代,而没有中华文化的支撑,中华民族也就在"地球村"里被取消,这是一种精神上的"被开除球籍"。如前所述,中华文化几乎是目前仅存的一种原生态文化。从世界范围来看,历史上每一次文化更替,都伴随着民族变迁甚至种族变化,只有中华文化从未中断,它的历史、民族都有清晰的渊源,这说明中华文化具有强大的生命力。在完成伟大的民族复兴任务时,这一文化必将再度辉煌,召唤整个中华民族汇成一股创造的力量,使中华民族继续屹立于世界民族之林。舍此,我们的目标必将落空。

第三,传统文化已经作用于经济社会发展。亚洲四小龙的兴起,是典型的儒家思想引导的结果。我国的很多大企业,如海尔,也在发展中吸取了儒家文化。当前,学习传统文化的热情在国内各界高涨,一些著名大学成立了国学院,电视上的传统文化讲座层出不穷,很多企业家,很多知识界人士,甚至少年儿童,都在开始学习《论语》、《孟子》、《大学》、《中庸》等著名儒家著作。儒家的很多理念开始被重视、研究、应用。改革开放20多年来,中国经济保持每年8%的速度增长,在世界舞台上一枝独秀,已经成为影响全球经济发展的重要一极。中国经济的繁荣,在西方文化语境中很难得到解说,被认为是不可思议的奇迹。因此,他们透过经济亟欲打探其背后的中国文化,因为一切经济活动都是嵌入于社会关系中的,而社会关系又是由文化来架构的。"中国热"已成为一种全球性的时尚,世界三千万人学汉语,孔子学院在各国兴办。

三、传统文化的主要精神和作用

传统文化的作用是巨大的,但它的历史命运也是非常坎坷的。近代以来中华民族遭遇的几乎是毁灭性的灾难,也给它带来了毁灭性的打击。很长的一段历史时期内,许多民族精英把国家落后挨打的账,最后算到传统文化头上,比如近代史上影响深远的国民性批判,就曾含有把国民精神的衰落,归咎于传统文化的观点。因此,我们要注意两条:一是传统文化曾被猛烈批判过、否定过;二是传统文化必须要进行现代性转换。我们要在这样的前提下来对传统文化进行改造,吸其精华,弃其糟粕。在我看来,传统文化结构中诸种优美的精神素质,对应着当代经济社会构成的不同方面,形成了影响当代社会发展的多个着力点。

(一)天人合一,对自然的敬重

古人对天是很敬畏的,有时认为天是人的命运的主宰,每有灾厄则诉之于天,如本能呼救"天啊"。项羽失败认为是天命,谁能不能当皇帝也是天命。因此天是不能欺的,"吾谁欺,欺天乎?"也认为代表了最高道德,有天道,德之所载,有天道天理。《荀子·王制》中有天地生万物,礼义治万物,万物之灵的人以为之、贯之、积重之、致好之而育成君子,君子行礼义这种周行的思想:"君臣父子兄弟夫妇,始则终,终则始,与天地同理,与万世同久:夫是之谓大本",表达了儒家看重人事方面与天地万物的始终之道相契的信仰。但古人讲得更多的是天是宇宙自然,主张人与天的统一,后来董仲舒的天人感应说,就是从这个角度来说,讲究天的报应,要顺应宇宙自然,和谐宇宙自然,讲天时地利人和,这对我们今天处理人与自然的关系,是有帮助的。这个问题的包容性很大,但最有意义的是敬重宇宙自然,不是去破坏它。破坏宇宙自然,也就是损害自己,要敬天、畏天。

(二)重视人文,造就超长的凝聚力

儒家重视人文,在我看来一是重视亲亲即血缘天伦,并从这个基础上生发的非亲亲关系,如从讲孝到讲忠。讲孝有三层意思,首先要有一颗爱心,仁慈之心,这是动机、动力。接着是孝顺必须要有好的表达形式,如问安、叩拜、赡养。最后还要持之以恒,孔子说为孝最难做的是"色"难,始终要有一个好的态度。忠臣出孝子,所以汉代有"举孝廉"。但重视亲亲发展到极致就是讲人情关系弥漫整个社会,人情大于王法,这是不好的一面。如宋江通风报信放晁盖,与《悲惨世界》中因放掉冉阿让而自杀殉职的警长,是完全不同的概念。二是重视学习,尊重学问,整个社会向往"斯文",学而优则仕,学而时习之,学而不厌,提倡每事问,不耻下问,这对社会的推动力是很大的,尤其是当今科学技术快速发展的时候,善于学习是中华民族的性格特征,是天性。三是重视道德教化的力量。讲究正风气,美风俗,如神往桃花源式的社会;也讲以身作则,公生明,廉生威,重视榜样的力量,讲忠臣孝子烈女。提倡以德报怨,以直报怨,不是以怨报怨。在今天这要与法制结合,否则过于空洞,但道德力量确实很大。中华文明生生不息没有灭亡,重视人文伦理是主要原因。

(三)自强不息、日日精进的奋斗精神

"天行健,君子以自强不息",是我们民族最重要的精神。"苟日新,日日新",就是说要像宇宙日月星辰一样,不舍昼夜地前行,决不放弃,也决不自馁。要做到自强不息,从儒家来说,就要严格要求自己,向内要求,向外发展,即内圣外王的功夫,讲究克己、内省、慎独,如"克己复礼"、"吾日三省吾身"等,要修身养性齐家,才能治国平天下,才能做到"威武不能屈、富贵不能淫、贫贱不能移"。因此,有两种突然表现,一是以天下为己任,"天将降大任于斯人也,"敢吃苦耐劳,不怕累不怕死,扎硬寨打硬仗,打落牙齿和血吞。如左宗棠,抬棺行军收复新疆。这样的人在历史上非常多,往往是民族英雄。二是重实际,不喜欢空谈,提倡实事求是,实干精神,讲究知行合一,学以致用。不尚空言,不信鬼神不信邪,敏于事而讷于言,这在毛泽东身上体现得最突出。自强不息精神是中华民族屡踣屡起的关键,特别是在鸦片战争后,遇"千古未有之变局"的中国先进分子们,前仆后继,如"难酬蹈海亦英雄"的陈天华。

(四)仁、义、礼、智、信等传统理念的直接作用

儒家思想集中反映在一些思想范畴或传统理念里,如君君、臣臣、父父、子子。概括为三纲五常,即君为臣纲,父为子纲,夫为妻纲,五伦是君臣有义、父子有亲、夫妇有别、长幼有序、朋友有信,也叫五常如仁义礼智信。类似理念很多,但最重要的是仁,包容性最大,比如亲亲则为孝,对国则为忠,对事则为义,对友则为信。概括起来,对人对事要有一种爱护的态度,尊敬的态度,讲程序的态度。用仁来提升人性、人心,又用仁来规范人与人、人与社会的关系。这个特别反映在礼仪上。这是别的民族从来未曾通过举止礼貌的渠道去取得道德秩序和稳定的做法,然而,儒家的方法在中国却取得了巨大的效果。今天世界上没有一个国家像中国那样讲求礼貌的自我约束的普遍传统。礼让、礼貌、礼品、礼节,都是表达礼的意思,孔子把复礼当成最大的事,"悠悠万事,唯此为大"。此外,己所不欲,勿施于人;己欲达而达人,己欲立而立人,都是尊重爱护别人的意思。儒家的仁爱是有层序的爱,与基督教讲平等的无层序的博爱不同,是分层次、分是非的爱,最后的目的是天下为公、天下大同。它也讲惩恶扬善,也讲斗争,并不是提倡"勿以暴力抗恶"的泛爱。

仁爱是唯一可以征服世界的思想。市场经济虽是竞争淘汰剧烈,但要讲诚信和尊敬,讲以德报怨,讲得势让人,仁的表现形式有很多。比如比尔·盖茨,赚了钱还要捐出去,成立基金会,行善积德,这就是仁爱。经济社会要发展,不能只顾少数人的既得利益,要照顾弱势群体和弱质行业,因此要走共同富裕的

路,要统筹城乡发展,消除区域差别、收入差别、城乡差别,还要讲保护环境,纯洁道德,这都是大仁,即孔子说的"圣"。小仁就要以己推人,如孝敬老人,尊重他人,帮助他人等,不要像美国是孩子的天堂,中年的战场,老年的墓场。在一个地方、一个单位、一个家庭,都应该提倡这种仁爱,这是民族的美德,也是推动经济社会前进的最大动力。

（五）和为贵与中庸精神

中庸是儒学里面最高的道德标准,即不偏不倚、无过与不及、适可而止。"中"就是中和的意思,喜怒哀乐没有发出来叫"中",适度地控制住了,发出来但是有理有礼有节就是"和"。中和是很高的境界,古人形容说"天地位焉,万物育焉。"中庸的这个"庸"字,就是经常的意思,中庸之道,就是中和可以长行之道。为何中庸如此重要？因为按亚里士多德说的,所有人的一切行为都有三种状态,这就是过度、不及和适中,比如说勇敢是介于胆小和鲁莽之间,节俭是位于奢侈浪费和吝啬小气之间,节制是位于纵欲和冷淡之间,如《登徒子好色赋》之"发乎情而止乎礼",都是中而有节,叫做中庸。同时,宇宙人生的活动,按《易经》说不外四种结果,吉、凶、悔、吝,悔是不太好,倒霉,吝是堵塞、走不通。四分之三是不太好的,太多不尽如人意,形成中国人"祸不单行,福无双至"的心理预期。要追求一个好结果,趋吉避凶,必须要做到中庸,过与不及,都会出问题,或凶或悔或吝。因此,孔子提倡温柔敦厚,含蓄、内敛,这是我们的民族性格。从解决世界上万事万物纷纭复杂的矛盾来说,孔子提出了"和"的概念,这个"和"包括礼和敬的意思在里面,是独有的解决矛盾的特殊方式。比如,和为贵,既是手段方法,又是过程目标,目的是解决问题,不是扩大矛盾。但"和"也承认差别,有差别才需要和,所以有叫"和"而不同,这个"和而不同"在当今这个复杂纷乱的世界,尤其重要。如世界的多极化,文明多极,经济多极,意识形态多极,这就需要"和"来做工作,最后形成一个和谐整体。另外,"和"也不排斥必要的斗争,并不是一味做老好人。斗争、差异只是"和"的过程,不是目的。比如当今的文明冲突论、中国"威胁"论等,都要用"和"的伦理来解决来说服。小至一个家庭、一个单位、一个企业也是如此,利益调节,矛盾解决,最终都要走向"和",否则就是毁灭——这是谁也不愿看见的。

现代的普世性夹着强大的物质力量,必会打破民族疆界,使世界上所有民族都汇集到现代化的洪流之中,谁如果不主动顺应这股现代化的潮流,它就会被这股潮流冲垮淹没,就会被他人现代化,并且是通过解散这个民族的方式来实现现代化,这就是孙中山先生所说的"历史潮流,浩浩荡荡,顺之者昌,逆之者亡"。"五四"新文化运动拉开了中国现代化的序幕。邓小平提出的改革开放路线,奏出了中国现代化征程中时代精神的最强音。在这样一个宏大的历史背景下,人们对时代精神关注颇多,而对民族复兴问题,即民族精神却多有忽略,甚至认为,现代化问题解决了,民族复兴的问题就自然解决了。这不是辩证的态度。现代化只是解决适应的问题,民族精神事关民族认同。我们主动选择走出传统走向现代化,目的不是要让本民族解体,而是要让本民族复兴:我们既要追求现代化,又要保持民族认同。尤其在今天,实现中华民族伟大复兴,是凝聚全民族走向未来的主要动力,也是建设社会主义小康社会的重要指针。我们的时代认同、阶级认同需要马克思,我们的民族认同需要孔子。因此,我们必须清算诸种全盘西化的述思,重新评价我们的历史,对自己的历史和传统文化作一个总体肯定,让它和现代化追求一起成为中华民族腾飞的两翼。

略论群众路线的民主含义①

　　群众路线是中国共产党人在长期的革命斗争中创造和总结出来的最富有真理性与实践性的工作方法,同时,又是灾难深重的中国近代史与波澜壮阔的中国民主革命双重发展的特殊产物。群众路线的出现,实际上是宣告了一种特殊的民主形式的问世。今天,它一方面被纳入传统的范畴,表现出令人崇敬的"经典"风范;另一方面,它既新鲜而又亲切,充满生机与活力。丰富的民主内涵,显然是群众路线的核心问题。

　　从较大范围看,群众路线反映了社会主义民主的两个基本含义:一指人民当家做主,领导者与被领导者形成平等关系。二指民主集中制。但是,群众路线又是怎样体现这两个民主的呢?

　　作为党的优良传统,群众路线可以简洁地概括为这样一种模式:出发点,依靠群众,相信群众;目标,一切为了群众;程序,从群众中来,到群众中去;方法,集中起来,坚持下去。群众路线作为一个内涵丰富的模式,不妨从两个不同角度,略作以下分析。

　　角度1:如果把群众路线当做一个理论模式看,显而易见,其理论就是历史唯物主义。共产党人认为:人民群众是全部人类文明史发展的主体力量。这个基本观点包含着两层意思:第一,人与自然的关系。在人对自然控制的反抗与摆脱中(主要指科学进步与生产力发展),人民群众是主体力量。第二,人与人的关系。在摆脱人对人的控制,即反抗人压迫人、人剥削人的斗争中(主要指阶级斗争)人民群众是主体力量。既然人民群众是社会发展的主体,而共产党人又是这个主体的一部分,那么,在理性认识上,共产党人就必须"为人民服务",当人民的"公仆",共产党与人民群众是一个利益共同体,没有也不存在任何天然或人为的隔阂。群众路线显然蕴藏着这些简明而又深刻的思想。

------

　　① 原载《求实》1990 年第 8 期。

角度2：如果把群众路线当做一个纯粹的工作模式，那就更能清楚地看到，它是党实现自己的思想路线、政治路线和组织路线的根本工作路线，亦是一种必须遵循的工作方法。从根本上说，群众路线是共产党实现自己"宗旨"的一条重要途径。为什么这样说？因为共产党作为一个集中统一的政治集团，除了人民群众的利益，没有任何别的利益可言。但在执政后，由于地位发生变化，加上剥削阶级腐朽思想的影响，在一部分党员乃至党员干部中产生了官僚主义和腐败现象，使党群之间出现"差异"甚至"距离"。毫无疑问，群众路线作为一条行之有效的工作路线，是新形势下密切党群关系，消灭"距离"的最佳途径。

通过以上简单考察，群众路线既在理论范畴中坚持了马克思主义的群众观点，又在实践范畴内提供了消除党群"差异"或"距离"的途径。可以清晰地看到，正好是在消除党群之间的"距离"或障碍时，群众路线作为一种特殊的沟通方式，表现了深刻的民主意义。

群众路线，作为一种呼吁，要求党回归到人民群众中去吸取养分和力量，作为一条沟通渠道，主要是沟通、融洽党与人民的感情世界；作为一种工作方法，就能非常方便又迅速地把人民的喜怒哀乐、生活状况、意见建议、问题困难等等，"上传"到党政部门，以便得到合理、及时地处置。这样，人民有宪法赋予的参政、议政、反映与解决自身问题的神圣权利，就不仅仅是通过现有的尚待完善和深化的民主方式，而且还通过群众路线这个颇具中国特色而又行之有效的办法，得到尊重与体现。这同样是社会主义民主的一个重要内容。

当人们谈论民主时，比较容易进入抽象的模式，注意一般的、共有的表现形式，如普选制这种形式，这固然也是必要的。但一旦我们从国情出发。比较具体的考察民主内容，而不仅仅是民主形式的，就能明白人民的意志、意愿和思想情绪，更多的是通过普选制以外的方式来表达的，借此形成决策、政策，指导社会向前发展。群众路线无疑是这些方式里面卓有成效的一种。

群众路线所含有的民主意义，决定了它亦是一种民主形式，是社会主义民主范畴的重要内容，同时，它又是通向社会主义高度民主模式的一条桥梁。说群众路线颇具中国特色，是说它切合中国实际，是中国近代史和中国民主革命双重发展的产物，必然带有历史和现实的深刻印记。今天，中国社会已出现了极其深刻的变化，改革开放和发展商品经济成为时代的主题，在这新的历史条件下，群众路线仍继续给我们以深刻的启示。

1. 群众路线的民主性提醒我们，在密切联系群众、贯彻群众路线的过程中，一方面要借此提高党政干部的民主素质，增强群众观念，防止产生认识偏差。比如有人认为，群众路线只是一种简单易行的工作方式而已，下基层，搞调查，问情况,就是走群众路线。他们把群众路线理解为纯粹是上对下的关系,工作主体与工作对象的关系,是做下情上达或上情下达的工作。下去,有一种"微服出访"、"体察民情"的优越感;回来,则自诩为上知"天文"、下晓"地理"。要清除这种认识偏差,就应深刻理解、学习群众路线的民主精神,要清醒地看到:我们党是执政党,党的宗旨是彻底地、全心全意地为人民的利益而工作。因此,我们的政策或决策必须符合人民的利益,体现人民的愿望。如果违背了人民的根本利益,我们就将脱离群众,失去力量的源泉。坚决贯彻群众路线,我们的各项政策和决策就能够反映人民的呼声和要求,代表他们的利益。同时,还应注意到,正确的政策和决策制定出来了,没有群众路线作根本保证,就很难得到完全实施,甚至走样或夭折。反映群众愿望,采纳群众意见,借此形成政策,是民主转化为集中;而落实政策,实现正确决策的贯彻执行,则又是由集中转化为民主,二者是有机统一的。

另一方面,走群众路线,也是提高群众民主素质,增强民主观念的好办法。由于中国封建主义历史很长,滞后影响很大,一则人民群众中农民比重大,其科学文化水平较低;二则群众心理素质障碍多,在表达自己的意见、意愿时,容易习惯性地受到小农心理、家族血缘心理及其他落后心理的影响。这些实际情况,制约了现有的民主形式及制度化,使其优势难以发挥。共产党人是人民群众中的优秀分子,他们的思想行为,较之一般群众,总是处于超前状态中,故应通过群众路线这条人民最熟悉的方式,动员群众,组织群众,提高群众的觉悟,在这个过程中密切党与群众的血肉联系。

2. 群众路线的民主内涵,有着非常鲜明的党性特征,即共产党是马克思主义的政党,其宗旨是全心全意为人民服务。这个性质至今不会变,将来也不会变。因此,群众路线虽然是产生于长期艰苦的军事斗争和政治斗争之中,但由于党的宗旨未变,这个优良传统对于今天经济建设的新局面仍然是适用的,不会由于时代的变化而受到削弱。恰恰相反,群众路线在新时期的运用,其民主内涵将得到进一步充实,民主形式将得到进一步完善,党的宗旨亦将体现得更为完整。

群众路线的民主意义,反映了中国人民政治上的民主要求,他们强烈要求自己的愿望、意见得到尊重与表达,因而容易接受群众路线这个特殊的民主形式。群众路线的民主意义还表明了这样一个政治意向,即它反对在中国的土地上照搬西方的多党制及多元价值观。照搬西方的民主理论教条和民主模式,企图把二者嫁接到中国,认为中国前途"非此莫属",那是完全行不通的。就像一个A型血的人,绝对不能接受B型血一样。群众路线的民主意义,充分说明了这一点。

3. 强调群众路线在密切党群关系甚至在政权建设、民主建设中的重要作用,并不等于忽视或轻视一般性的社会主义制度的作用。在人民参政、议政、表达自己的愿望和权利方面,现行的人民代表大会制度,共产党领导下的多党合作制度,都起到了很好的作用,还应该在深化和完善这些制度上下工夫,想办法。但是,在中国朝着高度民主化道路前进的过程中,还应该把这些一般性的民主制度与特殊的民主方式,如党的群众路线结合起来,互为补充,合力作用,最终创造富有特色的社会主义民主制度。因此,在这个历史过程中,群众路线将保证社会主义民主建设的正常进行,并且为完善社会主义民主做出特殊贡献,这是在思考群众路线的民主含义时,我们应该着重考虑的。这样,群众路线的含义,就将突破本身的局限,得到新的延伸。

论"三个代表"的理论意义与实践意义①

——学习江总书记"三个代表"重要思想的体会

中国共产党从诞生起,已经走过八十年的浩浩历程。面对充满挑战与希望的二十一世纪,江泽民同志提出党要"始终代表中国先进生产力的发展方向、中国先进文化的前进方向、中国最广大人民根本利益"的重要思想,为我们党加强自身建设和胜利进行社会主义现代化建设提供了强大思想武器。"三个代表"是在我们党和国家事业发展的极其重要的历史时期提出来的,它是对马克思主义、毛泽东思想和邓小平理论的全新发展。我们认为,"三个代表"实际上就是中国共产党人历史任务的新概况,是中国共产党人的历史使命和责任。历史已经或将要证明,无论中国和世界发生什么样的难以预料的变化,无论马克思主义的历史实践出现多少惊天狂澜。世界社会主义的前进势态如何回环往复,共产党人的历史使命不会改变。

一、深刻体会"三个代表"的理论内涵,坚定共产党人的政治信念。

在大约一百五十年左右的历史发展中,马克思主义一方面表现了它是一个完整的严密的科学体系,另一方面又显示出不断发展、不断丰富的体系特征。因为,第一,马克思主义本身是在十九世纪世界先进的物质文明和精神文明发展中产生,它涵盖了当时最先进的思想,即哲学、政治经济学、科学社会主义三个构成部分,是当时最新科学文化的代表。科学文化的先进性,决定了马克思主义必然顺应并引导世界社会科学和自然科学的进一步发展,体现出鲜明的发展特征。第二,马克思主义不是空头理论,它是从实践中提炼的科学理论,既总结了当时最先进的哲学、政治、经济思维成果,又反映了当时进化论、能量守恒定律与细胞学说等最新的自然科学成果,保证了马克思主义自我发展的巨大潜力和朝气蓬勃的生命力。马克思主义在跨越两个世纪、影响上百个国家和地区

---

① 原载《江西省团校学报》2000 年第 4 期。

的发展中,出现了各种发展形态和表现形式,在俄国十月革命后的中国,则先后出现了毛泽东思想和邓小平理论两大成果,使之进一步发展和丰富了马克思主义。在新的时期,"三个代表"的提出,有进步丰富了马克思主义的内涵,充分体现了共产党人的历史使命。

马克思主义的创始人在《共产党宣言》中说过,共产党人从来不屑于隐瞒自己的观点,毫不讳言共产党人的历史使命就是充当资本主义制度的掘墓人,实现共产主义制度。共产党是无产阶级的先锋队伍,它反映了人类社会发展的客观规律。马克思主义科学地证明,第一,生产力是"全部历史的基础",甚至"形成人类的历史"①,因此人类历史上无论何种生产方式,必须顺应生产力的发展,否则必被否定。资本主义生产方式束缚了社会生产力的发展,且永远无法解决自身的固有矛盾,因而就只能被更为先进的生产方式及代表——社会主义生产方式及共产党人所取代。第二,以生产力和生产关系构成的物质资料生产方式,决定了上层建筑即哲学、法律、文学等意识形态,先进的生产关系必然产生先进的人类文化。第三,无产阶级与共产党人敲响资本主义制度的丧钟后,解放了整个社会生产力,同时,解放的还有包括它自己在内的全人类。解放全人类的思想,意味着共产党人在"解放"过程中,代表的始终是全人类,在当前代表的是最广大人民群众的利益。"三个代表"思想的理论含量,在很大的程度上,都可以在马克思主义的基本著作、基本原理中找到本源。这就证明,马克思主义的光辉思想与共产党人的历史使命完全一致,共产党人的历史任务与"三个代表"的时代要求完全一致。马克思主义理论是科学,它忠实地代表了人民利益。"三个代表"毫不犹豫地宣布共产党人是先进生产力、先进文化、人民根本利益的忠实代表,这是由马克思主义理论的科学性和彻底性所决定的。所以,共产党人就必须具有坚定地政治信念,明确自己的使命和任务,决不能被各种各样的社会政治现象所迷惑,或被哄起一时的敌意的喧嚣所干扰,更不能被空间的广延和时间的变迁所模糊。

二、要准确把握"三个代表"的根本价值取向,保证人民利益至高无上。

马克思主义逻辑发展与社会主义历史实践,形成了中国共产党人鲜明的思想特征和实践特征。在思想上中国共产党人决不忘记老祖宗,决不会丢掉马克思创立的科学理论体系,它始终忠实于马克思主义的政治理想,以卓越的理论丰富和发展马克思主义。实践上,中国共产党人将马克思主义的普遍真理与本国实际相结合,坚持走自己的路,始终忠实于中国人民的解放事业和建设事业,

---

① 《马克思恩格斯选集》第四卷,321 页。

以谋求和保护人民利益为己任。很显然,共产党人历史使命的完成是一个相当长的历史过程,在这前人难以想象,后人难以把握的过程中,需要各种新鲜思想养分的吸纳,更需要各具特色的实践内容的补充。"三个代表"是中国共产党人历史使命的具体表现,其历史实践内容是极为厚重的,体现了无比丰富的多样性与个别性。在世界性的无产阶级解放运动中,会遇到到各种各样的纷繁复杂的问题,产生各种各样的认识和认识方式,出现诸多在马克思主义一般政治原则中难以解释的社会现象,这就需要各国共产党人根据本国实际情况制定特殊的政策和策略,而不能拘泥于某些书本和条件。"三个代表"给予我们的启示就是,在创造历史的实践活动中,共产党人必须准确把握代表人民利益这个根本的价值取向,始终代表人民群众的根本利益。这是因为:

(一)为人民谋利益是共产党人历史任务的本质要求。马克思在提出共产党人的历史使命时,他只是提出了一个远大的目标体系,并没有也不可能完整提出完成这个使命的具体方法,更不可能预知一百年后世界历史的具体变化。但有一点是明确的,马克思始终把人民群众作为历史活动的主体,始终把人民利益作为社会实践活动的利益主体。生产力的活动主体是人民,上层建筑赖以成立的基础主体是人民,创造先进文化先进科学技术的主体也是人民,作为先进阶级的无产阶级及同盟者农民阶级以及与之相联系的其他社会阶层,是占了人类大多数"人民"范畴内的主体。因此,为人民谋利益是共产党人历史任务的本质要求,昨天如此,今天如此,明天也是如此,所以说,"三个代表"的根本价值取向是不容置疑的。

(二)始终代表人民利益是中国共产党的重要政治特征。这可从革命与建设的两个历史时期进行分析。前一时期,针对中国的特殊国情即半殖民地半封建的社会形态,中国人民的首要任务是要进行政治变革,反帝反封建,推翻三座大山,建立属于人民自己的政权。在这个时期,救亡图存的任务压倒一切,打倒封建军阀地主进行民主革命的任务压倒一切,也可以说,进行革命战争与为革命战争服务的任务压倒一切。即使是在这种特殊时期,中国共产党也始终牢记并代表着人民的眼前利益和长远利益,并用这些利益的实施和鼓励来调动工人群众、农民群众的革命积极性。在现代化建设时期,中国共产党则将民主革命时期激励群众的那些当时尚属理想形态的东西,逐步地使之成为现实形态、具体形态,成为非常实在的社会现实生活。当然,由于社会主义初级阶段的特殊性,社会发展出现多样化势态,利益的阶层性、多样性日益显现,出现了一些富有阶层。但并不表明党的政策导向脱离了人民利益,而是表现了通过"先富"以求"共富"的努力,这是社会主义发展生产力的本质特征的需要,也是社会主义另一个本质特征即消灭剥削达到共同富裕的最终目的的阶段性需要。同时,我们也正是在采取兼顾公平的方式来保护广大人民群众的利益,以消除发展过程中滋生的负面影响。

(三)为人民谋服务与保护人民利益是中国共产党的根本取向。毛泽东曾经指出:"我们的共产党和共产党所领导的八路军、新四军,是革命的队伍,我们这个队伍完全是为着解放人民的,是彻底地为人民的利益工作的。"彻底地为人民的利益,忠实地代表人民的根本利益,这是我们党至高无上的政治准则,也是我们搞革命搞建设的唯一的价值取向。如果不是为了人民,不是为了人民的利益,革命有什么用,改革又有什么用,共产党又有什么存在的必要呢?"彻底地为人民的利益工作",这就是共产党存在和发展的全部价值,也是共产党的"立党之本、执政之基、力量之源"。我们就是要站在这样的思想高度,来审视我们的全部工作,站在保护人民利益的立场,搞好我们的改革、发展和稳定工作。

三、要始终不渝地坚持"三个代表"的实践取向,一心一意搞好现代化建设。

我们这个时代已经发生了前所未有的大变化,用"广泛而深刻"来形容,是非常恰当的。用实事求是的眼光看去,时代特征已从战争与革命模式转换到和平与发展模式。二十世纪世界上两大阵营对峙的态势已经消解,多极政治结构已经成型。随着社会主义实践的历史性深入和中国市场经济体制的目标模式的确立,以及世界形势的迅速变化,再也没有一个单一的经济体制能够在自我封闭状态中存在发展了,人类的生存状态已发生了震撼性的全面变动,人类的政治理念、道德观念在相应发生深刻变化。在新的世界形势下,中国共产党如何迎接挑战,把社会主义引向何方,为世人所瞩目。中国共产党人的历史使命,在新的历史时期,通过党的基本路线回答了这个问题:为把我国建设成富强、民主、文明的社会主义现代化国家而奋斗。要实现这一宏伟目标,关键在党,关键在于我们必须致力于做好自己的事情。这就是"三个代表"的实践取向,通过解放和发展生产力,然后才能代表先进生产力。在这个意义上,邓小平提出的"三个有利于"的判断标准,是"三个代表"的逻辑起点。致力于经济建设,正是为了更好实现共产党人的政治理想,在繁重的经济建设事业中,不能淡忘我们的政治信仰,并应积极到理想的目标体系中汲取精神力量。人类文明的发展已经到了这样一个阶段:资本主义类型的西方国家迅速发展的经济科技,给世界带来了巨大的财富,但这个财富并不属于人民,更不属于世界发展中国家的广大人民,资本主义自身固有的致命的内在矛盾,即资本的私有与生产和交换的社会化或全球化的矛盾,并没有消失反而强化了。代表人类未来的社会主义国家,应当积极发展属于自己的经济科技力量,积累属于人民自己的巨大财富,代表先进生产力的发展要求,最终取代资本主义制度。

中国共产党代表着中国社会发展的前进方向,因而我们必须在"三个代表"提出的实践取向的引导下,重新确定共产党人所致力的社会主义事业,在世界历史范围内,在当今世界经济政治格局内,在广大人民群众心目中来提高我们的认识。党一定要代表人民、领导人民把经济建设搞上去。"发展是硬道理,"应该成为中国当代最强音,成为中国社会主义改革与建设的一曲主旋律。

四、加强党的建设,必须重视加强党的领导干部的思想道德建设,保证代表先进生产力和先进文化的正确方向。

"三个代表"的重要思想在明确共产党人历史使命的同时,也对加强党的建设提出了严格要求。面对新时期所出现的新情况问题,面对世界范围内社会主义事业发展与马克思主义发展的严峻局面,加强党的建设,以一个强大、健康、生机勃勃的党去迎接挑战,是党的事业发展的迫切要求,也是广大人民群众的强烈愿望。邓小平早就说党要管党,江泽民同志强调从严治党,反映了对党的建设中所出现的一些严重问题的密切关注。按照"三个代表"要求,加强党的建设,党的领导干部的"代表"作用最为关键。领导干部是党和人民事业的火车头,党的先进性与代表性,集中体现在领导干部的带头作用中。所谓一身系"天下"之安危,牵一发而动全身,就是这个作用的生动写照。领导干部的"代表"作用,其集中表现是什么呢? 说到底,也就是要牢记和坚持两个根本取向,即作为人民利益忠实代表为人民服务的价值取向和积极发展先进生产力和创造先进文化的实践取向。要保证两个根本取向正确无误的实施,加强党的领导干部的思想道理建设至关重要。试想,一个党的领导干部,如果在思想道德上是个伪君子,说是一套,做又是一套,对外马列主义,对内自由主义,对人讲仁义道德,对己却男盗女娼,他怎么能为人民利益的忠实代表、怎能成为先进生产力与先进文化的代表呢? 又如何能领导人民进行现代化建设呢?

加强领导干部的思想道德建设,用"三个代表"严格要求,主要抓好两条。第一,在改革开放的新形势下,领导干部要无条件地与中央保持一致,坚定政治信念,自觉加强自身的思想建设。坚定信念,一方面要加强理论学习,长期不懈,乐此不疲;另一方面又要善于深入实践,总结实践,从感性认识跃进到科学理性认识,丰富信念,充实信念,使信念区别于理念。自觉加强,非常重要,要有"慎独"精神,要有"吾日三省吾身"的精神,提倡严于律己,以天下为己任,具备政治家的眼光与胸怀。讲学习,讲政治,讲正气,要让其成为自觉要求,成为思想追求,"讲"好了,才能"代表"好。第二,领导干部要做一个人忠诚坦白的共产党人,人格道德上堂堂正正,坦坦荡荡,才能确保党的事业健康发展,长盛不衰,领导干部比一般党员面对的客观世界要宽阔复杂得多,其世界的内容也更为深邃丰富。社会现象千变万化,思想观念千姿百态,领导干部置身其中,一定要站好自己的位置,道德上只能正,不能歪,其言谈举止,为人处世,必须谦虚谨慎,戒骄戒躁,防止不良思想和风气的腐蚀。因为领导干部为人表率,一举一动皆为人所法,一言一行亦为人所察,正负面作用都是很大的,故领导的道德人格影响力量切不可小视。加强领导干部的道德建设,关键的是政治道德建设。领导干部的第一道德就是要忠诚于党的纲领路线,忠诚于党政策方针,这样才能忠诚于人民的利益与事业。在党内营造一个好的氛围,带动社会风气的好转,这也有助于党的组织建设、廉政建设等的顺利开展。从根本上说,一个领导干部,只要忠实于党和人民,忠实于共产主义的理想信仰,牢记共产党人的历史使命和时代责任,就能够得到广大人民群众的衷心拥护,就有资格成为中国先进生产力和先进文化及人民根本利益的代表。

对宜春经济工作的若干思考

新世纪以来,宜春经济社会发展出现新的变数,表现为四个"大提升":一是知名度大提升,宜春因成功举办农运会而名声大噪,形成新的优势资源;二是城区环境大提升,成为"来了就不想离开的城市";三是文化品位大提升,体育中心和宜春学院为领军带动的文化产业迅速发展;四是交通大提升,高速公路、一级公路交相建成,乡村公路也大大改善,辐射功能加强。

当然,仅仅根据上述特征,还不能由此判断宜春的发展进入了一个新阶段。基本的事实是,宜春特别是中心城区的经济总量人比较小,支柱产业远不够强大,城区规模仍然偏小,农业区特征显著,农业产业化只是初露端倪,工业化和城市化任重道远。说宜春将进入一个新的发展阶段,潜伏着巨大的发展能力,主要基于四点考虑:

1. 新型经济板块逐渐形成。世界范围内经济结构大调整所引起的沿海产业梯度转移,已与宜春完全衔接并日趋成熟。表现在工业园区的勃然兴起和开放型经济的急速构建。宜春廉价的人力、土地、能源等资源,加上逐渐改善的政务环境、人居环境正在适时、高速的发生作用。随着发展理念的更新、新的体制机制的建立、开放度的加大、流动人口的增多,这个作用正越来越大。

2. 传统资源的催醒与开发。宜春的传统优势资源,如农产品丰富、工业初具规模、历史人文悠久、生态环境优越、行政中心位置、多个禅宗祖庭等等,经过两年来集聚筹办农运会和成功举办农运会两个历史空间前所未有的直接作用,正不断被开发、整合,自我裂变,大批量、成规模地显现全新的发展趋向和强势前景。政府对各类传统资源前所未有的开发热情,正变成一项项的政策举措被迅速推出,抚慰了渴盼已久的焦急心理。

3. 市场理念日益增强。由于三个方面因素的作用,即一是3年来不遗余力地大搞招商引资,刺激了对外交流和各类外埠信息的大整合、大交流;二是以开放为主导向的政策措施不断推出;三是群众干部思想中的支配性理念正发生新型变化,因而宜春客观上已形成有利现代市场经济发展的社会氛围,求平求稳的心理已打破,竞争发展的气氛开始浓厚。

4. 出现崭新的精神风貌。从精神层面的全局看,在党政空前团结、人心空前和谐的共同作用下,农运成功引发的人民的自豪感、信任感油然而生,在社会各阶层充分洋溢。同时,人民群众对发展的期望值空前高涨,发展的欲望极其强烈。新的精神风貌的出现,既是难得的社会现象,又是难得的发展动力,非常珍贵,必须重视。

当然我们要避免盲目乐观,但也决不可在估计当前形势时草率对此"忽略不计",而只注意那些单纯的经济数字指标。应该充分注意到,这些几乎都是悄悄进行着的一个蓄势和储能的过程,给宜春注入着巨大的精神和物质能量,措置得当,必然产生巨大的精神力量和物质力量。2005 年的工作思路,可以基于上述判断来做进一步考虑,不能脱离也脱离不了这些基本前提。但究竟怎样搞,关键处在哪里,还得做些深层次的分析,认真考虑几个方面因素:

1. 农业产业化的压力将加大。农业产业化的压力将加大。我国加入世贸组织"后过渡期",由于农产品市场按 WTO 成员方的待遇参与国际竞争,农产品关税水平将大幅下降。同时,东盟自由贸易区已经打通,东南亚各国农产品正寻机北山。我市部分农产品将面临国外优质低价产品的冲击,这种状况将持续相当长一个时间,形势严峻。另外,国外、区外物流企业和大型超市已经进入和可能进入,对我市农产品也带来相当的压力,不可小视。

2. 工业化速度可调高调快。国内宏观经济调控降温,主要是受能源和环境两个问题,特别是能源紧缺问题的困扰。宜春确实会受一些影响,但没有很大制约。由此可以确定,我们的发展还可以加速,进位争先的决心可以更大,目标可以搞得更高一些。不过也要注意高耗低效和损害环境问题,转变粗放的增长方式,在能源较充裕的前提下,加快工业化步伐。

3. 妥善筹划未来发展目标。国家将放眼未来,筹划长远,主要是制定"十一五",提出新的目标,尤其是提出了经济增长型的目标,特别是还要制定 2020 年远景发展目标,意义自是深远。我们已提前一年完成"十五",有足够的余地来筹划未来,在精彩结束"十五"最后一年的基础上,谋划好"十一五"乃至更长远的发展目标。着眼全局和长远,有一个放眼远大时空的战略,是消除短视和短期行为、坚定信心、扎实前行的大事,应该予以充分考虑。

4. 重视"农运情结"作用。农运会影响很大,但不会太长久,所谓"来之疾也去之忽也";而农运会形成的"宜春精神"虽简单,其影响却很深远。因此,归结起来看,在一段时间内,农运影响将继续发挥作用,我们要做的不外乎对外是对知名度资源的进一步开发利用,对内是重视宜春人民的"农运情结",继续以此催发宜春人民建设美好家园的热情。

按上述分析,今后一段时期宜春的经济工作思路,应着眼这么一个基本情况:即宜春仍处工业化初期向中期转进阶段,传统经济结构向现代经济结构转变的任务仍很重,需要突出经济动态发展中的四个特性,即产品制造型、生态文化性、外向开放性、民营企业性。这四个特征是抓总的,是整个经济运转过程中内部联系表现出来的主要趋势,我们应该紧紧抓住这四个趋势也即四个特征,使之成为经济工作的重点。根据这四个特征,在工业化、城市化、农业产业化之后,我们还应提出市场化和国际化的发展思路,这才能既扣紧实际又具有超前意识,否则还是要落后。因此,新的一年,我们要认真考虑抓以下六件事情:

1. 确立新的创建目标和奋斗目标。国家级卫生城、文明城、园林城等,我们已经确立为创建目标了,但社会发展方面和城乡群众的就业收入方面,我们要提出更富有吸引力的目标。提出和研究这一类目标,应该放到和经济指标一样重要的位置上。此外,积极谋划"十一五"以后的经济社会发展远景目标的同时,要对一些战略性目标,如赣西中心城市的位置,由哪几块构成,有哪些目标和指标,如何确定是经济中心、文体中心、人文中心等,都需要我们予以缜密思考。

2. 加快打造"亚洲锂都"。锂电作为新型能源产业,市场前景非常广阔。做大做强锂电产业,要突出"两个重点",即完善规划和主抓项目。要按照产业链的要求来设计、论证、策划和包装好项目。尽快制定好锂电产业发展规划和锂电产业园发展规划;要全力以赴,尽快引进高科技人才,引进高素质的产业定向把关人才和专业技术人才,依托本地高校定向培养技术工人,成立锂电新能源研究机构,加强锂电汽车的技术研发,开发锂电产业下游产品,进一步延伸产业链。同时,要密切掌握国家对新能源产业的各种扶持政策,强化对锂电产业发展的政策保障。要在全市下达成共识,齐心协力推进锂电产业加速发展,将锂电产业建设成千亿元工程,将我市打造成为"亚洲锂都"。

3. 工业化要加强再加速。工业"短腿"始终是我们的一块心病,各方议论很多,归结起来,都赞成方法上要成立专门机构研究、部署、督导,像搞农运会一样派得力干部,赏功罚罪。目标上则依靠工业园区和优势资源,创建国家级、区域级的产业优势群,如医药、机械、农产品加工。工业化加速,当然还有很多加速的办法,但这一条很重要,实质上就是要集中权利资源和人才资源,出重拳,下狠手,势必如此,欲速则达。

4. 开放要进一步,改革也要进一步。开放已成为经济社会发展的主旋律,引导着改革的冲击方向。因此改革要主动赶上,在一些方面还要"破"字当头,充当好发展的"动力"角色。当下改革主要还是政府领导经济社会发展的体制、机制要变。改革指向要集中到几个重点区域:政府的审批制、调控职能的强化、依法治市、政府财产资源的集中运营、事业单位的机制更新等,就改革进度而言,要分轻重缓急,次第行事,近期起码要做好两件事:政府的资源集中运作和事业单位改革。

5. 不要孤立地抓农业产业化。农业产业化的深刻理解应该是农业工业化,龙头企业的作用怎么估计都不会过高。要强调龙头企业的巨大带动作用,把资源、人力、企业通过农产品的加工型制造予以融通。当务之急要进行农改超试验,用大型物流企业来加快农业产业化步伐,城市脏乱差的农贸市场模式要尽快革除。如再晚了,国外超市将冲垮本土农产品市场,影响农民增收和农业经济结构的进一步优化。

6. 党建关键是能力建设。能力建设一是人才资源的有效运营;二是人事与绩效的科学评估;三是改善党政教育,要以能力建设为本,突出现代案例教育,摒弃本本。要突出三外教育:外语教育、国外经贸规则教育、国外相关知识教育。就当今宜春迫切需求来说,能力建设要集中到工业、城市管理、基层组织三块上来。

按照以上,建议宜春经济最近一段时期应该在既定发展思路的基础上,突出发展工业经济和民营经济两大块。同时以此为重点,突显开放性、生态性、产品制造性、民国性四个经济发展取向,强势提出创建赣西中心城市口号,强力推动以市场化、国际化目标位取向的工业化、城市化和农业产业化创新。这应是我们要特别予以注意和思考的,并且值得作进一步的研究和探讨。

"农村"包围"城市"①

——关于二十世纪中国文学一种现象的跛脚比喻

将近六十年前,毛泽东立于南中国罗霄山脉的中段之巅,准确地预见了中国革命的成功道路:农村包围城市——谁曾料想,这样一句革命名言,竟也是二十世纪中国乡村文学与都市文学比照态势的精妙概括。

二十世纪中国文学的巨川,有如逶迤长江奔至宏阔的入海口,壮丽的尾声和更加辉煌的开端行将联袂而来。承前启后,作为深挚反顾的诱发,一种世纪末的清醒普遍洋溢在叩问真谛的探询之中。

民族的苦难与追求,酿就了二十世纪中国文学的全部内涵。

鸦片战争以来的屈辱、激愤,以其郁深延广的沉积,以其忍无可忍的冲动,以其如熬如煎的焦灼,一一次次撩拨着、击打着中华民族的先知先觉们。天将降大任于斯世。在这样的历史情绪鼓噪下,革命无可避免地发生了。列宁指出:中国农业生活方式和自然经济占统治地位,中国农民这样或那样地受土地束缚,便是这个落后的、半封建的农业国家的客观条件。因之,二十世纪上半叶的中国革命,实质上是一场由工人阶级及其政党领导的农民革命。由是,二十世纪的中国文学,便不可能不接受革命与革命特点的溶渗或统辖。乡村文学开纪元的勃兴与强大,恰恰证实了这一点。

我们是在极其宽泛的意义上,使用乡村文学这一概念的,大略可以解释为:乡村文学乃是二十世纪中国农村和乡镇的社会变革进程直接或间接的反响。如人所知,近代文学是以其无情的诛责和拷问来谢幕的,其间充满了咬牙切齿的热骂和无可奈何的冷嘲。幸运的是,那种王朝末的悲怨、嫉恨、哀怜,很快便在五四运动石破天惊的吼声中销声匿迹。当着纵览近代以返的文学地理构图时,我们的视线会清晰的望见:为人生的问题小说,狭义的乡土文学,浪漫蒂克

---

① 原载《上海文论》1987 年第 6 期,与朱向前合作。

的革命文学,明朗、昂扬的解放区文学,朴实。尖锐的土改文学、合作化文学和人民公社文学,乃至雄沉辽远的"改革"文学(所谓"农村题材")和"寻根"文学,几乎都不约而同地排列在乡村文学的漫长风景线上。一方面,以她们绵亘不绝而又孤傲耸峙的奇峰,雄视近代文学的委琐、苍白;另一方面,横向的扫描同样让人触目惊心:乡村文学在汗漫森芒的湖泽、莽林、高原、盆地中,呈现出一幅天才出没、灵杰隐现的迷人景观和汪洋恣肆的博大气象,从而使本世纪的都市文学有如苍浑大海中的星星孤岛……

动变—对应—过渡

二十世纪中国社会结构的巨大动变,给乡村文学贯注了强悍的政治内驱力;同时伴随着反传统与合传统的悲剧性历史纠缠,在其单一、沉重、迟缓的演进中,愈来愈显示出她在两个世纪(十九与二十一世纪)之间的过渡特征。

一、革命动态与乡村文学中的政治意识。

"诗经"以降现实主义传统,"言志"、"载道"的文学品格,更有残酷如铁的现实和激烈如火的动变,给了二十世纪中国乡村文学作家们最政治化的文学主体意识。在文学反映政治的呼声笼罩下,乡村文学为人生的现实主义立场,从始发之初便一以贯之地凸现至今——阿Q与辛亥革命的失败,"老通宝"和半封建农村的溃破;作为春宝娘又作为秋宝娘的"为奴隶的母亲"的惨剧,和"大堰河——我的母亲"的歌哭;"田野的风"从"八月的乡村"上空席卷而过,"暴风骤雨"在"桑干河"边咆哮而至;"山乡巨变"中展开一部艰辛而悲壮的"创业史",迎来一片并不安宁的"艳阳天"。还有浓缩了二十年变迁的美丽而忧伤的"芙蓉镇",有可赞可叹的"许茂和他的女儿们",更有终于进了城的陈奂生和终于没有进城的高加林,以及渺小而又可怜的冯幺爸,强悍一生最终却在拂晓前死去的田嫁祥……历史画卷和人物长廊同样地无边无尽。从"文学研究会""为人生"的倡导,到延安文艺座谈会"为工农兵"之号召,乃至当前"反映农村改革"的呼吁,乡村文学大军始终立足于乡村,膺服于政治,走着一条"之"形的回环道路,她独有的成就和魅力既收获于兹,亦失落于斯。

血火迸溅的革命,理所当然地使乡村作家弃绝了"桃花源"式的臆想和偏好。大约只有沈从文是个例外,他从湘西那个"世外桃庐"中悠悠的踱出来,奏起了静谧、舒闲、纯情的牧笛,给当时排山倒海的大合唱羼入了一缕不和谐音。这多少是沈从文此后沉隐的部分原因。但是,革命并不天生排斥田园牧歌。孙犁的漾散着白洋淀芦花芬芳的婉约、绵密的吟唱曾一度在根据地军民中大受喝彩。而当刀枪相搏的岁月远逝之后，汪曾祺、叶蔚林、何立伟们重新拾起沈从文舍弃的牧笛时，我们听到，声音虽然稍嫌孱弱，却依然是优美的，动人的——也许，这还仅仅是一个迷惑人的小前奏。

显然，新中国成立以来十七年中，乡村文学政治意识的不断强化乃至功利化、庸俗化，其结果是以若干艺术的弱化乃至牺牲作了代价。仅从李準和他的《不能走那条路》等为代表的作家作品多少有些悲喜剧色彩的历史遭际中，便将这一点看得分明（后面还有论及）。至于《虹南作战史》等完全反艺术的小说，更是绝妙的反面例证。只有到了新时期，那多年和乡村文学如影相随的肤浅、贫弱而又貌似强大的政治化才遇到了真正严峻的挑战。这时，在乡村文学和包括"蒙难文学"、"知青文学"、"新市井文学"在内的"准乡村文学"（所谓"准"，是指乡村内容和特色的非直接性和间隔性而言）的大潮里，出现了两种趋向。一是深层政治意识的强化。如古华的《芙蓉镇》，李準的《黄河东流去》，张一弓的《犯人李铜钟的故事》，高晓声的《李顺大造屋》，何士光的《乡场上》，王兆军的《拂晓前的葬礼》，张贤亮的《绿化树》（作为"蒙难文学"），韩少功的《西望茅草地》（作为"知青文学"），陆文夫的'小巷人物系列'（作为"新市井文学"）等等。或"寓政治风云于风俗民情图画"，或"借人物命运演乡镇生活变迁"（古华语），均程度不同地在字里行间折射出社会变革的投影，深邃的思想性强化了艺术打击力量，而丰富的艺术形象又浮升起浓烈的政治思情。二是表层政治意识的弱化。（或曰"文化意识"的强化）。这种特征比较显著的是"寻根"派的作家作品，如阿城的"三王"，郑义的《远村》，韩少功的《爸爸爸》，贾平凹的"商州系列"（部分），郑万隆的"异乡异闻系列"，李杭育的"葛川江系列"（部分）等等。作品中弥漫着浓郁奇异的地域文化色彩和古旧斑驳的民风乡俗气味，或使时代背景冲淡，或使主旨意向模糊，给人一种远离政治的错觉。实际上，作家们的笔锋有意无意地凝聚于民族心理内建构的解剖和国民性格劣根性的探析。所以，无论是"深层的强化"抑或"表层的弱化"，本质上均由政治意识所遥控。幸运的是，从政治"化"文学，到文学"化"政治，真切表明了当代乡村文学作家随着乡村变革的动进，反思乡村文学的"之"形回环道路，渐次深化了对政治、人生、艺术的颖悟，悄然苏醒、萌生和强化了的文学主体意识，正逐步与政治学和社会学相分离，而向着更高层次的更加文学化和更加审美化地表现形式突进，愈加展现出极其深广的历史的美学活力。

二、对立：显露的反传统与含隐的合传统的悲剧历史纠缠。

二十世纪中国文学发轫的五四运动，表现出了反传统的巨大勇气。那批青年斗士们，无所凭籍，义无反顾，其反传统的彻底性空前绝后，果决地用白话文学取代了有两千年文明史的封建文化。但是,包括乡村文学的新文化在此后的漫长发展中,屡屡遇到旧传统的回潮——反传统与合传统的历史纠缠,在乡村文学的内结构里,表现出悲剧性的历史意味。

其实,乡村文学从旧文化中脱颖而出,历史遗痕千丝万缕,只是作家们的传统心理积淀,被五四时期可爱的激烈给遮蔽的难透端倪。但由于此后从三十年代关于"文艺大众化"到六十年代关于"新诗形式",一直到八十年代关于"寻根"的此伏彼起的种种所谓"名族化"的讨论和倡导,反使羞羞答答的部分旧文化以冠冕堂皇的姿态,渐次踱入了乡村文学的庭院、厢房乃至厅堂。而另一方面,封建传统的精粹部分,却以更加隐蔽狡猾的方式,渗进到种种左右乡村文学的口号之中。当然,在大部分的历史时期内,反传统的呼声未有稍减,坚持不懈地支撑着五·四新文学的大潮,在悲剧性的纠缠中显出悲壮的亮色。

历史的波动,在乡村文学中激荡出:"半是挽歌,半时谤文"的两级对应现象。自鲁迅、茅盾到赵树理、周立波,直至高晓声、韩少功、古华等人,五四式的反封建的勇敢与果决一以贯之。与此同在的,另有一种反传统的犹豫或称顺传统的惆怅,却多半表现为不给意的逸出,并且往往在较高的艺术层次上飘烁。在沈从文和汪曾祺、阿城、李杭育等人的部分作品中,我们多少能品出挽歌,以不相等的两级演绎延续至今,恰恰暴露了这种历史纠缠的深刻性。反对旧传统文学的先进分子们,为了寻找有效的思想和艺术武器,首先把眼光放到了西方——欧罗巴文明击溃了亚细亚文明,物质兵器的进步,难道不也说明了精神武器的优越么?但是,由于"两极对应"的抗力,使发展中乡村文学对"舶来"文学的态度,产生了颇有意味的回旋。最初的宗旨是"拿来主义",是真正的"世界眼光",主动择取,为我所用,吃羊肉而决不会变成羊。一时的风尚,乡村文学充满进取生机。茅盾说那时鲁迅的小说一篇一个形式,鲁迅也说自己的创作全仰仗百篇外国短篇的阅读。就是《八月的乡村》,似乎也有《毁灭》的影响在焉。然而,随着"大众化"、"民族化"、"为工农兵"等口号的力倡,主动向被动撤退、闭关锁国,夜郎自大。相当长的一个时期内,"喜闻乐见"俨然是艺术形式的终极审美标识,"下里巴人"成了时髦。当伟大的开放来到时,人们探头海外,幡然猛醒。第二次主动择取便在更广阔的范围,更高的层次上急遽进行,饥不择食,即便是模仿、生涩、强勉、过火,均予原谅。晚近崛起的莫言堪称典型,耳聪目明,捷足先登,什么川端康成的"新感觉",福克纳的"意识流",马尔克斯的"魔幻",略萨的结构,统统拿来,熔成一炉,烩成一锅。于是,《透明的红萝卜》《红高粱》等等,便在乡村文学新苑中大放奇苑。

主动→被动→主动(更高层次的回复),本世纪中国乡村文学在吸取外来文学的这一总公式之运转中,开始确立最简单也最有力的目标:走向二十世纪的世界文学。三、发达状态中渐次泄漏的过渡性特征。

宏观视之,乡村文学乃是二十世纪中国文化的独有产物。五四时期封建文化的突然断流,和首次中西文化的大交流、大撞击,使她应运而生,蓬勃兴旺。半个多世纪后的现代化进程,和第二次中西文化的渗溶,使她全面繁荣,趋于鼎盛。与此结伴而来的,还有都市文学意识的全面复苏——发达的乡村文学已充分凸现出她的历史性过渡特征。

如前所述,乡村文学在两次中西文化交流的漫长间隙中,与整个中国文学同步,一齐跌入了马鞍的凹形。建国后执著于这块园地辛勤耕耘的主要有:以赵树理为首的'山药蛋派',孙犁为首的"荷花淀派",周立波为首的"湘江派",以及柳青、李準、刘绍棠、浩然等人。虽然是收获丰厚,成绩斐然,但由于历史的局限,乡村文学的巨大生机和潜力仍遭到严重压抑。新的伟大的开放,才使她激情迸发,青春焕彩。鲜活强劲的当代意识,深刻新颖的文学观念,彩色缤纷的表现形式,穷极其妙的描写技巧,多元多维的审美视角,统统被无拘无束的思想驱策到人生前沿。湘、陕、晋、鲁、豫、川、黔,各路乡村文学新军蜂拥而起,在高山平原,莽林大泽间旌旗相望,鼓角相闻。还有作为"准乡村文学"的"蒙难文学"、"知青文学"和"新市井文学"的遥相呼应,摇旗呐喊,更有新近由各路大军的主将或中坚组成"寻根"尖兵部队,一马当先,长驱直入。一夜之间,乡村文学蔚为大观,风靡华夏,——然而,且慢:细审之,慎观之,在新时期乡村文学的"当代化"过程中,其固有的诸多特色也正在不可避免地急速消退,那种种传统的描写内容,描写格局,描写方式等等,都在发生着深刻的嬗递。退场与登台同时进行——新时期乡村文学的蜕变尚未最终完成,但其已然态,豁然昭示着她的更高层次的全新形态终将出现。

与此同时,在另一条战线上,"当代化"亦诱发了都市文学的悄然勃兴。

当然是囿于农业经济的根本原因,作为中国都市文学前身的市井文学,始终为封建正统文化所扼制,未能进入过昌盛局面。而在欧洲,情况就甚为特异。由于城市经济的发达和资本主义大工业文明的捷足先登,欧洲以中世纪的市民文学为滥觞,延至十九世纪批判现实主义文学的登峰造极,基本是一部都市文学的发展史。中国城市经济和文化的委琐与畸形,导致我们民族的都市文学,一如既往地拘束在狭小天地里痛苦挣扎而又知足常乐。新时期的文学大潮冲击了她的平静。王蒙、刘心武、张洁、谌容、蒋子龙、冯骥才、李陀等,是最敏感的较早发难的一群。也许他们还有脑膜在,步履还不是那么肯定。但更年青的人们,张承志、张辛欣、张抗抗、王安忆、刘索拉、刘西鸿等,一上来就显得异常的干练了。对于都市人的生态与心态,都需要更敏锐的体察,更大胆地深入,更张狂的臆怒。于是,作为现代化进程的需要,作为历史必然性的肯定表现,上海诸城便已率先发出了对"城市文学"的呼唤,企图上承《子夜》、《上海地早晨》的余脉,构建出无愧于当代的都市文学大厦。

都市文学的方兴未艾,较之乡村文学的成熟鼎盛,无疑是潜藏的威胁与挑战。但是,与其说乡村文学和都市文学的互相消长,毋宁说正是乡村文学提供的民族生活的原汁,又必然使终将屹立于东方的中国都市文学,更具中国文明的特色(从西栖于乡村和都市的"准乡村文学"作家们抒写对象的转化和深化过程中,已或多或少可以说明这一点)。以此出发,我们将认识两点:一、中国的乡村文学,在承接与隔绝两千年旧文学的搏战中,终将宽容地推就都市文学的昌兴。登上二十世纪的文学观礼台,看乡村文学的过渡性特征已暴露无遗。二、本世纪以民主革命和早期社会主义革命为依傍的中国各类文学,从共时态言,亦都具备了历史赋予的过渡性。但是,乡村文学作为中国二十世纪文学的主潮,无疑也同时享有了历史过渡主体的资格。乡村文学历史地位的崇高,显然是由她的内涵所决定,并因此闪散出迷人的光辉,从而树立久远,永垂史籍。

积淀—钳束—走向

二十世纪中国乡村文学的显因与隐因,饱蓄着民间非典籍文化的强盛生机,但也不可避免地落入先天不足的政治地理与经济地理的钳制;在乡村动变的诱惑与牵引下,显示出悲壮而又惊人一致的走向。

一、非典籍文化的强盛生机。

非典籍文化亦即非文字文化,它包括乡风民情、民间艺术、文化景观、生活方式和生产方式等等。孕育于乡土母腹的乡村文学,得其非典籍文学的日精月华,生长于斯,风流于斯。

一般说来,非典籍文化在很大程度上,是自然经济的产物,与大自然有着最为直接的血缘关系。文学虽然是文字文明的体现,但由于:一、自然经济时代,人与人情感的自然化;二、文学物质与大自然的亲和关系;三、老庄思想作为进取的儒学补充,无为于自然,优游林泉,醉心田园,并施大影响于文学。故我国两千年的文明史,自始至终洋溢着原始的或人化的自然风情。人类感情的依存性,使得与其说文学的生命活泼于政治,还不如说璀璨于自然。乡村文学的内质,决定其在师承吸收典籍文化和非典籍文化的天平上,向后者倾斜。中国的传统文化,亦往往通过"非典籍"的渠道,与乡村文学作了巧妙的沟通。

换一角度,非典籍文化其潜移默化的功能,始终影响着、制约着我们民族心理深层建构的发展与稳固。长期的蕴蓄,长期的作用,造成冰冻三尺的深厚积淀。从乡村文学的创作主体和接受主体两个方面,都可看出非典籍文化的辐射。比如厌弃抽象的思辨,好作美丽的颖悟,注重直觉、意会,崇尚返璞归真等等。此外,非典籍文化的地域性、大众性、通俗性、趣味性等等,都在乡村文学不同时期不同流派的不同作品以及与此对应的读者群体中,有着较全面充分的表现。乡村文化漫布于非典籍文学涵盖的广袤区域,其作者也基本来自其中。那山川河泽,高粱地,草甸子,都是他们童年的文化摇篮。因此,不难想见,远在他们步入创作之前,实际上就不自觉地受到了非典籍文化的"胎教",经历了一个文学创作的超前训练。非典籍文化就像遗传基因一样,渗透了他们的血液,当此后他们一旦握管耕耘,先天的种子便会开放出美丽的花朵。非典籍文化就是这样,培植和养育着一代又一代的乡村文学的作者和读者。两者息息相关,显示了非典籍文化亘古久远的穿透力和再生力。

二、先天不足的经济地理和政治地理的钳束。

中国乡村文学产生的这块大地,饱受两千年君主专制与地主经济的合力扭曲,近代半殖民化的浸淫,更繁殖了多量的有害物体。当着乡村文学从这块大地上生长出来时,乡村的破败、闭塞、落后、野蛮,就像万千丝缕的蛛网,紧缠着这个新生婴儿。加上经济地理和政治地理的钳束,更使她的成长步履艰难,始终肩载着极其沉重的历史负担。历史地看,"钳束"甚至来自苍远的古代就命定了地理环境和自然气候。我们的先民赖以生存的大陆性地理环境,自然形成了较为完备的"隔绝机缘"。而我们民族发祥地的黄河流域,又是旱涝、风沙和贫瘠土壤所构组的地况。城市经济发展的屡被切断,使中国落后西方数百年,不得不从外部输入资本经济成分。我们的先民约六千年的农业生产方式,既决定了我们古老文化的若干传统,也决定了我们古老种族的某些特征。譬如从实、简朴、内在执著,"重实际而黜玄想",甚至没有正统的宗教出现等等,都在辽远的地平线那边,给了我们的乡村文学的巨大刺激。乡村文学,就是在这些远距离作用力之下,满身伤痕,满腹心事地成熟起来了。而近代半殖民化的滥觞,又使经济地理呈现出政治性的极其复杂、繁乱的动态深化局面。

本世纪中国社会的政治地理,有着两个显著特点。其一,随着帝国主义列强的侵入和殖民化地开始,在清末就已出现了割据现象。辛亥革命后,由于政治经济发展不平衡和外敌大规模入侵,割据问题日趋严重。因之,割据便成了中国现代社会,也是中国革命的典型特点。当然,一是封建军阀的割据,二是红色政权或解放区的割据。规模不等,性质不同,流向更为迥异。两种类型割据区的乡村文学,大致以革命和民主主义为主,既嚣喧着冲天的咆哮,也运行着地底的怒焰;既有沉渣般人物的亮相,也有新人的神清气扬,呈现出极为不同的情貌。李劼人在《大波》和《死水微澜》中,注感兴于辛亥前那近乎僵化的人物,在他沉郁的心灵那,碰撞出遒劲的太息,忧郁的赞叹——民主主义的作家们,总是喜爱恢复的旧乡村急变的历史记忆,在深重的笔触下,扫视民族的灾难与兴兆。而袁静、孔厥的《新儿女英雄传》,则以其先进的指导思想,激扬的笔调,写出了那"别一样的世界",就不仅仅是那三十年代孤独的"林中响箭",作寂寥的飞行了。因此,由割据而发生的地方性差异,时代性差异,风格情貌之差异,就在一个长时期内共存着。一方面固然使乡村文学的样态显得多姿多彩,另一方面,也更要害的是,在历史的钳制之上,又加上了一道时代政治地理所打就的紧箍,使乡村文学"戴着镣铐的跳舞",迟迟未能迈出和谐、自由、奇妙的舞步。

其二,新中国成立后,割据现象虽然消失了,可人为的大陆与台湾的分裂,又给炎黄子孙留下深刻的遗恨。作为一个严重的时代与民族的大问题,逐步由政治而经济、而文化、而文学,迅疾突进到乡土文学的领域。扫视大陆当代的乡土文学,关于分裂的描写,似乎没有出现大的气象。但是,要求统一的呼唤,仍有如跫谷足音。与此不同的,是海峡彼岸的乡土文学。仅以我们极有限的视域而言,就有极多的作家和作品(如作家陈映真、黄春明等人的小说,和余光中等人的诗歌),尤好通过思亲思乡的抒写方式,喊出分裂的痛苦和悲怆。"葬我于高山之上兮,望我大陆,大陆不可见兮,只有痛哭!"于右任寥寥几句,弹出了台湾乡土文学的主旋律,那撕心裂肺的悲号,使多少海外华人为之动容,为之歌哭。无疑,如同割据一样——分裂,也使当代乡村文学的演变,只能在政治地理的制约中,显示出为时代所允许的力度和内涵。而内封闭状态和多元的类型,就大致概括了整个二十世纪中国乡村文化的形式特征。

三、"走向"乡村:动变的诱惑与牵引。

二十世纪的中国,社会制度的更迭与政治形态的纷乱,前所未有——封建王朝的崩溃,半封建的买办资产阶级民国与人民民主专政的社会主义国家的崛起、对峙、急随着武装的革命反对武装的反革命的斗争,在广阔的乡村、集镇、乡村集镇的半封建城市,激起了动乱、流血和战争。而非友即敌,你死我活的阶级斗争,和新时期全方位的改革,又引发了新的动荡。诸如此类,诱惑与牵引着乡村文学的瞄准视线。对全部乡村文学的发展作一个宏观的鸟瞰,便会发现一条极其重要的走向:她在悲壮的历史正剧中,紧随着时代前驱的步伐,与革命、改革、进步同呼吸,共命运。

最初的发端,要算是五·四时期鲁迅所说的"遵命文学"。先进的作家们意识到责任的重大,觉悟到文学必须与政治合力,才能在扫除旧社会制度的同时,剿灭国民的劣根性。于是的"遵命"便成了鲁迅、茅盾等一批作家的创作旨向,二十年代至三十年代,由"遵命"变成"自命",自命为普罗作家,自命旧世界的掘墓人,写乡村,写农人,都比五四式的沉闷、彷徨要来得更为激昂,更为迫切,也更为坦率和直快。延安文艺座谈会后,文艺为工农兵、实际上为农民服务的观点提出来了,乡村文学就在一个最简捷的意义上,与革命作了直率的沟通。随后的合作化、人民公社文学与阶级斗争结下了不解之缘,即便是较比具有艺术创造和存留价值的《铁木前传》、《创业史》、《山乡巨变》、《李双双小传》、《艳阳天》之类,也多少不同地溶进了那个时代的思想原则和政治路线。乃至新时期反映改革的乡村文学,仍然是这个传统的继承人——天下兴亡,文学有责,这很难说是一件坏事。但是,真理只要多走一步,谬误就不可避免。当文学与政治的关系被推向极端时,文学"化"政治,就变成了政治"化"文学,甚至堕落为帮派斗争和权谋政治的奴婢(如《虹南作战史》、《牛田洋》等)。但是,历史仍然告诉我们,尽管有涡流,有污浊,牵引与诱惑,乡村文学惊人一致的走向的,却是历史正义的磁力。乡村文学这一特征是悲壮的(悲之于极端化的误入泥淖)。

然而,如果仅仅把乡村文学的旋进,纯粹看做是政治系统的投影,又将是判断的失误。乡村文学自有独特的运作规律在。当着社会动变以较为明朗的态势发生时,乡村文学的艺术形态和观念形态,便也呈现出明朗化。解放区文学如此,合作化、人民公社文学亦是如此。每一个读者,都能从上述诸作品中汲取政治斗争的热情,和建设新农村的力量。革命与反动,进步与落后,泾渭分明,但是,当着社会动变,尤其是经济动态的更迭或观念形态的移位,都发生瞬息万变的复杂景象时,文学的疑惑,便会成堆成团地出现。二十世纪七十年代之交,中国农村巨大而深刻的变革,就是带着这样的特点骤然来临。随着划时代的农业现代化的脚步,乡村文学迎来了无数的问题和疑案:旧的偶像打破了,旧的观念坍方了;新的价值体系艰难的树立,新的追求目标朦胧的诞生。企图进两步的势头,却被率先的退一步所遏止。拜金主义、信仰淡化、性解放、有神论、个体经济、万元户,像过了季的发狂洪水,把人们冲得晕头转向。急于评判,而又弱于思辨的评论家们的脸上,挂出了困惑的表情。作家们的反应究竟要更敏捷些:新时期乡村文学,在中国农业现代化的阵痛中终于分娩——这是一个充满旺盛生机和复杂矛盾的新生婴儿。既有文明的诅咒,也有愚昧的恋叹;既有伤痕的抚摸;也有痛苦的蜕壳。肯定,否定,否定之否定。在乡村文学的天空上,急遽升降与旋舞着"寻找失去轨道的流星"。稳固的民族意识与活变的现代倾向将在冲突中相媾,在撞击中合流——乡村文学大军从金光大道上整齐划一的昂首挺进,突然化作无数散兵线,斗折蛇行,灵活多姿,驰向辽远的前程。

中和—排斥—扼制

乡村文学内部强烈的凝聚力,一方面对新旧观念始终保持着一种顽强而又狡黠的中和力;另一方面,又致命地潜藏着对现代文明的排斥力,乃至扼制了都市文学的伸延与发达——这就是乡村文学的最大局限。

一、未能彻底扫除旧传统的妥协

虽然,乡村文学中反封建的呼喊未有稍减,但由于数千年农业文化价值观和民族心理结构的超稳定性,加上非典籍文化等种种中介,使乡村文学与旧传统的脐带无法割断,还往往能对新旧观念进行巧妙神奇的中和。在乡村文学向前发展的过程中,就常可见到封建传统多形式、多层面、多浪头的回潮。例如:

(1)封建意识。最大量也是最引人瞩目的,是表现伦理道德的乡村文学作品中的妇女形象,或不加分析地歌赞她们从一而终的忠孝贞节,或一股脑儿地谴责她们水性杨花的道德败坏,或精雕细刻所谓忍辱负重、逆来顺受的贤妻良母,或视她们为"色性"来迎合低级的欣赏心理和艺术趣味等等。如果说这只是封建传统的巨大惯性的话,那么,我们在新时期反映农村改革的部分作品中,又看到了过分热情的金钱崇拜、权利崇拜、铁腕人物的崇拜、忠情、侠义、人治、清官思想、一言堂、家长制、中庸调和、"不患寡而患不均"等等。值得警惕的是,它们常常加以乔装打扮,以新观念的面目出现,结果弄得新旧观念同流合污,鱼龙混杂。

(2)复古意识。盲目地赞美传说,留恋小农生产的自然经济,崇尚原始、蛮荒、野性,罗列展览愚昧丑陋的国人性格和落后腐朽的风俗习惯,以至于津津乐道,顾此忘彼。如果说当年鲁迅当年入木三分地形象描绘阿Q的愚顽、麻木、自欺,完全是为了引起疗救的注意的话,那么,我们今天也依然可以从贾平凹、李杭育、阿城等部分"寻根"作家的部分作品里,看到在边地风俗与农人心理的铺展和揭橥中,那无意泄漏的与旧传统的熟练衔接,和与新意识的陌生碰撞。乡村文学对旧传统的妥协与对新观念的中和,还有隐蔽极深,联系奇特的两方面体现。其一,当乡村文学与政治的关系出现畸形、病态时,反思者常常把责任归于政策的失误或领袖的专职个性。也就恰恰在这个时候、这个地方,忽略了传统基因的遗传作用.当然,封建传统中的政治意识有积极进取、忧国忧民的一类(如范仲淹的"先天下之忧而忧,后天下之乐而乐"),也有纯粹尽忠君权的一类(如韩愈鼓吹的"文以载道"等)。而实际上,文学一旦被政治强奸时,后一类传统意识就已经起到了间接的、远距离的作用,使作家轻易滑入庸俗权谋政治的泥潭。其二,乡村文学的两端,滑入庸俗的政治泥潭与遁入臆想的精神桃庐,实质上都有封建意识的功用在内牵制。因为后者无非是对现实的一种躲避,然而,既避此,则必趋彼——作为与儒教互补的老、庄、禅,便多是这类作品的精神桃庐。

概言之,以上种种现象都从根本上说明,乡村文学决难独自承担彻底反封建的重负,她只能是在圆环般一串串中和与妥协的链条中,逐步对旧传统进行抛弃。

二、与现代文明的盲目对斥

因为乡村文学直接受非典籍文化的熏陶,而非典籍文化一方面植根于原始淤积,一方面又制约于封建经济,同时也就决定了乡村文学较之都市文学,更难容受现代文明的渗入与嫁接,甚至产生盲目对斥。从历史的应然性看,这显然是乡村文学的致命弱弊。

弱弊之一是乡村文学的地域性。疆域辽阔而稳定封闭,便使我们古老的农业文化染上了极浓郁的地方色彩,如自然风貌的特殊,人情民俗的不同,方言语义的歧义等等。不可否认,这些正是乡村文学的生命源泉之一。但反过来说,这种文化的地域性,又进一步组构了我们整个文化的大封闭体系。乡村文学天生的只习惯于历史的已然文化,天生的迟钝于外界刺激,决定了她势必缺少与现代文明的边缘撞击,而只钟情于在古老的河道里哼着单调的歌。微而言之,乡村文学在相当长的一个时期内与外来文学保持鸿沟,不肯逾越一步,例如赵树理,就是一个固守民族传统形式的能手,如此多种因素的合力,就造成了利弊之二:对现代文明有意无意地排斥。在当前的部分乡村文学作品中,我们已看到了远离文明、贴近蛮荒(或如前所述的复古意识)的趋势有增无减,情愿以牺牲对流动着的新生活的反映来做为代价。譬如时下流行的"寻根"说。如果出于探寻民族心理深层的传统文化,从而进行深刻反省与扬弃,为今天现代意识的描写作一个反差或补充,为今天民族性格的建造提供一种参照;或者针对盲目洋化和数典忘祖等趋向来一个反动,那都毫无疑问是十分必要和大有深意的。但假若把寻根仅仅局限于刻章追索恒久古旧的乡风乡俗,精心寻觅偏仄落后的方言地貌等等,以便获取文化意义上的某种风采和特点——这固然就会有相当的人文、民俗等价值,但无疑只是一种歧途。鉴于现代化的巨大冲击力,此种"寻根"所描写的世界终将消逝,那么"皮之不存,毛将焉附"?

面对新时代的挑战和要求,旧乡村文学中浅露的主题倾向,扁平的人物典型,单调的叙述格局,以及熟习的趋于老化的形式、技巧、语言等等,都将作为现代文明的对立的一页,被历史的手缓缓掀过。

三、都市文学的收缩与贫弱。

现在,让我们再改变一下叙述的角度,将扫描的焦距从乡村文学对都市文学的排斥、扼制,转移到都市文学自身的收缩态势与贫弱症状方面来。当然,都市文学天赋般的必然是现代文明的产物。他的直截诞生地,是资本主义经济发达或工业经济发达的大都市——在走向现代化得进程中,都市乃是先头部队,又是主力军。这样,我们就不能不涉及都市人的生态与心态,并审视一下外域文学灵气的飘入。

现代都市生活的主体组构证明,较之乡村、乡镇平级、固定、单一的生活样态,她的生活节奏,心理流速,都要高出若干频率。从而使历来在乡村中集结的作家和读者们一时难以适应。《子夜》中吴老太爷冒冒失失闯入上海,不期被新的观念流、心理流所猝然击毙,就是一个形象的极端的例子——旧的思维模式和心理定势在新生活的洪水猛兽面前一触即溃。从这个意义上推导,乡村文学作家难以准确深刻地把握住都市生活的底蕴。甚至在相当数量的城市作家中,由于乡村文学的历史熏陶(当然还有思维的心理的原因),竟然也少有能从容体察精妙摩写都市风貌的高手,以致工业、经济高度发展的上海、广州、深圳、厦门诸城,不得不大呼"城市文学"来哉!当然,我们这样说,并不等于否认都市文学之存在,或者颇有收获(如从《子夜》、《围城》、《上海的早晨》、《一代风流》到《沉重的翅膀》、《钟鼓楼》等等)。但令人诧异的是,都市文学的形态,由于多方扼制的逼迫,竟出现了"都市里的乡村"的奇特现象——一、相当数量的城市作家对乡村生活的热情,大大超过了对都市生活的兴趣(如大批"蒙难文学"和"知青文学"的作家们);二、部分都市文学作品中刻绘出来的生态和心态,与其说是城市的,毋宁说是乡村的更符合实际;三、创作都市文学的眼光、手段、方略以及气势、节拍、审美观念等,多袭用乡村文学的老谱——"都市里的乡村",充分表现了作家创作心理,写作习惯的必然过渡,不可能在一个早晨破坏旧世界,建设新世界。同时亦见出乡村文学对都市文学的无孔不入的扼制与进攻性品格。

此外,都市文学处于民族的历史前沿,外域文学思潮不舍昼夜地涌进她的血管,使她始终处在"喧哗与骚动"之中。同时也给她带来了一个通病——从都市文学三十年代的启动,到八十年代的加速,在其不算太短的历史进程中,我们一直较少看到有深度有力度的艺术原则与实践相结合的杰出成果。反倒常见"时髦病"的蔓延——形式的奇愕、怪诞,技巧的花样翻新,得其皮毛未识精髓的介绍,都使长期的借鉴(特别是全面开放之后)仍停留在一种立竿见影的仿效层次和穷追不舍的紧跟状态中,几乎还少有大的气象,少有持续稳定发展的势头。三十年代的新感觉派,以写都市生活名噪一时,且廖时英、施蛰存、刘呐鸥们对新感觉、意识流、象征、意象等等手法的熟练操作,并不比今天的晚辈同行逊色多少。但是,如同他们的迅速崛起一样,历史对他们的淡漠亦毫不迟疑。谁还记得《上海的孤步舞》、《都市风景线》、《公墓》、《舞女》?值得欣慰的是,今天我们终于见到了王蒙、刘索拉们对"现代派"的成功选择,而且颇有些一呼百应,方兴未艾的大趋势——这或许正是有生命的当代都市文学问世的先声?

大约在八十年前,旧封建王朝行将灭亡,民族的兴兆,激发着年青鲁迅的热情,他写道:"呜呼!……冥冥黄族,可以兴矣!"

八十年过去了!那黑暗、残忍的时代也一齐消失了!现实曾迫使、催励中国作家的政治化,而作家们又悲壮地毫不犹豫地把文学政治化了。这是这个时代(尤其是前八十年)文学的最大特征——二十世纪中国文学的"农村"包围"城市",无疑便是这个抽象特征的具体实施。作为"包围者"的乡村文学的特点、成因以及局限等等,我们已给予了评析。那么,她的历史功绩呢?

肯定,乡村文学如火如荼的发展,配合与推动了中国民主革命和社会主义现代化的历史进程。当然,我们的乡村文学作家,在反传统与合传统的螺旋推进中,终于倡导与实行了文学的民族化、大众化的运动。"喜闻乐见"、"民族气派"这两个显著特点,又建立、丰富和满足了一定历史时期内,中国人民的审美情趣。这多少也可以认为,中国乡村文学作家理智上倾向西方(以马列主义作为指导思想),体现了反传统的总倾向;而情感上的倾倒于东方(中国的非典籍文化及乡村动变中的民族生活等),又是合传统的宿命般的归宿。这对矛盾最终证明:乡村文学的历史功绩及其命运,都将铺展与收束在未来世纪的中国与世界面前。

我们这样的估价,等于指出:随着代表现代化文明的都市文学的勃然耸起,乡村文学的局限亦将更加暴露。当然,在两个方面——更切近、更准确地反映以科学技术为主特征的现代化进程,和更深刻更彻底地表现中国人民的民主化进程——都市文学都将和乡村文学在不断强化民族意识和剔除封建残余的两个方面,起到同样重要的作用。但以下趋势将愈来愈清晰:都市文学将与乡村文学并驾比肩,相互消融,长期共存,最终取代。这不是时代的偶然,中国与世界发展的总趋势,命定了这一点。如同中国的革命进程必然从"农村包围城市"走向了城市领导农村一样,又如同乡村文学统率了二十世纪中国文学主潮一样,也如同早期成批的都市作家紧随历史的动进,纷纷走入了乡村创作一样(如丁玲、周立波等),当代后的都市文学亦将成为未来世纪的中国文学主潮,未来的乡村文学作家们也将向都市文学来一次大规模的历史性转移（如描写"城乡交叉地带"的作家作品愈来愈多，即是明证）。

最后，如果我们再作一次历史的俯瞰，将不难发现，二十世纪乃是中国数千年的农业文化向大工业现代文化过渡的时期。在这段漫长、艰难而壮丽的文学跑道上，她的前端，产生了伟大的先驱鲁迅；她的后端，亦势将产生另一个或一批但丁式的伟大人物。到那个时候，乡村文学独占鳌头的格局也就趋向终结。随之，是一个更加灿烂更加迷人的文学新纪元的开始。

值得咏叹的是，中国乡村文学历史的辉煌与历史的暗淡，同样将为二十世纪和二十世纪后的人们所称颂。

（1986 年 8 月 10 日秀江之滨）

人类意识:对寻根文学的一种理解[①]

对整体的当代文学来说,寻根文学具有极大的启示性意义。如同近年来诸多文学思潮的急速沉浮一样,寻根文学也显示了退潮的迹象,不过,这并没有缩小关于寻根文学的探讨范围,倒由此而诱引出一些更为冷静的思考。

寻根文学的倡导者们,对于民俗人情、种族历史、原始思维、传统文化的积极张扬,实际上是裸露了这样一个意愿:在亘古以往的历史文化中,寻找当代文学的素养,去发掘社会进步和文化更新的内在力量,追求文学自身的恒久性和超越性。

可以认为,寻根文学已流露出一种力图探求和把握人类意识的强烈意向。

需要提请注意的是,我讲的人类意识,不仅是站在体质人类学(作为自然科学的人类学)和文化人类学(作为社会科学的人类学)这个角度加以归纳的。我认为,就对人的意识的两个层面(其一是哲学层面,如笛卡尔所言,意识与思维同义。其二是心理层面,意识则指自觉的心理活动)的理解而言,人类意识的概念涵义,应该在心理领域进行确定。在较为广阔的范围内,人类意识更多地包括由现代科学(特别是心理科学和生物科学)所提出的一些内容。在此,必须提到无意识的问题,这并不是弗洛伊德或荣格的个人发现,如马克思曾经评价过的德国民族学家巴斯蒂安,就提出过"原始概念"的观念。他认为,任何种族或民族都有共同的心理,该心理是人类一切文化创造的渊源。巴斯蒂安的见解,暗示了在人类的共同心理中,存在着依靠生物遗传来传递的无意识结构。这与荣格讲的"原初意象"有异曲同工之妙。

众所周知,无意识是人的本能,是人性的一部分。马克思把人性划为两个方面,一是"人的一般本性",二是"每个时代历史地发生了变化的本性"(见《马恩列斯论人性、异化、人道主义》67 页,清华大学出版,1983 年)。很多论者认

---

① 原载《文学自由读》1987 年第 6 期。

为,马克思说的"一般本性"系指人性的自然属性部分,即"食色,性也"的动物天禀。但我揣测,马克思讲的"人的一般本性",也许还包括更为深刻的历史内容,涵盖了人的无意识(自然也就包括了荣格的"集体无意识"和巴斯蒂安的"原始观念")结构。一个直接的证明是,马克思在《一八四四年的经济学手稿》中,论述人的感觉具有巨大而又庞杂的历史文化和社会生活的内容,感觉的形成"是以往全部世界史的产物"(《马恩全集》42卷126页,人民出版社,1979年版)。这样,就可以明显地看到,具有丰富的历史性和社会性的人的感觉,必定有着一个不断发展变化、并不断将前所稳定的素质遗传下来和传递下去的趋势。因此,既然作为人的意识的感觉有着隔代相传的特点,那么人的无意识肯定也将携带大量的人类社会生活的信息,通过人的心理结构传送下去。

以上的一点分析,只是想证明,人类意识的来源,在很大的可能范围内,与人的遗传结构有密切关系。但是,以现实的眼光看来,我们所认为的那些人类意识的内容,却是直接产生在现存的社会作用过程中,并不是什么遗传结构的产物。

这是为什么? 其中又有着什么原因呢?

首先亟须说明的,是人类意识大体上包括一些什么内容。前面提到,本文是站在心理学角度来观察人类意识的。但是,我们还必须伸出一只脚,也站在文学的角度来看人类意识。这样,就可以把人类意识至今在文学作品和人类心灵活动中的表现,大致撮合为两个方面:一,人类意识的非文化层面。是直觉和情感的,如对生死的关注和体察,冥冥之中的恐惧,对人的命运的莫名困惑,本能的人身自由感,心灵深处的孤独与愁绪。又是原始宗教的,如血缘亲近的天然凝聚力,对祖先和大自然的崇拜,对力量型英雄的敬仰,对精神与物质偶像的崇奉与服从感。二,人类意识的文化层面。是道德伦理的,如对善恶的划分与态度,对公私的界定和褒贬,对人伦情爱的理性趋向,对人性中兽性残余的扬弃。是认识知识的,如各种历史和现存的文化系统、意识形态,儒老墨禅,天赋人权,三权分立,等等。用哲学术语加以概括,人类意识的第一个层面可以说是非理性的,第二个层面则是理性的。由于审美的缘故,文学主要涉足人类意识的第一个层面,也涉足第二个层面的一部分。

紧接着的问题是,既然人类意识两个层面的内容,都是人类社会所特有的精神现象,又广泛存在于文学形象中间,那么它与人类大脑的遗传机能会有什么关系呢? 比如对于生死的沉思,对于命运的强烈感觉,对于善恶的分辨,对于冥想中鬼魂幽灵的恐惧,那是能够通过生物遗传来获得的吗?

应该承认,这里涉及一个极为复杂的人类生理机制和意识结构的运动过程。不妨说，我们并不认为人类意识的主体内容，可以经由遗传来获得。但是，我们起码可以通过马克思的精辟论述，通过现代科学的心理分析，通过日益精确的对人脑两个半球的剖解和功能鉴定，认定在人脑高级神经活动的网络系统中，活跃着一个深藏不露的密码结构。这个密码结构镂刻着人类三百万年进化历程的痕迹，可以自信地说，它最终将为科学的进展所彻底证实。现在，我们则只能认为，这无数万年人类的感情经历和生活经验，就沉睡在这个神秘难测的密码结构中，或叫无意识，或叫某种情结，或叫某种一般本性，等等。一旦社会生活对其加以刺激或唤醒，它就会复苏过来，密码被破译为清晰的意识活动。显然，关键在于唤醒——刺激机制的存在。这个唤醒——刺激机制的原动力量就是人类代代相传的社会生活，它不断再现人类千古以还的感情活动，又陆续加进人类情感经历的新鲜内容。这是一个极为漫长的历史过程，不是几百年，几千年，而是几十万年，几百万年。这样，在人类意识的总体构成趋势中，势必会形成一些较为稳定、较为永久的心理素质。考虑到这些因素，文学对于人类意识的追求、把握和表现，也就成了一个较为稳定又较为永久的过程——只是由于每代人的生活殊异，而给予它以不同的具体内容和表现方式而已。

另外，这种唤醒——刺激机制，对于人类个体来说（特别是对于作家个人），也有两点不同之处。其一，个体的遗传素质并不是一样的，其间有着较大的差异，如对潜意识活动的敏感，以及积极诱发潜意识活动的能力都有不同程度的表现。其二，个体面临的环境和条件不同，这肯定给唤醒——刺激机制提供了一些便利或一些障碍。不过，只要人类的社会生活存在，唤醒——刺激机制也就永远存在。

寻根文学所表现出来的思想倾向，标示着向人类意识的接近。自然，这种接近还不是自觉的，还带有着较大的盲目性。比如，寻根文学的倡导者们认为，必须到民族传统文化中去寻根，到非规范的地域文化中寻根。虽然他们于此做出了很可观的成绩，终究因为缺乏深厚的人类意识的底蕴，而显得内气不足。另外一些评价寻根文学运动的人们，则断言寻根文学寻到了阿城笔下的王一生，寻到了传统文化这个领域，已是到了最高层次。甚或有人担心寻根思潮会导致复旧、复古、回避现实的倾向出现。这都是没有觉察到寻根文学流露出来的人类意识，将可能对当代文学产生何等的影响。

在文学领域中，人类意识的显现范围是极为宽广的，有着猛烈的震撼人心的力量。比如海明威的《老人与海》，就体现了人对于宇宙的战胜精神。现代社会人的生存的紧张性，使人类意识的内容也更为错杂纷繁了。在二十世纪较为特殊的整体心理状态中，人们思考着自身的命运，深感人类作为一个不断延续的生命过程，不仅有着引以为幸的伟大自傲，同时也有着难以把持、或者说是无法把持的缥缈之处。因此，在文学的殿堂中，非理性的、本能的、无意识的、荒谬的、空幻的描绘，就逐渐据有了较为重要的位置，而对于人类以数千年进步凝结成的理性信条，人们则经常投以冷漠或怀疑的目光。但是，在另一方面，人类意识的继续升华却又是清晰可见的。比如对生死、善恶、性爱等人类基本问题的态度，不难从中看到公道、正义、美好、英雄主义的气概，是如何贯串了人类社会进步的任何阶段或每一个环节。即使像存在主义哲学家，像罗马俱乐部的学者，像西方种种对人类前景持悲观主义观点的人们，也坚信和拥护人类生命的健康、自由的存在和发展。所以弥散在人类意识中的崇高信念，随着人类对理想社会坚韧不拔的追求，会更加坚定和踏实。由此将使文学的美的微笑，洋溢出永恒的魅力。无疑，在这样的认识基础上，对人类意识的确认、把握和主动发挥，都能够使文学对社会——人生产生巨大的影响。

寻根文学初步接触到了人类意识的内容。当然，寻根文学的与事者们，各有不同的思维特点和审美兴趣，以及不同的文化背景（狭义而言）。不过，他们在人类意识的底蕴上显然是一致的。在新的时代条件下，人们对人类三百万年以来的总体发展所获得的整体意识，已越来越表现出浓厚的兴趣。这种兴趣转移到文学领域，决不会妨碍、而只会有助于作家对现实进行更深入的了解和更富有美学意味的表达。可以想见，恰恰是站在人类意识这个层次上，而不仅仅是站在民族文化传统或地域非规范文化传统的层次上，寻根文学才能有所提高。此外尚可设想，如果以寻根文学为契机，我们的文学认识到把握人类意识的重要性，或者说，在文学运动中形成一个对人类意识主动探索和表现的过程，中国当代文学的整体水平，可能会有一个较大的提高——这正是新时期十年文学闭幕之后，我们对于下一个文学十年翘首以待的渴望。

思想迷误:混乱和蒙昧的世界①

——《阴阳八卦》批判

冯骥才的中篇小说《阴阳八卦》(载《收获》1988年第3期),是一部远离时代,投靠古董的作品。它非常不合时宜地大力炫耀并等于赞美了传统文化中的消极因素,从而毁灭而不仅仅是影响了作者所期望达到的美学效果。

这是一个并不新鲜的故事。清季天津一个失势的大少爷惹惹,为了争夺祖传的金匣子和家族的权力地位,在朋友兼仆人八哥等的帮助下,寻访了一些颇具传奇色彩的高人,于是演出了一串串神奇故事。最后惹惹终于大半如愿以偿,阖偕仆人入主旧居,皆大欢喜。作者对此倾泻了旺盛的热情,并迷醉在因热情的鼓噪而膨胀的情趣中。作品中这些趣味性的魅力,恐怕都来自于那些特殊人物神话般的异能奇技。神医王十二的奇术,一道千金尹瘦石,那个"火眼金睛穿墙透壁截裤子看屁股"的万爷,从嘴里掏出鱼虫钓鱼如有神助的鱼阎王老麦等,给小说抹上了一层浓郁的民间文化色彩,使读者如闻海外奇谈一样伸颈咋舌,半信半疑。不过这一切都只是衬托而已,不仅衬托着大少爷惹惹的进退升降也即黄家大院的兴盛衰落,还衬托出作品对传统文化中的神秘主义和宿命主义主要是张扬而仅有少许嘲弄的基本态度。

思想的迷误正是从这里显出病相来的。

作者搬出远古文化中的一些思想,通过小说中江湖术士的如簧之舌,来说明黄家大院家运的兴衰祸福,同时又把黄家的内忧外患及主人公的南征北战,提升到阴阳二级对峙的根本上,次序排列出道德伦理为表、金钱权势为里的一系列争斗故事。阴象征了阴险、诡诈、狠毒和衰落。丫环精豆儿,欺上压下,勾结外人,私通影儿,成为窒息黄家的一股阴邪之气。比精豆儿有过之而无不及的是蓝眼,外貌奇丑,内心奇恶,拐骗诈盗无所不能,是黄家最危险的敌人。二

---

① 原载《文学自由读》1989年第1期。

人成为阴邪之气的主要意象。阳代表着光明、豁达、正气和旺盛，九九爷的勤谨，马婆子的忠顺，龙老师的浩然正气，都是黄家兴盛的阳气之源。作者如同质朴崇实的远古先民一样，观物取象，用根源于两性的阴阳概念来概括家族、社会斗争中的善恶真假美丑。这除了与文学特殊的表达方式有关，越具体越形象越好之外，还包含着作者非常激赏的哲学味儿。显然，这股并不新鲜的哲学味恰好来自于传统文化中的远古部分。可惜的是，作者没有从远古文化中走出来，反而在其阴影的暗色里，始于欣赏终于迷醉，丧失了清醒。

作者津津乐道的阴阳八卦到底是些什么呢？

《阴阳八卦》是一部文化小说，它向两个方面寻根，远古文化和民间文化，重点在后者，所以小说显出十分丰富甚至是奇特的土著文化色彩。不过这种带有鲜明的地方和都市色彩的民间文化，究竟不能游离中国传统文化这个母体，二者说得上是唇齿一体。儒释道三家，小说中处处点到。儒教的名分礼节忠孝仁义，道家的守静养气中医奇药。禅门直指本心、见性成佛的机锋，类似"菩提无树，明镜非台"的公案，模仿宋僧偈语亦得其旨的诗句等等，熔铸于故事中，比比皆是，极尽其态。但是，作者的本意却是顺着文化这根藤往上捋，一直捋到远古初民文化的根上，企图用阴阳八卦统帅诸家文化及杂拌式的民间文化，浩浩荡荡开到现代读者面前来，叫人们陡然间猛吃一惊。

作者认为老祖宗草创的原始文化，通过阴阳八卦已把宇宙人生的大道理说得够明白了。确实，几千年前那些刚从结绳记事、钻木取火的生存方式中走出来的祖先们，在他们体认生命和自然的东方式见解里面，就已经挟带了不少被誉为接近客观真理的、辩证的、灵动变化着的因素，至今仍能给世界一流的科学大脑以极妙的启迪。然而，阴阳八卦五行相生相尅的思想，毕竟是人类早年的浅近认识。古代印度人认为，构组世界万物的是地火水风的"四大"，人来自"四大"，死后又回归"四大"，就是类似的看法。说到底，相传已久却未必可信的伏羲氏之作八卦，至有案可据的周文王之演八卦为三百八十四爻，根本上都是源于人类初民用鸟兽骨占卜事情的吉凶，以正和反断定可行不可行的宗教迷信作法。《周易》中—（阴）和—（阳）两个符号的基本意义大约就发轫于此。八卦演变得再复杂，阴阳二极寓多为二级再明确，它也只是初民对未知的命运和大自然大大恐惧之后，又盲目寄予神秘式的希望的结果。本质上它是一种原始的宇宙观，体现了直观，简朴、混沌、玄思和非理性的思维方法。

这种思维方法具有非凡的生命力和繁殖力，浸透在民族的文化精神中。一方面，亘古以还时荣时衰的却不死不灭的自然经济，给它提供了得以顺利延续的物质保证。另一方面，它又在社会生活的各个领域滋长变形成为习俗流传下来。这种文化精神,在古典文学中也表现得淋漓尽致,俯拾皆是。

传统文化的大河源头甚多,流势复杂,阴阳八卦五行嬗变的思想,只是其中一个不太显眼的部分而已。作者试图通过描写别一个历史时代的人情世态,扯出传统文化的老根子来,让天真烂漫的读者见识一下从未谋面的东西,明白一些道理,也是合于情理无可非议的。但是问题却出在作者在《阴阳八卦》中流露的思想趣味和由此滋生的美学态度,这不能不使人感到遗憾和失望。

有意而不是随意地用文学去表现文化,用感情去注解理论,用形象去诠释历史,本身必将隐伏着某种与之俱来的危险:或陷进思想迷误的沼泽地,或跌入情感偏差的暗井。

作者面对的是一件古董,一堆故纸,或者说一段已成定论的历史。他满可以用挑剔的眼光来赏鉴这些古物,通常一个现代文人所拥有的评判意识和思考经验,对此是能胜任愉快的。然而他没有,反而以惊人的热情,埋头在古拙的文物中。强烈的猎奇心理,推出了炫耀的口吻和夸张的议论,泄露出玩世的意态,给人以浮躁的感觉。这些都好比是决堤的洪水,淹没了理应清晰的思维的原野。对于卦摊术士的信口雌黄,对于蓝眼就风水地舆故弄玄虚海阔天空的大吹牛,和沙三爷立秋一片桐叶专治气结的神话,作者似乎是半作调侃半为讥刺,但实际效果却是真作假时假亦真,真真假假,是非难辨,使人信亦不是,疑亦不是。联系到开篇“闲语”中对阴阳八卦的夸耀,作者实质上通过对民间看相、风水、占卦的详尽描写,肯定了传统文化中的宿命主义和神秘主义。在高度发达的当代心理学、生理学、天文学和地理学面前,已没有多少神秘可言了。所谓伏羲八卦,《易经》的推算,《洪范》的五行,在今人眼里也不是什么斯芬克斯之谜了。在这样的历史条件下,试想,作者对本应摒弃而送入历史博物馆的文化古董,表现出过分的热烈和猛涨的趣味,究竟有多少价值?

《阴阳八卦》既然它已在思想上入“迷”于文化古董,那么,它在小说本体艺术上的失“误”,就一点也不奇怪了。

《阴阳八卦》的主体情节是陈旧的,缺乏足以饮誉当代文坛的特征性。它叙述的这一套故事,关于金匣子,关于正气压倒邪气,关于民间的传奇人物,散发出一股故纸气和尘封气。更不幸的是主要人物形象恍如隔世而遇,陌生而又熟稔。惹惹,一个始则失意终则得志毫无所长却暗藏心计的大少爷;九九爷,一个忠实得近于迂腐最后不知所终的老仆人;八哥,一个青皮式能言善辩擅长交涉又讲义气的无业游民;还有精灵诡诈邪气十足的丫环精豆儿,闭门坐禅看破红尘不问世事的二爷。更不用说以医行骗倚势欺人的沙三爷,那弱不禁风却能游丝丈余众人莫及的尹七爷,仿佛都能窥见一些古代和近现代小说中的人物影子。因此读到黄家百年纸局的经营，义仆的忠贞不贰和恶仆的卷走家财，不由使人想起冯梦龙《古今小说》、凌濛初《拍案惊奇》和晚清谴责小说中的类似描写。小说卷首的《八卦歌》，似乎也有著名的《好了歌》的影响，只不过更直白显露罢了，《波光月影禅语破天机》那一回，犹如吴敬梓笔下一班文人的谈诗论禅，得其韵亦如其体。

情节"旧"而人物"熟"，迫使作者在《阴阳八卦》的文体上另辟蹊径自求新意。但是，写的是一篇陈旧的历史故事，和原始文化思想的头头脑脑，用的是现今的白话方言，这不能不产生一股不太纯正的怪味。况且作者使性任气，随意驱使语言，每每使人感到有长驱直入的赫奕声势，却没有精心布阵、委婉含蓄的心机，文风上显得野气恣放而雅致不足。有时又自造轨则，照模造坯，形成叙述语言的"范式。"行文时舒缓时急促，却是有意为之，完全不是自然流泻。《阴阳八卦》缺少明敏透亮纯净高华的美感，原因或部分在这里。

《阴阳八卦》的思想迷误不是偶发的，它是当代文学整体性的"思想贫弱"症这棵树上长出的一个果子。从"思想贫弱"到"思想迷误"只是一步之遥，其中却包孕了极为复杂的问题。对《阴阳八卦》的分析批判，只是枝节性的工作而已，希望能从局部走向整体，就此引起更为深入、更为广泛的思考。黑格尔老人说过，如果一粒微尘被破坏了，整个宇宙就会崩溃。对于当代文学来说，这或许不是多余的杞忧。

对《古船》泛象征化倾向的估价①

　　《古船》的问世是二十世纪八十年代中国文学的一个重要现象。一个古老村落几代人奋斗、挣扎、沉沦、盛衰、新生的演进轨迹,反映了中国近现代社会惨烈而苦难的历史进程,同时强烈鞭挞了衰朽又强大的封建势力与观念。加上西方现代主义,尤其是拉丁美洲魔幻现实主义的影响,作品产生了独具个性而震撼人心的艺术魅力。当然,作品产生的时代背景亦处社会激变期,作家的理性观照在借鉴舶来艺术表现形式上还未达到驾轻就熟的地步,因而出现了作品理念大于形象的现象,可称之为泛象征化倾向。

　　意象大于形象。《古船》是耐读的,那震撼心灵的惨烈故事,至今难以使人释怀。但相伴而来的是她的神秘感,时或使人豁然开朗,时或使人莫测高深。我指的是《古船》象征手法大批量、大范围的使用所造成的感觉。确实,小说题目本身就是一个象征,还有那古老的城墙,干涸的河流,那曾经樯桅如林的码头,以及家族的破落,人物的谢世,雷击古庙,土地抖动……莫不是借此含沙射影、指桑喻槐地暗示着或传统的衰朽,或历史的新生,或人事的变迁。这种诡谲万状、迷离恍惚的神秘感,设若说给了读者多少启示、多少美感的话,毋宁说给了读者更多的猜测,更多的费解的谜。

　　隋不召就是一个令人困惑的人物。他的深层意味,并不在于作者给他提供了多少个性特色,而在以他的猝然出走,浪迹天涯,尔后又孑然一身返归故里的种种浪荡、无赖行为,暗喻着隋家破败人种遗传因素的作用。野心勃勃、最后身患绝症的隋见素的积极活动,在新的历史条件下,没有也绝无可能恢复隋家昔日的光荣。与之相较,隋不召更是在消极的意义上,证实了隋家所曾代表过的那个社会阶层,在时代风暴中必然解体的命运。当然,隋不召的复杂性,使他的思想内涵远不止这一些。他对于僵化传统的漠视,对于近代科学近似盲目的热

---

　　① 原载《宜春学院学报》2012 年第 4 期。

衷,多少赋予了他一些开明的色彩。可是,他的航海经书,他的郑和大叔,他对被挖掘出来的古船的无比热情,能说明什么呢?固然我们没有必要对文学作品中的人物进行硬性的对比,但是隋不召的所作所为,却给了读者以莫名的疑惑,魔幻手法乎?哲理寄托乎?黑色幽默乎?令人费解。简单而言,这只能被认为是以物喻事的象征手法的应用,然而,隋不召象征着什么呢?更重要的是,这种象征手法使用的勉强性和生硬性,已使隋不召的艺术形象受到损害——他没有给人留下多少美学意义上的鲜明印象。进一步说,隋不召始终是作为一个理念意义上的象征性人物而存在着。直到他死亡前夕给侄儿抱朴嘱托的两件事:航海经书和失落的铅筒,也只是一种象征性的"临终遗嘱",显得寓意隐晦,难以揣测其真义。

遗憾的是,类似的描写,在《古船》中比比皆是,使整部作品散发出浓烈的象征色彩,给人的意象含义多于形象含义,给人的审美的、意味隽永且恍然顿悟的启示少于耐人寻思的猜测——我把这称之为泛象征化倾向。

为什么会出现这样的创作倾向呢?

约略言之:一、作者总体把握的是洼狸镇四十年的生活史。这四十年恰恰又是中国社会最为动荡的时期。民族的命运,家族的衰败,人性与兽性的沉浮,历史大事件暴风骤雨般的席地而来,卷地而去,都使人的复杂性、生活的残酷性、命运的奇特性达到一种扑朔迷离、难以把持的程度。在这样的情况下,作者对社会、历史、人物的全部活动,加以意义的提取并迅速转移到文学形象身上,应该说是很高明、也是难度很大的做法。二、作者对于历史、社会、经济、人生哲学有很多透彻的领悟,很多精辟的见解和清醒的认识,因而在艺术思维的方式上,他更多地从感性类型游移到理性类型。但限于小说艺术表现的局限或限于其他原因,作者为之思考的种种,有不便直说或不易说清之处。这样,象征手法的使用就是最好选择了。三、因为外来影响。触及小说,难免使人窥探到异域艺术的变体。《古船》接受外来艺术的滋养是极其明显的。如对神秘感、原始感的追求,对一些象征物(跛四的笛声之类)的着意渲染、反复提示等等。

但是,这仅仅是、也只是表面的原因。请注意,象征是指通过某一特定形象来表现与之相似的概念、思想或感情的,一旦将其手法加以绝对化的使用,它本身概念的或思想的内涵便会异常强烈地裸露出来。在此,《古船》无疑表现得最为充分。

理念影响形象我不认识张炜,也从未接触过他的生平资料。但通过《古船》,我直感到他的传统气质和文化底蕴,他的印有历史推进轨迹的思维结构,他的达到某种较高精神层次后的自如气概,以及他对于现实变革肯定与怀疑、困惑同选择的双重态度。在他的形象思考中,也许理性成分占有着较大的优势。而对于作家最困难的是,我们的民族正处在激变的沸腾状态中,民族的精神价值结构亦相应出现了换代过渡的裂变。这使作家对笔下人物的把握,显然增加了相当的难度(特别是对于喜好理性思考的张炜本人)。

从民族精神的角度看,对社会—人生进行评判的价值态度的走向,已经有了三个逻辑层次的递进。第一个层次是传统的价值观(这在十九世纪末二十世纪初即已受到挑战),其要义是对血统遗传的、等级身份的、功名权势的、重农抑商的、社会本位的价值观的正面肯定。挑战并没有使它全面崩溃(对于精神文化也许不能用"崩溃"这个词),当第二个层次构成之时,实际上我们看到的,也只是在对前者批判否定的前提上,新的价值观(以人民群体、阶级本位、理想主义为主要内容的价值观)向旧的价值结构体的介入。但是,最复杂的却莫过于第三个层次了,这是一个激变中的价值结构的非稳定时期,旧传统的价值观被扬弃了,新传统的价值观则在经受着苛严的评判,更新的价值观点尚在欲来未来之间。不过,我们已经看到了对感性生命、个体本位的肯定趋势,对于精神偶像与权势偶像的否定,对于物质主义和拜金意识的重新鉴定。

作家对之思考的便是如此动变着的人的精神和价值态度的变化,他不能不有所选择和有所认同。

因之,《古船》以其强烈的道德理想和社会理想的追求,在当代文学普遍被认为缺失理想主义热情的情况下,引起了文坛的瞩目。这种追求的特别样态,多少使熟悉以往理想框架的人们感到突兀,也使企图寻找新的思维方式的人们感到困惑。

理念化削弱形象化作为承受着作者理想追求的唯一形象,隋抱朴(我以为是理解《古船》的关键人物)的思想容量是很大的。他驮着负罪意识和苦难意识的两个沉重包袱,经受了长期的折磨和压抑。像父亲隋迎之一样,他虔诚地忏悔着作为剥削者的祖辈的"罪孽"。与小葵的爱情纠葛,使他的阶级负罪意识又掺杂了个人自我良心的谴责。他像苦行僧那样对待自己,自认"我是老隋家有罪的一个人!"抱朴还是一个历史苦难的见证人。还乡团残忍的屠杀,被凌辱致死的地主女儿,母亲茴子的惨死,大食堂时的饿死人,都镌刻在他心灵深处,迹痕斑斑。关于赎罪和苦难的思索,使抱朴四十年难以安宁,陷入无穷尽的内心斗争中。然而正是在这样的心智状态中,他的思想闪烁出人类精神的灿烂光芒。因之,抱朴的人道主义有着独特的乡土价值,较之雨果笔下的冉阿让(《悲惨世界》)和显克微奇笔下的尤仑德(《十字军骑士》),它具有特殊的意味。冉阿让和尤仑德是善的皈依者和布施者,人道主义都归宿到了宗教里面。抱朴没有宗教的羁绊,信奉的是生活的真谛和主义的真理,其人道主义的博大胸怀与祈望社会进步的理想结为一体,超越了十九世纪那些颇有争议的文学形象。而抱朴的理想主义,较之现当代文学中出现过的理想主义热情(那是明朗的和激昂的,最后却不幸滑向了简单化和观念图解的渊薮),因为源之于独特的负罪意识和苦难意识,洋溢着人道主义的激情,无疑也要高出一筹。

以此论之,《古船》的思想层次要比国内甚多的作品高出一个头地。张炜在《古船》中对理想和道德的追求以及表现这个追求的特殊的形象效果,理所当然地是他对当代文学的一个贡献。

然而,却不能说,隋抱朴就是一个成功的人物。正如提供了足够多的有价值的思想一样,他也提供了足够多的问题。就审美意味而言,抱朴形象的塑造有很大缺憾。问题最大的是他集中表述思想感情的方式——内心吐露(这占了整整两章;近两万字的篇幅)。这固然反映了抱朴的性格,但是倾诉过于直露,描写完全被叙述所代替。这样的思路发展到以两本书作为倚靠(把《共产党宣言》作为抱朴的思想基点,是无可非议也是可信的),显然披露了抱朴人道主义和理想主义思索文化上的贫瘠,和作者写到这种高难度人物时的捉襟见肘。因此,写到抱朴,手法便发生了很大变化,理性的思索、议论、提问(有时提问多得有如在玩文字游戏)、表白、诉说便淹没了形象的个性,产生了理念化的毛病。遗憾的是,这种理念化并不是个别的、局部的问题。抱朴倾吐内心的情愫的两章,犹如《古船》全文的一篇提纲,控制了小说的全部行文。在这里,也正是在这里,泛象征化倾向便与理念化接触并贯通起来了。确切一些讲,首先是理性的俯瞰导致了《古船》的泛象征化倾向,而泛象征化倾向,又只不过是理念化的特别表现而已。说理念化不是局部的个别的问题,就是因为泛象征化倾向的普遍性存在。

这将导致一些更为突出也更为表面化的问题。

泛象征化暴露人为斧凿。不过,象征手法的应用,也不乏较贴切、较深刻、甚至比较精彩的描写。四爷爷赵炳,是《古船》中写得最成功、也最有艺术魅力的一个人物。可以毫不夸张地说,如同在思想追求上的贡献一样,赵炳是张炜对当代文学一个有价值的奉献。赵炳也是一个象征性人物,是历史的中国与现实的中国各种特点汇集的一个缩影。从形象本质看,他可以算作是小生产意识的文明型代表(作为比较,赵多多则可被认为是小生产意识野蛮型的代表)。他是家族的尊长,又是阶级的领头人,俨然一个群众领袖的架势,成为洼狸镇的精神偶像(作者的用意是很深的)。他兼农民式的狭隘意识(对隋家后人的态度)和封建士大夫的放达(弃权而求散淡之福,虽然颇有造作)为一体,象征着一个封建性的人物,在新的时代条件下,是如何得心应手地游刃于复杂的社会斗争中。作者的点睛之笔却是两处。一是郭运告诉赵炳两个媳妇的早逝原因:"世上就是有你这样一种毒人,与之交媾,轻则久病,重则立死,这种毒人罕见之至……"四爷爷听得色变。二是张王氏仿佛看到四爷爷体内肠胃粉红,色鲜如花,一条赤色的蛇就在其间缓缓爬着,爬到胃里,从容不迫打了一个结。四爷爷大吼一声:"不准胡说!"这两处描写半真半假,似有似无(读者以生活真实加以印证),但联系赵炳的所作所为及其自然而然的象征韵味,又不能不使人折服。

但是,类似的绝笔,在《古船》中几乎是仅有的(就赵炳形象的整体感而言),它起码提示了两点:一,赵炳形象的老辣性,发端于作者的现实主义笔法。象征手法在其中只起点缀提示作用,使读者的联想从个别象征扩展到整体象征,通过赵炳领悟到更为丰富的人生—社会内容。在此,作者的理性思考没有干预人物的性格发展,没有用理念渗溶下的象征手段去扭曲人物形象——这正是赵炳塑造成功的根本原因。二,如果以赵炳为参照,就会看到在其他人物身上(包括前已述及的隋不召),作者的理念,已经把象征手法如何诱引到失误的地步,使象征手法的运用,越出了一定的度,削弱了《古船》的艺术力量,也损害了《古船》的思想意义。

第一,《古船》象征手法过量使用的直接后果,使人为痕迹特别明显。见素患绝症,极感突然;而铅笔的失落及大事张扬的寻找过程,似乎与小说主要内容的演变,没有太多的必然联系。虽然这些描写在象征意味的揣测上,可以得到解答,但突兀多于顺理成章,勉强甚于水到渠成。这种人为感甚至使读者患上"象征病",经常发生错觉,以为作者涉笔所至,无不具有象征寓意。结果使一些含义精妙的隐喻,也失去了应有的力量。作者理性思考与艺术思考的交错,造成了读者接受心理的紊乱。第二,作者有意大量描写了历史的苦难,很多描写(其实也就是对人的兽性的鞭挞)确实具有震撼人心的作用,使人反省和觉悟。比如写赵炳对含章的占有和凌辱,就是成功的例子。但是,由于作者积极地去加强象征的说服力,对苦难的描绘就采取了放任的态度,随手罗列而显得冗长,很多场面似无必要,可以精简。第三,象征笔法的过量使用,还制造了一些多余的情节,一些多余的人物。为了象征隋家的败落,作者特意写了隋大虎的阵亡及由此而引起的悼亡活动;又为了象征隋家的兴旺(此时隋抱朴接管了赵多多的粉丝大厂,含章也一剪刀刺倒赵炳,报了二十年的仇怨),写了隋小青的参军。另外如写二槐(他强奸了爱着抱朴的姑娘闹闹)象征着赵多多的延续之类,都给人以赘笔之感。

泛象征化冲淡审美意味如果换一个角度,把《百年孤独》与《古船》作一个简略比照，那我们将看到，泛象征化的倾向，是如何冲淡了《古船》的审美感。在《百年孤独》中，加西亚·马尔克斯的写作手法主要是幻想、讽喻和夸张，带有强烈的魔幻色彩。这与他对人类古老文化的创造性挪用有极大关系。美洲土著印第安文化，欧洲基督教文化，西亚阿拉伯文化，都顺手引来，涉笔成趣。作品中对羊皮纸手稿、飞毯、吉普赛人、梅尔加德斯和普罗登希奥鬼魂的描写，突出了人类古老文化中的原始意识，使《百年孤独》内隐着强烈的宿命感。以迷惘、惆怅的感情渲染出潜在的象征意义——一个七代家族，一个百年小镇所包孕的现代意味。很简单，读者不是通过作者提供的象征化了的理念，去欣赏、理解《百年孤独》，而是、也仅仅是通过《百年孤独》的宿命意向和感性力量这座桥梁，去领会其中丰繁的人生—社会意义。《古船》在对于人类古老文化（如奇诡纷繁的历史传说、民间故事、民俗风情，土著色彩浓郁的医术、巫术、烹调等非典籍文化方面）的汲取上，与《百年孤独》有某种程度上的相似。因之，中华民族古文化中的原始意识（氏族意识、血缘亲近感、祖先崇拜、偶像崇拜等等），多少给《古船》平添了一片恍惚、混沌的神秘色彩（特别在开篇时）。但是，由于泛象征化倾向的冲击，古老文化中原始意识对于作品的感性渲染，对于人性的包融，对于环境的远背景的烘托，最后都沉积到理性的思考中，使《古船》的审美意味陡然大减。虽然在表现我们民族否定宿命的清醒的现实态度方面，在对于人道和理想的追求方面，《古船》有着《百年孤独》没有的、也不会有的特点，但她却缺乏《百年孤独》艺术上的圆熟感，缺乏对于更深邃的人类意识的把握——这样也就限制了它取得更大的成就。尽管我们没有理由要《古船》以《百年孤独》作为楷模或目标。

因之，泛象征化倾向的出现，如同影响了《古船》的艺术成就一样，也极大地遏制了小说本身的现实主义精神（这是《古船》获得较大反响的根本所在）。这样便形成了《古船》创造方法或创作手法的内在矛盾：现实主义精神与泛象征化倾向的对立和相互抵牾。两者阵线分明，却又纠缠一起，撕掳不开，使小说的艺术失误更为明显。《古船》的泛象征化倾向，使我们对该书的内容部分地持以批评的态度。这也无非是希望，已经取得较大影响的《古船》，其突出的创作特色和思想特征，将引导当代文学的某个走向正确地伸向远方。

对文学批评客观化的思考①

　　猝然提出文学批评客观化的概念,并不是心血来潮的产物。历史地看,文学批评之所以走向客观化,显然是文学批评内在发展的必然,同时也是文学批评本身作为一个自足体,渐次趋于成熟的重大标示。

　　文学批评的客观化,是文学批评主观化的反义词。界定两者的根据是作为批评主体的批评家为一方,作为批评客体的非批评家为另一方。从实践观点看,也就是指特殊读者和一般读者两个方面。什么是文学批评的主观化呢? 批评家进行批评活动时,主要是遵循着这样一个模式来完成批评过程: 主观感受→自我思考→个体操作(把批评转化为文字)。到目前为止,几乎所有的文学批评活动,都循此模式实施。其特点显而易见:一、主观感受和思考的绝对优势;二、没有任何选择可能的个体操作。在这样的前提限制下,批评知否与其所批评的作品相互契合,就成了评估作品的关键。是,批评家就能对作品作出较为科学的结论,正确地代表着社会的整体估价。否则,批评往往与作品相去甚远,难于剔选出美和理的真谛。因此,文学批评主观化的巨大局限,其要害在感受、思考、操作的个体狭隘性。在彻底主观化的批评活动中(不能否认社会制约的客观因素在其中的间接作用),“公说有理,婆说有理”的现象并非鲜见,“各人自扫门前雪,不管他人瓦上霜”的情况更是比比皆是。所以,“你打你的,我打我的”就成为文学批评主观化的总特点。在政治清明的时代,这固然会有助百家争鸣的繁荣,但在专制施虐的年月,却更易沦为权势和行政干涉的借口。

　　我们不得不再将一将文学批评主观化的若干根系。

　　传统的文学批评,其主观化的表现形态早就臻于完善了。《文心雕龙》肇始,

_____

① 　原载《文学自由读》1988 年第 6 期。署名密国波,与曾激波、聂国心合作。

绵延到两宋诗话,无不浸润着彻底主观化的抽象意蕴,或含蓄,或简古,或象征,或隐晦。曲则曲之,美则美矣,却失去了客观的准绳,缺乏如西方文论显著的思辨内容和严谨的逻辑结构(是主观批评化的另一类型),错讹、误解在所难免。钟嵘的《诗品》,把优秀诗人陶渊明、嵇康、鲍照的诗列为中品,把曹操的诗列入下品,人所周知,都证明着文学批评主观化的劣迹所在。禅宗思想的介入,更使传统的主观方式的文学批评,在内省、顿悟、象外之象、"羚羊挂角、无迹可求"等观念的支配下,愈加进入到完全背离客观准绳的地步。在这个意义上,"一千个读者就会有一千个哈姆雷特",把"读者"的字眼换成"批评家"那就是对主观化批评最恰当的评语了。富有讽刺意味的是,即使在"五四"时期猛烈的反传统声浪中,传统文学批评主观感受→自我思考→个体操作的基本模式,也依然毫毛未损地沿袭下来了。嗣后新的现代政治理论的引起也没有摧毁或取代这个模式。

自然,文学批评的主观化,之所以有着如此深远的历史渊源和如此惊人的生命繁衍力,是因为还包孕着美学的重要因素。美文的创造,自始至终是一种个体的活动,而对美的欣赏,也主要是以个别形式进行的。批评在个体品鉴的基础上形成,因此,批评活动从开始到结束,都很难摆脱个体或主观自我的羁绊。美学根据和文化传统两者的合力,奠定了文学批评主观化的历史地位。我们简要地陈述以上看法,是因为认定:以发展的观点看,主要阐释主观自我的个体批评(从更宽泛的意义上来说,也包括文学研究及其理论的探讨),实际上是文学批评的一个较低层次的表现形态。未来的人类精神活动将告诉人们,文学批评的进步,会毫不犹豫地跨过这个功勋卓著,但也积弊甚多的批评模式。

新时期开始后,文学的繁荣带来了批判的兴盛,于是文学批评方法变革的呼声大倡。批判兴趣的指向,明显的向文化心理乃至自然科学的领域移动。但其中最鼓舞人心的却是某些现代科学实验方法的应用。此外,我们还应充分地注意到两个方面的情况。一,至今为止,国外大量的文艺批评理论被介绍进来了,流派繁多,内容歧异,较突出的是重视对文学作品的本体研究,到文学语言符号的惯例、关系和系统中,去寻找作品本身的意义。同时还强调接受主体(在本文是批评客体,即一般读者)的整体反应,强调这种反应对批评者的制约作用。因此,一些不以个人意志为转移的客观化的规律和形式,在文学批评活动或研究中被择扯出来,这无疑动摇了文艺批评主观化得正统信念。另外,受当代科技发展的浸润,在文学批评活动中,出现了令人刮目相看的崭新动向。如对某些文学作品进行民意检测,使用有关技术方法定量分析,从而批判社会和美学价值。还把作品输入电子计算机,编排《频度表》和《函字索引》等,对文学形象进行精确的测量,推断出前所未有的结论。这些都显示出文学批评中的客观化因素,有了长足的发展。二,当前,很多人强调新时期文学的"向内转",讨论热烈。实际上,"向外转"的流向也日益显著,方兴未艾。纪实小说,私人照相簿,口语实录体小说,近距离大系列报告文学的崛起,都是"向外转"的明证。这个类型的文学作品不仅对传统的情节、结构、规范的性格和形象语音缺少兴趣,而且相当冷漠的疏远着各种各样的时髦手法:意识流,意象幻觉,隐喻,魔幻,心理潜在体验等等。它实就是客观生活的模拟,或者复制。其鲜明的客观化色彩,迫使批评界必须作出相当的反应。创作的客观化必然导致批评的客观化,这个诱因是值得注意的。长期局限于自我感受、自我思考、自我操作模式中的批评家,也许就是在这个时候,开始冲出这个模式的笼罩。

考虑到上述情况,我们异常强烈地感受到,文学批评的历史发展已到了一个重大的转折点上,文学批评的客观化趋势出现了,文学批评的主观化,就要被客观化趋势所代替了。当然,这并非易事,并非给文学批评客观化唱一支赞歌,或给文学批评的主观化奏一曲哀乐就能了结的。由文学批评主观化走向客观化,这是一个复杂而又漫长的历史过程,包含着难以预测的发展前途,和难以条分缕析的丰富内容,也将排泄出时代一时难以清扫的大量的文学垃圾。这是一次人类文化的吐故纳新,因此,我们宁可将这一过程看得极其纷纭繁复,也不愿在这一篇短文中,作出更多的很可能是失误的判断。不过,仔细观察文学批评走向客观化的势头,多少可以目测到一些明显的征象。

首先,文学批评的客观化,必促动批评家走向社会。批评家再也不能以自我感受作为批评的唯一基础,他面对整个社会的批评动态,主动地、自觉地把文学的社会批评动态,纳入自己亦参与其中的操作系统。这时他更应该擅长非文字的操作,准确、迅速地把社会批评转换成高度逻辑化了的文字信息。而不是像以往一样,单方面强调自我思考,强调自我思考的特殊性或创造性。在一定范围内,批评家不是以发言人的身份来对作品进行评价,而仅仅是以代言人的身份,对作品加以社会的决断。这样,在很大的程度上,他直接地成为了社会批评客体的忠实传达着,而不仅仅是个体批评的自由言论者。这对个人无疑是一种痛苦(部分地牺牲了个性),但对文学作品和接受了作品影响的社会,却毋宁说是一个极大的幸运。其次,社会对文学作品的批评,多半处于自发与自然状态,缺乏自觉地科学整理。因之,批评家或先行设计出某个构想,然后再证示以社会性批评,以主观到客观;或径直在社会批评的原材料中作业,从客观到主观。在此,批评家的操作方法,为达到高度的客观性和科学性,就必须毫不犹豫地使用实证和实验的方法。譬如,当文学作品对社会发生影响时,可以把影响面切割成若干实验点,运用心理试验方法对实验点进行心理测试。这样,产生于不同的年龄层次、文化层次、职业层次的各种心理反应的变量,就可在数理统计的相关分析方法的运用中,推出令人信服的对文学作品的批评判断。在此基础上不断完善,使抽象的文学作品的精神价值,得到具体的解释或证明。实验方法不拘一格,有如人类学考古式的"田野调查"一样,还有社会政治访察式的民意测验,系统方法的总体整合和模拟等,都不失为是对文学作品进行客观评判的实验方式。这样,实验方法的实行,将迫使批评家走出书斋,抛弃旧的概念的推理或归纳法,使主观化批评不得不退居幕后。三,批评方式的更改,必将带来批评工具的变化。在文学批评的试验方法中,无疑要引进使用大量的现代科技手段。西方的本文结构批评,强调对文学语言本身的微观研究,对语言的音响、字形、词义、语义、关系等,进行多元的考察,从中刮剔出规则性的认识,借以估价文学的本文价值。在这种客观性研究中,现代科技手段的使用是自然而然的,如电脑、计算器等。原因在于这种研究带着很大的实验性质。我们说的批评方式变革中实验方法的使用,与此有着甚为密切的关系。心理实验方法也好,民意检测的实验方式也好,都要有实验的场地和工具。因之,如同研究文学作品本身一样,研究社会对文学的一般反应,也必须用计算机来处理各种信息,进行数字分析和运算。也可以通过光导技术和电脑,快速集中大量素材,进行加工分类并贮存起来。此外,用电视甚至电视电话来接受社会批评的直接形象性材料,对实验中的思维活动作出进一步的微波测试等等,也都是必要的科技手段。这些并不是遥远的事情,很多已经在现实生活中或文学批评中使用着。问题的关键是,我们是自觉地、主动地重新认识它们的使用价值,还是不自觉地将它排斥于文学批评方式的大门之外。

约略言之,文学批评的客观化强迫我们明白,文学批评走向社会,在全新的变革中输进实验的方法,输进现代科技手段,是历史的必然。而这一切的发生,又使文学批评本身发生了一个巨大的变化,以兹而后,文学批评再也不仅仅是一种个人的活动了,实际上,新的文学批评活动,也是个人无法承担的。这就意味着,社会的客观的文艺批评,在相当的程度上,从人员、组织到操作,都将是非个人的活动,多以集体的、团体的或集合式的样态进行。因之,相对传统的个体批评家而言,批评的客观化并不强调个体的主观感受或独立的操作活动,它重视的是一种整体的情绪,整体的思考和整体的操作。在此基础上,它的客观意义就更见其鲜明了。正因为文学批评的客观化是整体性的,反映着、代表着普遍的情绪和理性思考,这样,它就将更加接近科学的真理。

我们给文学批评的客观化勾画出一个大致的轮廓,除了急于想证明文学批评主观化的重大不足之外，更强烈的愿望是指出文学批评客观化已经出现，并正在强化的若干特征。并企图把文学批评的客观化，赋予惊人的变革性的内涵——不仅对于批评方式，而且还对于当代人的观念本身。这是一个非常冒昧的尝试，但是我们相信，正是这种类似冒昧的莽撞的尝试，使我们日益与世界的精神发展同步。

沈从文道德心理分析①

道德意识——对沈从文写作思想的认识

沈从文的沉浮是耐人寻味的。活跃——沉默——再活跃,给文学的现代史勾画出了一个硕大的问号。令人困惑的是作家的自我感觉,他对自己不同时期的作品,竟然都有着"一份淡淡的孤独悲哀,"而觉着"十分离奇"。② 于是沈从文沉重地感叹着:"虽十分认真写了许多作品,它的得失成毁都还缺少应有理解。"③他说这些话时是二十世纪八十年代,"沈从文热"正从国外卷向国内,业已蔚为大观。作家的感慨发人深思,无疑暗示着在较多的文章中,仍潜伏着历史存在的思维定势。习惯用研究过鲁迅(或茅盾、巴金等)且卓有成效的方法,到沈从文身上去寻找对应物(大多表现为政治形态与思想性质的判断),寻找那些仅仅属于鲁迅、茅盾们才有的素质。于是,着意拔高者有之,无心诘难者亦有之,对于沈从文近乎神秘的特异性,似乎显得估量不足而臆测有余。值得庆幸的是,就沈从文文学命运的坎坎而言,这或许正是通向真知的一个过渡。因此,沈从文筑造的文学世界,诱发的将不再仅仅是思辨兴趣,它需要的是历史和美学的公正。约半个世纪前,当有人问及沈从文为何写作时,他的回答颇有特色:

因为我活到这世界有所爱,美丽,清洁,智慧,以及对全人类幸福的幻影,皆永远觉得是一种德性,也因此永远使我对它崇拜和倾心。这点情绪同宗教情绪完全一样。这点情绪促我来写作,不断地写作,没有厌倦,只因我将在各个作品各种形式里,表现我对这个道德的努力。④

这番话很有代表性,像是沈从文全部作品的思想纲要。一个有趣的例子是

---

① 原载《吉首大学学报》1989 年第 1 期。
② 《沈从文文集》十一卷 89 页和 34 页,花城出版社,1984 年。
③ 同上。
④ 同上。

沈从文对三十年代著名作家穆时英的评价。他对穆颇不以为然,原因是穆时英玩弄技巧,无节制的浪费文字,近于邪僻,"作者所涉笔的人事虽极广,对'人生'所具有的知识却极窄。"并且毫不客气地说:"读过穆时英先生的近作,'假艺术'是什么?从那作品上便发现'仿佛如此'。"①于是他正面强调:"一切伟大作品皆必然贴近血肉人生。作品安排重在'尽其德性'。一个能处置故事于人性谐调上且能尽文学德性的作者,作品容易具普遍性与永久性,那是很明显的。"②

类似的观点随处可见,并且进入到创作中,使沈从文的诸多作品,已充分显示出一种向善的道德倾向,代表作《边城》就是最好的载体。关于《边城》的评价,历来众说纷纭。作者的解释却是这样的:"一切充满了善,然而到处是不凑巧,既然是不凑巧因之素朴的善终难免产生悲剧⋯⋯"③他还进一步明确说:"在《边城》中,我想提倡的是人性中的善良。"④细品《边城》,那边地诱人的风情,那小儿女热烈而质朴的爱恋,那老爷子们的古朴、淳厚,莫不在纯情、怅惘的气氛中渗溶着善的氤氲。无怪乎一个外国研究者也会有这样的印象:"沈从文却是一个道德观念极强的作家。"他具有"道德的严肃性。"⑤国内论者也敏感地触及了这个问题,认为:"从人与人之间道德关系的视角出发⋯⋯这是沈从文创作最主要的倾向。"⑥并认为:"沈从文的价值观植根于尚未被现代文明污染的传统道德的土壤里。"⑦这些都是很有见识的。

沈从文活动的主要时期,是五四运动后的二十年。这是一个充满着严酷斗争但又洋溢着昂扬意气的年代,社会运动和文化运动交相剧烈进行;这又是一个迷惘的混纯时期,已经崩溃的老封建帝国,其根须尚未触及酝酿中的新共和国的植被;但这又是一个冷静的思考和选择的时代,整个民族的目光,被一种神圣使命所吸引,不惜让社会变革的狂飙,席卷广阔的、万木纷呈的文化和思想的原野。在这样的时代氛围中,现代文学以其勃挺的姿态,经历了一个有驳杂走向单一,有浓黯转为明朗,由沉重迟缓进入严实灵快的过程。应该站在文学思潮的门坎上,对这二十年的文学(二十年代和三十年代)加以归纳,我将之概括为四个意识系统。社会政治意识类,其含义显而易见,这个类别占有五四后文

---

① 《论穆时英》,《沈从文文集》十一卷,花城出版社,1984 年。
② 同上。
③ 《沈从文文集》十一卷 280 页,花城出版社,1984 年。
④ 朱光潜等《我所认识的沈从文》159 页、126 页和 94 页,乐麓书社,1986 年。
⑤ 同上。
⑥ 《沈从文选集》第五卷 389 页,四川人民出版社。
⑦ 凌宇:《从边城走向世界》394 页,三联书店,1985 年。

学的最大势力，并是以后收纳、吸取他意识类文学，使之归并到同一发展轨道的现代文学主潮。他拥有众多的文学社团和作家，人生文学派，革命文学派等等，其总代表当推鲁迅。性爱意识类，在那个感情开放和活跃的年代，主要是对封建主义的反动，也是西风东渐的衍化。它并不包括色情文学，如上海滩专写鸳鸯蝴蝶的文学，以及后期张资平业已商业化的色相刻绘。它的集大成者是郁达夫，虽然有些杰出的女性作家在若干方面已超出郁氏，但郁达夫的象征地位是难以动摇的。唯美意识类，无疑在当代博得了较高的声誉，显然同情多于欣赏——在那个时候，唯美主义作为文学自身特征发展的产物，其现象状态却五花八门，早期创造社，象征诗派，新感觉派，尽收其内。令人遗憾的是多主张与作品背离，形式和内容不易被人接受。与其他意识类相比较，它是萎弱而短命的，以至难于找出撑旗的壮士。最后是道德意识类，列出这个系统，似乎更需要一点勇气。在那个变革胜于承继的年代，传统的道德伦理被攻击得体无完肤，新的道德形态又还在襁褓中。所以作家的道德描写，少有明朗的宣言，更难见公开的结撰。但是，在这个领域，却有出色的作家与上乘的作品，沈从文和老舍，无疑是大气盖世的力士。需要说明的是，以意识系统的划分来包揽现代文学，只是大体上的把握而已。如新月社作家，有唯美倾向，又储性爱内涵，更具社会政治意识。另外个别人物如郭沫若，早曾崇天才，重神会，为艺术而艺术，后来却高张革命文学，一变旧态。应该提请注意的是，把道德意识系统套压到沈从文身上，不是恰当的做法。沈从文的作品与写作思想中，没有出现完整的道德评价系统。准确说，沈从文写作思想中的道德意识，在较长的时间里，通过作品，已形成了特有的心理定势。这可以从沈从文的自述得到证明："我是个乡下人，走到任何一处照例都带了一把尺，一把秤……一切来到我命运中的事事物物，我有我自己的尺寸和分量，来证实生命的价值和意义。"①请问，沈从文的尺和秤是什么呢？是他常说的人性、人生形式，或生命吗？不。我认为：沈从文的尺和秤是他的道德心理。也等于说，在沈从文全部的写作心理活动中，道德意识的作用是很大的。这由此而造成了沈从文道德心理的出现，并且数十年如一日地支配着他的全部写作活动。

直觉式把握——对世界的认识方式

现代文学史上，恣意张扬感性的作家并不少见，其作品也有风靡一时的。

---

① 《沈从文文集》十一卷 266 页，花城出版社，1984。

不过很少一以贯之的人物,也没有声誉显赫的流派。沈从文显然是崇尚感性的一个作家,他一如既往、不变初衷的气概,却使人感到非常的惊讶。他几乎一有机会就宣称:"其实一切理论多无裨于伟大作品的产生。"①"我就是个不想明白道理却永远为现象所倾心的人。"②即使社会跨越了几个时代,他已到垂暮之年,这种认识还是没有任何变化。一九八二年,当有人问到《边城》的主题思想是什么时,他说:"我从来不懂他们所说的那个'主题思想',我写作不兴那个,想写就写起来了,写到感觉应该停住也就停住了。"③他甚至认为:"我最担心的是批评家从我习作中找寻'人生观'或'世界观'"④感情的作用被夸张到使人要疑心否定理性的地步。这令人马上想到克罗齐,那个主张艺术即直觉的学者。克罗齐否认艺术具有概念知识的性质,声称"感情赋予直觉以和谐与一致……艺术永远是抒情的"⑤与沈从文的议论毫无二致。

沈从文的写作和认识方式是特殊的。他不喜欢理论,却好"凝眸人生",可以随便产生五十种联想,作品数量与质量联袂高耸,这是什么原因呢? 个性? 家教? 或是奇异地域的滋养? 我们不得不追溯作家的幼年时代。

沈从文家族是湘西名门,尚武而不崇文。作家曾被寄厚望于当个大演员。他却有负长辈美意,厌弃读书,倾心于现世光色,"我的心总得为一种新鲜声音,新鲜颜色,新鲜气味而跳。""尽我到日光下去认识这大千世界微妙的光,稀奇的色,以及万汇百物的动静……"这个顽童的感知能力又是那么罕见:"蝙蝠的声音,一只黄牛当屠户把刀割进它的喉中的叹息的声音,藏在田塍土穴中大黄喉蛇鸣声,黑暗中鱼在水面拨刺的微声,全因到耳边的分量不同,我也记得那么清楚。因此回到家里时,夜间我便做出无数稀奇古怪的梦。这些梦直到二十年后的如今,还常常使我在半夜里无法安眠……"⑥

这时期,差不多已经奠定了作家直观世界的认识方式基础。开始写作活动后,作家这种认识方式特点,又决定了他对社会——自然的直觉思维方式,即对世界的直觉式把握。这个特殊的把握,提供了不少值得认真探讨的问题。诚然,直觉的认识方式,勃起、构形于作家对于社会——自然现象的醉心,而且又是作家走向审美世界彼岸的唯一桥梁。但是,艺术不是孤傲特立的古堡,它同

---

① 《沈从文选集》第五卷 24 页,四川人民出版社。
② 《沈从文散文选》81 页,湖南人民出版社,1981 年。
③ 《吉首大学学报》1985 年第三期,第 10 页。
④ 《沈从文选集》第五卷 279 页,四川人民出版社。
⑤ 《世界艺术与美学》第一辑 50 页,文化艺术出版社。
⑥ 《从文自传、我读一本小书同时又读一本大书》,《沈从文文集》九卷,花城出版社,1984 年。

样需要非艺术的"他补,"在广阔的世界(不仅在现象世界,也在精神领域)吸收多元的养料。那么,在沈从文的直觉式认识中,对社会意识领域,他吸收得最早也最多的是什么呢? 如果我们把感性艺术外的理性认识由低渐高,逐次划为道德——伦理——历史——哲学四个逻辑层次,那么可以看到,艺术是很容易与道德接近的。道德与伦理(即道德哲学)、历史、哲学是不同的,它是文学文明与非文学文明的统一,而且多转化到信念、风俗、习惯、乃至传统里面。它不仅通过理性认识,更多通过感性认识来起作用。沈从文对世界的直觉式把握,显然首先就具备了嗜好道德意识的趋势。实际上,沈从文在直观湘西世界的同时,就已经大量吸收了湘西社会的道德习俗。他逐步完善的直觉思维方式,和逐步成熟的道德心理,象孪生兄弟一样,是作家长期孕育中呱呱坠地的双胞胎。

因此,沈从文的直觉倾向与道德心理的融合,在他的文学作品中,有两个方面,特别引人注意。

对大自然的迷醉,是沈从文的最大特点。有人认为:"沈从文以湘西生活为题材的作品,很注重自然景物描写,几乎无一篇无景。"①确是的论。给人印象深刻的除主要作品外,还有《月下小景》、《渔》、《夜》、《三三》、《山道中》,空灵迷蒙,荒疏苍老,一派原始古朴的风情,使人如陌路不遇,忘情于尘世之外。在此,沈从文的直觉,发挥到淋漓尽致的地步:

人走着。月亮的光照到滩上,大石的一面为月光所不及,如躲有鬼魔。水虫在月光下各处飞动,振翅发微声,从头上飞过时,俨然如虫背上皆骑有小仙女。鼻中常常嗅着无端而来的一种香气,远处滩水声音则正像母亲闭目唱安慰儿子睡眠的歌。大地是正在睡眠,人在此时也全如梦中。②

大自然的美色,使作家的直觉腾越、昂飞、沉静到一种如梦如醉的境界,滋发了无数对于美丽、智慧、生命的美好向往,制造出一个新奇的审美氛围。

其次,湘西社会衣冠古朴、古风犹存的人性,在沈从文的心灵深处,总是激发出如火的热情。一般说来,人情就是人性的外化;而久已融入地方风俗的道德时尚,又多半通过人情表现出来。读着《边城》、《长河》、《阿黑小史》、《媚金,豹子与那羊》,不由得被那些极其纯朴的乡情,为浓俨的乡俗所陶醉。在这些描写中,沈从文显出了特别的才情。试看静静的叙述中热烫的温婉,那温婉中无限眷恋的丝缕,都在纯情的流泪中,勾起人们最轻柔的感触,最空灵的惆怅。在所有有关沈从文的可爱的湘西世界中,他著笔最多、情趣最浓的无疑是人情美

① 《沈从文选集》第五卷400页,四川人民出版社。
② 《沈从文选集》第二卷415页,四川人民出版社,1983年。

的描写。这种描写的艺术魅力,就整体感而言,超过了鲁迅的《社戏》等作品。

对自然美和人情美的礼赞,是沈从文对社会——自然直觉式把握的最初接触。由此出发,他以后逐渐形成了关于人生、生命、人道主义的诸多见解,使直觉式的把握显得更有深度和广度。同时,沈从文又把自然美和人情美作为最根本的参照物,首先是对湘西社会中的丑恶(《失业》、《顾问官》、《贵生》、《牛》、《丈夫》等)进行了带有温存色彩的道德批判。继之又对都市的黑暗和知识阶层的龌龊(《八骏图》、《绅士太太》、《泥涂》、《腐烂》、《一个有知识的人》、《若墨医生》、《都市一妇人》)给予了较为冷峻的嘲弄。这样,沈从文的直觉认识方式,就与他的道德意识,或道德心理,紧紧地勾连在一起,从来没有分开过。

非典籍文化——道德心理的育成

沈从文的道德心理,是某种文化熏陶和影响的结果。或者可以直接说,道德心理就是一种"内化"了的文化现象。因此,继续分析沈从文的特殊心理,就不能不把目光萦注在湘西文化圈,并且反顾作家的生活道路。

沈从文素来不太重视书本教育,虽然自述"由《楚辞》、《史记》、曹植诗到《挂枝儿》,小曲什么我都喜欢看。"①从小读过《聊斋志异》和《今古奇观》,也读过《论语》、《尚书》、《诗经》,从军后又订《申报》,读《辞源》,接触《改造》、《新潮》,阅读了大量中外作品,他还宣称:"我读一本小书同时又读一本大书。""我上许多课仍然不放下那一本大书。"②那么,"大书"是指什么呢?扳罾,制瓷,织簟,打铁,剃发,做鞭炮,"强壮多力的苗人,踹在凹形石碾上面,站得高高的,手扶着墙上横木,偏左偏右的摇荡。"③"一家扎冥器出租花轿的铺子,有白面无常鬼,蓝面阎罗王,鱼龙,轿子,金童玉女,每天且可以从他那里看出有多少人接亲,有多少冥器,那些定做的作品又成就了多少,换了些什么式样……"④至于在庙宇或祠堂里"有人下棋,我看下棋。有人打拳,我看打拳。甚至于相骂,我也看着,看他们如何骂来骂去,为何结果。"⑤这就是沈从文读的大书。他说:"总而言之,这样玩一次,就只一次,他似乎比读半年书还有益处。若把一本好书同这种好地方尽我拣选一种,直到如今我还觉得不必看这本弄虚作伪千篇一

---

① 《沈从文选集》第五卷 260 页,四川人民出版社。
② 《沈从文文集》第九卷,均见《从文自传》花城出版社,1984 年。
③ 《沈从文文集》九卷 110—112 页,花城出版社,1984 年。
④ 同上。
⑤ 同上。

律用文字写成的小书,却应当去读那本色香具备内容充实用人事写成的大书。"①作家在离开湘西前,没有意识到或许要拿起笔来写这一切,但后来他一旦进入创作阶段,"大书"的内容就像涌泉般在他笔下喷发出来。那古老的榨油房(《阿黑小史》),那颇具风情的吊脚楼(《柏子》),那河中漂泊的花船(《丈夫》),溪边幽幽伫立的碾坊(《三三》),造成了湘西那勾魂摄魂的神秘感和血肉感。

由此可以看到,沈从文对传统的典籍文化,基本上采取了疏远的态度。在他的言论和创作中,虽然也能看到典籍文化的影响(如行文句法结构,美藻的铺饰,以及《知识》之类的作品),但毕竟大大逊色于非典籍文化的吸收。非典籍文化指称的民风民俗,氏族聚居,神巫活动,庙宇祠堂,生活起居,边地人情等,作为湘西文化圈地明显特征,不仅是沈从文笔下的主要源泉,而且还在大背景的意义上,给中国现代文学提供了一个最有地域色彩的作家。就沈从文自己来说,重要的恐怕还不止于此。

这里存在着一个文化凭借,或心理倚靠,或精神倚靠的普遍问题。犹如欧洲文艺复兴时,那些伟大的人文主义作家,必须借古希腊的艺术精神来对抗中世纪的宗教愚昧一样,五四时的先驱们,也必须在物质文明先进的西方,寻找一个文化的参照体系,来对封建主义施以毁灭性的打击。那时的先进人物,大多出洋留学,留在国内的,也有条件吸收异域先进文化的养料。这是一个时代的风尚,养成了卓扬蹈厉的奋斗精神,在文化、心理、精神上,对老朽的封建文化,有着一种"时代差"的巨大优势。鲁迅、郭沫若们,是在这样的精神气候条件下开始写作活动的。反观沈从文,他几乎误过了那个灵气风发的五四时代,毫无思想和知识准备就动笔了。无论是起初的个人情素的倾吐,或稍后自觉的对于"美"的追求,还是成熟后明确的社会道德批判,沈从文的尴尬都是显而易见的。他只有一个参照系,一个文化背景可资选择,即湘西的非典籍文化。这固然使沈从文的艺术造诣达到了最高的层次,但也导致他的思想没有大大的变化。这是他即不同鲁迅郭沫若,又不同闻一多、戴望舒、甚至不同朱光潜的思想发展的一个原因。因此,把湘西的非典籍文化与沈从文的道德心理联系起来看,就会发现其中的同构现象。从认识发生学的观点看来,没有湘西的非典籍文化,也就不会有沈从文的道德心理;湘西非典籍文化的特殊性,决定了沈从文道德心理的特殊性。在这里,极有兴趣的问题是,沈从文用来构筑理想世界,批判都市黑暗的湘西非典籍文化的特殊性,究竟是些什么。

---

① 《沈从文文集》137 页,花城出版社,1984 年。

以政治地理的观点看来,湘西的特殊性是显而易见的。它既不是纯粹的汉族居往地区,也不是单一的少数民族生息的地方(如川滇谅山彝族一样)。它以历史标本和化石的意味,披露了数千年来,中国内部多数民族与少数民族逐鹿和同化的过程。同时也标示着一种发展程度较高的社会形态,以一种较低的社会形态的融化,或嫁接——其间充满了激烈的对抗与排斥,演出无数的历史故事,从而使之通体发出神奇、蛮荒、酷烈的地域气色。因此,远观湘西文化形态,不难迅速捕捉到两个极为显著的特点。首先是文化混血的特征,这不是一个新鲜问题,正如作家本人具有苗族血统并不新鲜一样。有探讨意义的是,混血文化并不仅仅是指,以多数民族为载体的儒文化 + 以少数民族为载体的神巫文化,或者换一个角度,指汉族较高的生产力水平,掺杂了苗族土家族的土著文化传统(衣饰、语种、婚恋、祭祖、信仰等),而是强调混血或嫁接的某种优势。显著区别是,比较纯汉族地区而言,正是在湘西这个"特区"内,封建文化专制的严密性和严酷性,始终被少数民族的土著文化所松懈着,从而酿制出一种风味殊异的文化形态。在文化的内涵上,表现出人无我有,人有我亦有的特色,这是一体性文化所没有的优势。其次是在一个更为辽远的视域内,尚可看到楚文化的流风余韵(这也不是一个新鲜问题)。甚至可以说,作为中华文化补结构的楚文化,在湘西的文化圈中,占有着较为特殊,也较为重要的位置。我认为,楚文化的典籍标志是老庄哲学和楚辞艺术,而楚文化的非典籍标志则应是湘西的土著文化和其他地方文化。因之,在湘西的非典籍的文化中,发现楚文化不善理性、喜欢直觉思维和自由想象的余脉,就不是令人惊讶的事情了。沈从文的作品,以迂缓、舒展的声韵,恬静、秀丽的画面,宽让、谦和的情怀,暗示着一个较高层次的审美境界的问世,有着多么深厚的渊源,多么辽远的承续。因此,在作家的笔墨中,隐含着厚重的儒家影响,也包容着佛界的慈怀悯肠(沈从文常听一个姨父进士谈大乘,谈因明。① 这也表现在他以佛教故事为题才的系列作品中,如《女人》、《慷慨的王子》等),还发散出道家的淡泊气息,以至于有人说他是一位道家。这一切都通过沈从文的文学作品暗暗渗出。所以在非典籍文化的蕴藉中,沈从文的艺术世界一方面显示出自己的特殊性格,一方面又流露出普遍意义。黑格尔说:"心灵和它的艺术美'高于'自然,这里的'高于'却不仅是一种相对的或量的分别。只有心灵才是真实的,只有心灵才涵盖一切,所以一切美只有在涉及这较高境界而且由这较高境界产生出来时,才真正是美的。"②这与

---

① 《沈从文文集》217 页,花城出版社,1984 年。

② 《西方美学家论美和美感》,200 页,商务印书馆,1982 年。

道家或禅宗文化重视现世的内心自我放脱,注意从大自然的陶冶欣赏中获得超悟暗通,也与沈从文的审美氛围暗通。从黑格尔的话还可断出,非典籍文化对于沈从文审美世界的影响,实际上是通过道德心理(可以理解为黑格尔说的"心灵")作为中介来实现的。因此湘西非典籍文化对沈从文道德心理的育成,起了决定性的作用。所以湘西非典籍文化的全部特色,首先是在作家的道德心理,继而才在其审美世界中,得到了充分体现。

对沈从文道德心理的全部分析,略加提取,可以列成一个极简单的图式,以作为本文的结束:

审美世界→直觉式把握⟷道德心理←非典籍文化。

创作心态的紊乱与新潮作家的窘困①

纵观新时期的文学创作,有两种现象特别引人注意:一方面,传统的社会政治型的批判功能正在弱化下去;另一方面,赓续在政治动变之后现代商品经济的勃兴,带来了审美型的娱悦功能的日益强化。二者有如隐约奔走的山势,千折百回,至今已极尽其态,煌然在目。两种现象之间有对峙,也有联系,兴衰消长,影响和制约着当今文坛。

批判功能的弱化固然有着多方面的原因,比如说,文学渴望回归艺术本体的努力,对封建主义的愤怒声讨推进到对传统文化心理的深刻反思,由正面揭露国民劣根性到通过人性和生命本能的途径进行侧面抨击,急切直露地呐喊改革变换为委婉含蓄的呼唤,此外还有理性向感性退却,感觉第一,思考第二,等等。但是,娱悦功能的日益强化,却是批判功能逐渐弱化的重要的动因。审美型的娱悦功能的出现与强化,是以强大的现代商品经济的勃兴作为本源动力的。它是文学回归艺术本体的又一个特殊方式,所以实际上它又是对传统的批判功能独家发展的一个反拨。如果说,批判功能的强化之走向弱化,有某些方面是在走向深化的话,那么,娱悦功能则赤裸裸地削弱着批判功能,毫不犹豫地把批判功能的位置挤到了文学舞台的边缘。

稍微移动一下考察的视角,从审美功能溯源到审美意识,在部分作家的创作心态中,娱悦意识不仅厌弃批判意识,而且隐含排斥理性的消极因素,对文学直面现实变革和传统批判的倾向采取了疏远的态度。既以它有意要摆脱批判意识的影响,追求表达的随意性与自主性,谋求手法的多样性和涵义的丰富性,至而把感觉和趣味的描写推向极端,个别作家甚至有意发泄感官快感的不良趋向。不过它并不愿意而且害怕坠入商业化的非艺术的深渊,于是大玩艺术本体的语言形式和结构形式,借此证明自身的清白。这使它对艺术规律的探索充满

---

① 原载《当代作家评论》1989 年第 6 期。

了冒险精神,但终于因为游离了现实变革和传统批判,缺乏同步的而思想探索,故而总是显出疲软无力的神情。

此为创作心态的紊乱之一。

批判意识的弱化是相对娱悦意识的强化来说的,实际上前者的弱化在某些方面倒反是深化的表面现象。因此情况比预料的要更复杂些。但是,毕竟娱悦意识的猛烈攻势已经动摇了批判意识的根基,在一些富于批判意识的作品里,很难领略到高层建筑的气势和器大声宏的气派了,急功近利和近视短见几乎拉成正比。对批判意识的肯定虽是明确的,口气却已是犹疑不决的了。因此,批判意识试图通过本身的弱化或深化来回归艺术本体,其意向的表现是折中和游移的。另一方面,它不愿放弃理性化的因素,却又希望巧妙地掩盖它,结果理性思考往往难于彻底,其根本的态度又是矛盾的。此外,它仍然本能地鄙薄娱悦意识的肤浅与表象化,却又难脱其魅力的吸引,结果常常用情感的浓烈性来替换观点的准确性,造成思路的模糊和情感的外露,其姿态又是摇摆的与妥协的。

此为创作心态的紊乱之二。

当下很大一部分的新潮作家,就是处于这样的心态之中。他们有的期望有所作为而奋力挣扎,有的走向极端,一味偏激而失去分寸,有的则游移其间显得彷徨无主。他们的敏感和活跃,通过创作把紊乱的心态表现得更加突出。

这首先发生在一些批判观念较强的新潮作家里面。他们或写国民心理,或写野蛮愚昧,或写人道人性,总的趋势都是不满传统的批判方式,企图寻找全新的批判视角。然而,他们在当代文学世界进行的寻觅活动,却不能不受到商品经济通过现代审美型的娱悦观念的影响,最后不得不把自己的追求在创作中大大地打一个折扣。柯云路在《新星》中借以支撑的信念,明确而又坚定,无疑又是传统的。他异常清醒地意识到了这一点。等到《夜与昼》和《衰与荣》相继问世,情况就不同了。一方面,他赖以推动批判进程的强烈的社会责任感,使他贴近时政,把小说写成了半带纪实性的长篇报告文学体,输入了大量的新观念,理智因素还是很强的。另一方面,他被逆传统的批判方式,在小说中大肆渲染着弗洛伊德式的泛性欲心理,通过灵活多变的表现手法,巧妙的细节描写和复杂错综的心理层次发散出来,取得了不坏的娱悦效果。但是,作为小说艺术主要支柱之一的泛性欲心理描写,模糊了作家的创作意向,成为使小说中的批判理念变得混沌不清的重要因素。李向南形象的貌似深刻实则肤浅,不能说与此没有关系。

张炜的思路似乎还要辽远些,他的追求也就更为朦胧。诚然,他的批判力量最终并不是来自土生土长的人道主义或理想主义的信念,而是他对人类苦难独有的感受和理解。不过,由于他的慈悲式的软弱,以及把批判理念溶渗透到形象中去的技巧尚不熟练,他在小说艺术的追求上,有两点并不成功:对时髦的寻根访古观念的认同与认真借鉴隐喻技巧、魔幻变形手法的努力,因之,他的《古船》充满了泛象征主义的色彩,批判性大为削弱。

另外一些作家,比如韩少功对人类原始根性的深挖细掘,张承志对自由个性的鼓吹,贾平凹、郑义等人对贫穷愚昧的描绘,都因为过分注重艺术表达形式的时髦与趋新,在不乏创新的同时,往往重复着自己的更多是别人的同类错误。如《爸爸爸》,并未在感性艺术的娱悦性上得到任何效应,却反而凝固在扭曲的艺术理性中难以脱身。在一些并不习惯传统批判观念的作家里,也有类似情况。他们重视生僻的历史题材,更看重表现这些题材的特殊角度,与其说他们写了某个新的人物,还不如说他们写了某个新的角度。乔良的《灵旗》,通过意象般的青果老爹渲染了一种遥远的心理气氛,让正宗的革命消融在迷惘的历史惆怅中。朱向前《地牯的屋树河》,通过人性底蕴观照一个地痞的抗日行为,以轻松的嬉笑调侃着人间灰色的愚昧和暴烈。同写人性的周梅森,从《黑坟》到《冷血》到《孤旅》等,写人性中兽性的发作乃至膨胀:落难矿工的极度变态,亡命军人的凶残私欲,写得可读却未必可信,暗携着人工的做作。他们也求某种理念的传达,终于过于喜爱或生僻的方言,或夸大的兽性,或强化的本能,使读者得到的是作者亦有的惶惑。

上述作家是在弱化批判意识的同时,接受娱悦性观念的。他们由于"脚踩两只船"而显得尴尬。另外一些新潮作家则不然,其内心没有弱化与强化双向逆反运动的矛盾,动手比较干脆。他们喜欢在感觉和趣味的游弋中述谈自己的特殊感受,摒弃理性的指导,也不指望靠批判功能得到思想深度。在他们的审美意识中,不管自觉与否,娱悦成分占了很大的比重。结果他们终于走得太远,失去平衡,表现更为令人懊丧。

王安忆感觉的纤细格外突出,《小鲍庄》把这种纤细精练化和深邃化了。但她没有稳定自己的优势,不是发展而是滥用了纤细的感觉,使之日益走向繁琐。在"三恋"中,她心甘情愿地沉溺在委琐恋情的细腻感受中,让细枝末节感觉的汪洋淹没了有价值的思路,也淹没了她自己的价值。她的娱悦意图与效果恰好相反,读者的不耐烦不仅来自未获满足的娱悦愿望,还来自言满终篇却不及一义的恼火。显然,感觉的繁琐化是祸首。

莫言走得要更为荒唐和滑稽些。他当然拥有当今文坛最畅快的笔调和最有魔力的想象,经常能够写出一些奇特挺秀的文字。也许他写得太多害怕重复,或者有意把自己的才情推向荒谬,他玩笑般地耍弄着他特技般的语言,从自傲的感觉的精彩走向了玩世的感觉的泛滥。他玩得太多,乐得太多,他的娱悦感是真挚的,却又是缺少分量的。如果他还不收束,或许连这份真挚也会失去,莫言就将自己否定自己。

也有的作家沉湎到自我迷醉的浓烈趣味中,在对古董的赏玩品鉴中不自觉地失去了清晰的意念。比如冯骥才的《三寸金莲》和《阴阳八卦》,忘怀地醉心于一些陈旧的故事,一些久被遗忘的古董。他的充满了俗趣和猎奇心理的文字,与其说是满足了读者,不如说是娱悦了他自己。

玩结构、玩语言、玩感觉,可读不可品,有意绪却无美感,内容不外奇风异俗,常见恋情,送给你一片朦胧,还让你不敢说那是朦胧,是相当一部分新潮作家,在娱悦意识猛然膨胀,失去述事衡情地分寸后产生的现象。淡薄的理性化为了虚无,感觉的奇诡在泛滥中成为累赘,读者的反应是由惊诧过渡到了遗憾,抱怨接踵而来。

批判意识的弱化造成部分新潮作家情感上的惶惑,而娱悦意识的强化则带来部分新潮作家创造中的迷乱,惶惑和迷乱却只有一个来源,就是新潮作家思想的窘困。

这种窘困实际上是新潮小说的作家们骤然进入现代商品经济社会后一种强烈的心理失衡的反应。事实上,批判功能的弱化并不意味着批判传统的即将消失;娱悦功能的强化也不等于作家们寻找到了一种尽善的现代审美观念。新潮作家思想的窘困,是彷徨和游移于二者之间的结果,文学的思想坐标与价值坐标没有确立,这种窘困就将继续下去。

显然,现在来谈论作家应该如何摆脱思想的窘困,可能是相当困难的事情。虽然有充分的理由说明,强化批判功能也即强化文学中的启蒙意识,是艰难的现实变革的强烈要求,但也决不能排除这样的认识:娱悦功能的强化是文学回归艺术本体的一条途径或一种尝试,同时也是提醒批判功能可能偏离审美轨道的警告,娱悦功能的历史合理性和艺术合理性是不容怀疑的。当然二者并非不能融合,但融合型并不是摆脱思想窘困的最佳方法。笔者期望,正是在指出和承认思想窘境现象之后,能够通过作家与读者的整体性思考,在适时的文学气候中,扫除思想窘困的干扰,这当然需要时间,而不仅仅是认识或决心。

寻找合点：文学哲学的一个原则①

文化史的幽默是深刻的：文学（纯指文学的形象体系，并不包含文学批评或文学理论的概念体系。后同）天性排斥思辨，但是一旦陷入困境，又会了无顾忌地向哲学伸手求援，企图摆脱危机。在这个角度上，文学哲学②概念的提出，是为了充分说明，文学独立品格的丧失，已足以迫使其大门向哲学洞开。自然，哲学为文学立法，只是理论意义上的把握，丝毫不存在对文学感性生命的漠视。相反，哲学倒是要以辽远而充满灵气的吹奏，使文学的舞步迈得更为洒脱和奔放。

他补规则的严峻挑战　文学无疑具有的特殊性亦即独立性，乐观而言，这种独立性保证了文学寻求自身发展的绝对可能。不过，文学独立性的自我运动，也会出现悲剧性的解体——在倾斜与裂变中彻底丧失主体特征。原因是文学的运动，除了对现实表象给以真实再现外，还要进入表象世界内部，汲取极为深邃的意义内涵。显而易见的是，文学无论在感性和感情的海洋中游弋得如何自由自在，它也不得不接受观念的输入、滋补、渗透、融合（表象世界也正是从不同的层面和角度，通过观念来深化或简化自身）。观念又是什么呢？一般言之，观念即抽象层面的思想、观点、意识、理性认识（社会人生的、历史政治的、心理宗教的，等等）的集合形态，如政治、哲学、宗教、伦理、心理学、社会学等。考察文学的特殊功能，不妨可以说，文学实质上是杂交的产物。引观念以作他补，藉他补以勃发生机，便成了非常普遍的现象。克罗齐声称艺术即直觉，断然否论艺术是功利行为和道德行为，坚决排斥艺术具有概念知识的性质。令人惊讶的是，这样一个顽强的直觉主义者，研究包括文学在内的艺术史后，也由衷地承

---

① 原载《宜春学院学报》2003年第1期。

② 文学哲学的概念，不仅意味着对文学现象加以哲学的对照，而且按照罗素所说，乃包含着："人类对于那些迄今为止仍为确切的知识所不能肯定的事物的思考。"（伯特兰·罗素《西方哲学史》上卷第11页）

认:"没有哲学的、历史的、宗教的或科学的价值,甚至没有道德的或享乐的价值,纯粹的形象世界在人的心灵中(试问)能起什么功能呢?"①并且进一步论述:"唯有当生活的原则赋予直觉以灵感,并把它同自身连接起来的时候,才不是形象混乱的聚集。"②

为何理解这种乖讹行为呢?

文学与观念无疑是对立的两极,补偿则是两极关系的必然。恩格斯以辩证的睿智看到:"作用不完全补偿的两极绝不是极,而且直到现在为止在自然界中也没有看到过这样的极。"③基于人类意识彼此隔离又相互联系的特点,恩格斯的描述同样适用于文学与观念的关系。也许克罗齐正是震慑于此种补偿现象,才提出上述悖论的。由此可见,观念之进入和参加文学方式的运动,是一件非常自然的事情。此前的文学理论、创作经验、思维方式、均无容置辩地证实了这一点。我将此称之为他补规则。

他补规则的存在,引导文学确定了特别的生产方式,同时也在挑战的意义上,暗示了文学形象王国崩溃的相对可能。他补,俨然是外力自然的输进。但是,当观念过多地、过分地挟带着强力因素,以政治的、道德的、宗教的、权力意志的甚或是某种自然科学的面目,横暴地、张狂地、盲目地涌入文学王国的独立体内时,仅仅在此时,就像野蛮民族之进入古罗马帝国一样,一体化的独立结构被破坏,悲剧也就发生了。文学主体与观念群体的对峙,结果是文学主体被同化、被吞噬,或者成为一具艺术木乃伊。这是文学主体现实脆弱性的不幸结局。在美学史上,当黑格尔将艺术与哲学等而视之,泰纳把艺术同自然科学相提并论,德国哲学家赫尔巴特甚至视艺术和数学为孪生骈体。艺术或文学的灾难也就有了充足的理论根据和发生的可能。

张力导致合点的出现 历史苦恼又困惑地说明,他补规则的存在(它只是在文学的成熟期才会形成),给文学带来了长久的欢愉,也制造过难忘的伤痕。于是,寻找一种公正的解决,监督、促使他补规则合轨运行,保证文学的独立要求,就成了艺术思考的巨大动力(尤其在文学的动变与劫难之后,这种思考就带有了时代的敏感和尖锐性)。深究必以浅出为形,抽象的思辨经常是简明的结论。人们发现:文学与观念之间,亦即文学主体与观念主体之间,必然形成并保持某种必要的张力,借此稳定两极关系,促使他补在稳定状态中进行。显然,稳

---

① 《世界艺术与美学》第一辑第4、6页。
② 同上书,第48页。
③ 恩格斯《自然辩证法》,人民出版社1984年版,第133页。

定的前提是张力作用下平衡态的出现。于是文学主体与观念主体的必要张力之间,就肯定存在着一个两极对抗并相互消长的区域。

在想象的具体形态上,可以对此进行模拟性的分析。

设想文学主体与观念主体被置于一个巨大的空间,它们是在自在状态中彼此牵制又持续运动着的球体。在这个动态的结构模型里,可以观察到逻辑演绎中难以表明的东西。第一,在诸球体之间,张力普遍存在,形成各自独有轨道、运行方向和速度、引力圈及自控力。第二,在张力合理地支配、统摄、调节下,各个球体的运行轨道、引力圈和运动质量等彼此接纳、交叉、潜入、纠结。一方面抵抗、排除对极体的引力作用,另一方面又诱导、输入、消解对极体的引力作用。在对抗、转化、混合中,最终保证个体运行的独立存在。这是张力作用的结果,平衡局面维持在运动状态中。至此,应该提出的问题是:两极之间相互激励的对斥、融解、消化活动,并最后表现为平衡态的过程,是否可能在一个两极都可接受的范围内进行? 这个范围是否又有一个中心点,即两极相交的接触点,又叫合力点呢?

回答应该是肯定的。

文学主体与观念主体之间的全部状况,极其鲜明地体现在想象的(当然也可用图式显示)动态模型中。把这个虚拟的结构凝固化或静态化,两极之间的全部关系,就会在一个合理合力点上,集中地聚焦般地凸露出来,可以把两极合力的作用范围到一个点(从微观又是一个面)上,简称之为合点,由此导出合点的含义:一、维护文学自我运动和完善的永久性独立品格。二、通过他补规则的作用给文学主体提供永恒的活力。

感性——感情的再估价 虚拟未必尽意,问题接踵而来,合点范畴内文字之独立品格,其含义是什么呢? 传统的文学观以形象涵盖其主体特征,强调具体性、情感之于形象的重要意义,是有价值的(也可认为是最终把握文学方式的一个有力的必要的过渡)。但是起码有两点尚可质疑:一、形象概念内涵过于宽泛而导向模糊。因之,形象作为思维科学就更加令人难以信服。二、基于此,对感情的轻视(只是通过具体性等予以涉及),对感情的错觉(只是将其与具体性、想象、虚构、灵感等并行),加上逻辑思维对文学方式的积极参与,就造成了感性生命的贫弱和意念化、理性化的过于旺盛。必须对感性与感情予以再估价,才能重塑文学独立品格的主体。

感性的化解与凝聚,是文学方式的第一要义。在哲学或心理学的意义上,感性包含和覆盖了感觉、知觉、统觉、联觉、冲动、体验、直觉、表象、想象和幻象诸如此类的内容。文字的生产方式,必然是以上诸因素发酵、作用的过程。文学的几乎所有的活动，都是感性生命(作为主体)与外在世界(作为客体，为自然、社会)摩擦的结果。文学方式的特殊性，就在于感性的全面膨胀与自动凝结。法国美学家米盖尔·杜夫海纳不无道理也指出：美是某种完全蕴含在感性之中的意义，"艺术的特点就在于它的意义全部投入了感性之中；感性在表现意义时非但不逐渐减弱和消失；相反，它变得更加强烈、更加光芒四射。"①在完备的形态上，感性不仅是文学的源头、出发点乃至中介物(就文学的直接关系而言)，而且突出地表现在，感性始终忠实地伴随着文学的全部运动过程。抽掉感性，文学将无所生发，无所附丽。因之，贬低感性在文学方式中的地位，排斥感性之于文学方式的决定性功效，都会造成文学的贫困和破产。

文学的第二要义是感情。在心理学中，感情可以也足以包含所有涉情的内蕴。文学艺术史上，感情地位并不低。克莱夫·贝尔高倡"有意味的形式"，②所谓意味，也只是指一种极为特殊的、不可名状的审美感情而已。苏珊·朗格亦有同样的观点："所谓艺术品，说到底也就是情感的表现"。③ 具体言之，感情在感性的基础上萌发，然后又将感性四面引申，八面腾飞，导致感觉、联觉、知觉、表象等的全面活跃。从而使得更高层次的灵感、想象、幻象的横空出世，并在它们的充分勃发状态中，起潜意识的调节、配备、组织作用。没有感情的燃烧，感性活动的积极性、自主性、排他性就很难在一个愈来愈升华的精神状态中充分作用。

感情是文学方式的魂灵，感性则是其躯壳。感性—感情的活跃，亦即简称为双感化活动，就成了文学独立品格的最为显著的标识，同时也理所当然地接收了合点活动的主要任务。

观念的双感化趋势 观念与文学的两极对应，确定了他补规则的地位，也提示了观念进入文学的必然性。在众多的理论描述中，人们都有意无意触及到这个问题。韦勒克·沃伦说，将知觉和概念糅合为一，是艺术家特有的特征。并且颇为机智的比喻：艺术家能感觉到，甚至看到自己的思想。④ 艾略特说得也很坦率，"我们所希求的东西是艺术家个人的热情同他所愿意宣扬的社会思想和感情之间的谐和。"⑤他没有也不可能去论述社会思想和感情之间是怎样谐和的，换句话说，即观念是如何进入文学的。况且艾略特本人就排斥艺术中的

---

① 米盖尔·杜夫海纳《美学与哲学》第 31 页。
② 克莱夫·贝尔《艺术》，美学译文丛书，第 6 页。
③ 苏珊·朗格《艺术问题》，美学译文丛书，第 121 页。
④ 转引自福建师大中文系资料室《文艺心理学资料》第 108 页。
⑤ 转引自伍蠡甫主编《西方文论选》第 449 页。

"集团意识",当然他也就不会深究这一点了。西方文论家皮相但是有价值的猜测,显然给问题的深入提供了基础。需要重申的是,文学方式除了在感性—感情的范围进行外,还要借助观念方式的助力。观念群体,如政治、宗教、道德、哲学、历史、社会学、心理学等,都必须也必然以观念的形态与文学发生关系。一些更为直接、更为急迫的现实要求,如民族抗争、政治号召、权利意识、社会时尚等,亦必须同样经由观念(同时也由感性和感情)对文学发生作用。

观念之进入文学方式,之与感性—感情滋生至亲至密的关系,有三点得提及。

一、文学的特殊状态,即感性—感情的运动一旦开始,观念也就同时进入到运动的旋转、起伏、裂变中。不管它是有意识的干预,还是无意识的退居心理深层中起作用。不存在观念是尔后进入特殊状态的情况。在感性—感情与观念之间,没有邀请与被邀请或主动或被动的区别,观念的他补与文学方式的运动始终同步。二、观念主体作为理性认识的集合形态,只能说它是逻辑思维的产物,带有逻辑思维的某些痕迹,但绝对不是逻辑思维本身。逻辑思维,亦即抽象思维,作为一种思维方式或思维方法,并不参与文学方法的作用过程(容后再叙及)。三、不能忽视感性中的观念基础。观念出身于非文学方式,但它遥远的始祖还是与感性紧密相连的现象世界。在文学的感性活动中,天生有观念的原质。此外,观念也并不是只在文学活动中才与感情相遇的。在概念性思考中,感情能够引起观念活动,观念活动亦能唤醒感情。观念在文学方式中的位置,是以上述三条为坐标测出的。同时也证明,观念渗入文学方式,实质上也就是感性—感情化的开始。在此情势下。观念的感性—感情化,亦称观念双感化的趋势,也就如风之流、为脉之张地出现了。提出这个概念,无非是想说明,观念作为文学的异体,既有被排斥的一面,又有被吸用的一面。当排斥效应停止,观念输入文学方式之时,它本身也就由于被吸收,逐渐丧失一些特征,逐渐在丧失特征的同时,与感性—感情的运动取得一致。这个观念双感化的趋势,无疑是积极的、明朗的,富有创新意识的趋势。不过,在观念的双感化趋势发生之际,一个远为复杂得多的关系,已突兀地出现于文学方式的运转结构中。

发散式思维与智能效应 文学方式的特异性,在于一种非常态思维局面的出现,具有发散式特征。感性—感情的活跃、变异、膨胀,使感觉、知觉、联觉、直觉、表象、想象、幻象在复苏、复制的意义上,给感性生命以强烈的冲动和体验,一切都被诱动、激发、升华。发散式思维的弥漫,使文学方式赖以存在的空间,成为一个充满着原始骚动、混沌的、裂变的大宇宙。感性的跃迁、嬗变是无轨、无向、无始、无终的,碰撞、融汇、交叉,随处有不合理的荒谬虚构和幻想的海市蜃楼。观念在此非常态的变动中,饱受着发散式思维的渗透和浸泡,是非稳定的、消极的,其变态和变形几乎不可避免。

这是一个复杂的心理和生理的过程,至今难有实证的或实验的描述。但我们起码可以通过心理经验的把握,对此加以一些说明和界定。首先,不能把观念的双感化趋势或观念在发散式思维中的变态,纯粹视为是感性—感情的双体作用。恰恰相反,观念作为异体,虽受感性—感情的支配,但在发散式思维(此外的思维是宽泛意义上使用的)的非常态中,亦单独与想象、幻象发生关联,形成不同层次、不同质量的变态与变形,使观念的双感化趋势潮头叠起,此消彼长,蔚为壮观。其次,文学对观念的输入,有着或明显或隐晦的不同需求。文学方式的运动是一个有阶段、有层次的过程,观念之在此阶段而不在彼阶段,在此层次而不在彼层次被需要,就出现了两种情况。一方面,观念是有意识进入并作用的。如车尔尼雪夫斯基的《怎么办》,高尔基的《母亲》之创作,观念之酝酿于事前和流露在事后,无疑是有意识的结果。另一方面,形式上观念退出了文学方式的活动,隐居幕后,或说以潜意识存在并作用。这时观念是无意识的,在文学方式的产品中,如恩格斯所说,倾向(可以理解为观念的折射)是"从场面和情节自然而然地流露出来。"①著名作品为司汤达的《红与黑》、《巴玛修道院》、海明威的《老人与海》等。第三,观念在双感化趋势中,越来越类似意念,缺乏明晰的方向和逻辑联系。有意识的显露与无意识的闪现交互化出或化入,甚至没有明显的时间意义。第四,由于观念的双感化趋势是曲折的,意念化和理性化的过盛会造成文学方式中的反观念现象。创作主体有意排斥观念,有意放任心理意识的自流,甚至淡化结构、情节、线索,模糊时空、性格距离等。但是,反观念的结果也只能说明,观念仍然在前意识和潜意识中起作用。西方意识流小说就是一个例证。最后,观念与感性生活之间的对应、交往,存在着一种类似翻译的现象。在心理的生理机制方面,人脑左半球控制观念等较高级的理性认识活动;右半球则主艺术活动能力,具有感性—感情的优势。在文学的非常态思维中,观念之为感性所接受,必然存在一个语义译解的过程,如糖精之溶解为糖水,观念信息转化或翻译成感性—感情信息。从生理上看,则是人脑左半球与右半球的信号交换活动。

进一步考察观念的双感化趋势,将发现另一个较为重要的现象—智能的参与与效应。

智能是智力活动的能力结构,一般言之,智能也即智力或智慧,指观察力、

---

① 恩格斯《致敏·考茨基》,见《马恩列斯文艺论著选讲》第283页,春风文艺出版社,1981年版。

记忆力、注意力、想象力、空间知觉、知觉的速度、词的理解等。较有说服力的是美国心理学家吉尔福特的智力结构理论。一、对原始信息处理的操作,指认识、记忆、发散思维、辐合思维和评价。二、心理操作的种类,有图形、记号、意义、和行动。三、对信息加工的结果,包括单元、种类、关系、系统、转换和含意。诸如此类的智力因素,是智能的必要成分。① 可以推断,智能不是逻辑思维,也不是逻辑思维的产物:观念。智能与逻辑思维和观念有内在关联,也与感性—感情之间沟通。逻辑思维是智能活动的表现。但不是唯一的表现。他有特定的运动方式,其工具是概念、判断、推理,三位一体,连锁反应,构成整体。作为一种思维方式或思维方法,逻辑思维并不参加文学方式的活动。认为逻辑思维进入文学活动是因为误解了两点:一、把智能活动当成了抽象思维活动,即把一种思维方式代替了全部的人类智力活动。无疑,智能结构中的逻辑思考因素,如语词的理解、记忆力等,起了把逻辑思维与智能混淆的作用。二、没有把逻辑思维看成是纯粹的思维方式,看成是一个有特定运动方式、运动内容、运动结果而又不能拆开的完整的运动主体。相反,认为逻辑思维是判断、推理、演绎的混杂综合,认为即使是其中一个因素,也是逻辑思维特征或代表。鉴于此,逻辑思维之被认为是参与了文学方式的运动,就作为一个原则被普遍接受了。

在观念的双感化趋势中,智能更多的作用于感性活动,如确定感性—感情活动的方向和目标,这在发散式非常态的思维中尤见重要。智能的约束与把握,使感性—感情的一体化活动,必然容纳在一定的方向、范围、维度中,防止游弋到文学方式无关的领域。观念在有意识的翻译为感性活动时,亦必定同时受到智能的支配、选择和限定,更是毫无疑义。但是,智能效应的真正作用,还在观念双感化趋势的第二阶段。

一般图式与收敛态势的结束 观念译解为感性—感情后,双感的内涵有了较大的变异。感性—感情的活跃,出现了一个模糊的意念化和信念化的趋向,将双感中原始的好恶爱憎,七情六欲,提取归属到诸如善恶、美丑、真假的道德与价值的意识流中。在这个新层次里,智能把感性—感情局部的意念化趋向,在两个方面进行积极的扩充和凝聚:一方面,文学形式的运动是立体的进化的,智能发散式思维中限定的方向与目标,使立体运动逐渐清晰的人物和人物演变的动象与感情涵义。一方面,智能以单元、种类、关系、系统的网络框架,将人物动象、演变图像、感情涵义等予以定形、标号和转换为文字信息。于是,换言之,智能把处于新层面中的感性—感情活动,进一步明确化、目的化至定性化了。

---

① 高玉祥编著《个性心理学概论》,陕西人民教育出版社第 97~98 页。

因此,观念双感化之发散状态的结束,也就宣告了收敛态势的开始,试再看进一步的解析。

文字方式渴求强烈的感情冲动。但感情不是一个无限量。感情失控,即是歇斯底里的出现,只会产生呓语和狂乱。智能意识到感情在质和量上,应该处于什么状态,以保障文学方式的运动。于是对感情施之以直接干预,并以感性—感情化了的观念,对此进行比照和测量。因之,感情的可控和适量原则(感情的贫弱是绝对不能进入文学方式的)就成立了。不过,观念的双感化是一个持续着的过程,感情对于文学方式而言,需要控制和适量,但更需要历时性的延续。观念译解为感性后,必然借助感情的湿润、泡浸。使之消化得更为完善、甚至无踪无迹。任何感情的仓促和忙乱,只会造成观念的生硬和粗涩。此外,感情的历时性还在于指明了"艺术拒绝接受即兴的创造,它总是要求学艺,要求接触一种传统(学艺是使艺术家掌握技巧和表现方法)。"①在文学方式的具体进行—感性—感情和观念双感化的混合运动中,尤其如此。可控,适量和历时性,就是观念双感化趋势中感情收敛态势的三个特点。

观念之被糅入感性,之被消化,吸收,使感性发生了最为显豁的变异。智能积极地将感性中的意念趋向作为磁场,直接促使了感性的向心变化。首先,出现感性特征化。感性活跃的弥漫,意味着对现象世界的覆盖;感性特征化的出现,则不仅预示着观念的双感化趋势有了一个轴心,一个中心点,而且含蓄着感性对现象世界,对现实意识敏感、大胆、准确、审美的把握,包孕着感性在观念的渗透后,开始有了一个成熟的胚胎。其次,感性散漫化转向集中化。感性的全面膨胀和全面渗透,是以散漫形式出现的,显示出感性生命的无拘无束和生气蓬勃,显示出表象、想象、幻想、灵感活动的天高地阔。感性的集中化,无疑是收缩、凝结、提取,使感性不再是在量的广延分布下,而是在质的意义的积累中,显露出美和力的功效。三、感性向深刻化推进。感性活跃实质即表象活跃:如观念的双感化趋势停留于此,观念的返璞归真也就失去任何意义。感性在意念趋向引导下的深刻化,无异于提高了本身的审美地位,使艺术的抽象有可能进入现实。

感性感情的新颖变异,是观念双感化收敛态势的标志。必须指出:观念双感化之表现出散发—收敛的特点,不能作简单理解。应将发散—收敛态势视为极其复杂的网络布局。发散—收敛,收敛—发散,或前后有序,或齐头并进,或彼退此进,或交叉运行,在无序的混乱中呈现有序的走向即一般图式:发散—

---

① 米盖尔·杜夫海纳《美学与哲学》,第13页。

收敛。

文字之谜:破解二律背反现象　观念的双感化趋势,是一个多元多维多级的复杂构成,其动态的激活和跳跃,使思辨永远只能从轮廓的、特征的形态上去认识它。因之,感性—感情的运动和观念双感化趋势,在物化为文学结构后,就出现了两种截然不同的情况:以观念析之,文学结构是能够认知的;就感性具象及其放大—想象、幻象、灵感而言,文学结构又是难以确认的。恰恰是这样,观念的双感化趋势就出现了。

在每一次文学方式个别形态的演变、进化中都有大量感性—感情的新质输入。输入的规模、程度、深浅决定于操作主体的自主意识和感知能力。亦等于说,观念双感化的顺利、成功与否,与操作主体的主观能力相等。由此可以认定,文学方式个别形态的观念双感化趋势,在多大的现实可能性上,具备不重复、不蹈袭的优势。另外,假如把感性—感情活动与观念双感化趋势的总过程,分解为个别形态的运动,那么,每一次观念双感化的历程,将既有起点,又有终点,全然可以从时间顺序上将其提取。但是,如以历史整体的眼光,审视观念双感化趋势无穷尽的进行态势,则可预言,观念双感化的演变,将只有暂时休止,而不会有永久休止。

于是,再次比照观念化趋势个别形态与普遍形态的一致性,就能推出:观念的双感化趋势,永远只能从总体和总体效应上大致把握,却不能也不必再个别感性—感情的自我运动中寻觅确切答案。感性—感情世界是自为自在的统一体,既是此岸,又是彼岸,是可把握的,又是不可把握的。此种二律背反现象亦在观念的双感化趋势中得到充分显现。

总之,观念的双感化在文学的独立运动中,显露出难以捕捉,难以确认的性质;显露出迷离恍惚、混沌莫辩的幻象;显露出游移不定、恣意奔走的态势。毋宁说,在审美的、意象的、超脱的、虚拟的意义上,观念的双感化就成了一个思辨之谜。正因为此,结合观念双感化个体的具体描述,谜的破解就永远只能处于一个不断努力、逐个破译、渐次逼近终点的过程中,不会也不可能一次完成,一劳永逸。这是历史和科学的局限,又是其合理的发展。问题的深刻意味还在,文学方式几乎与这个思辨之谜伴其始终。文学的自我运动和完善过程,是以谜作为核心展开的。它不能离开这个谜,即使在智能、观念的引诱下,向理性外围作纵深的切入时,也只能如澳洲土人的飞去来器,迅速掷出,又迅速返回,在此情势下,文学的独立品格才能自我形成。

文学哲学的庄严召唤　文学主体与观念主体之间,必须保持必要的张力。合点则是张力的定然产物。因之,合点内部基本的感性——感情之自我活跃,在他补规则的规定下,造成了一个极为特殊又极富意趣的观念感化趋势。发散——收敛一般图式的描绘,显然给观念的双感化提供了抽象而合理的表述。智能的调剂,则给这个表述增添了若干理性色彩,也得到了较多的合乎逻辑的剖析。用合点大致概括这些要义,自然顺理成章。应该强调,在特定语义条件下提出的合点概念,对文学方式来说,是不可违背的一个规定。围绕合点,可能出现不同层次和不同趋向的文学。背离合点,观念主体就将成为文学的陷阱,甚至是文学的坟墓。文学史实已证示此点。

在此,把传统的形象思维论作为参照体,会是颇有意思的对比。合点内在的观念双感化趋势,首先排除了逻辑思维的作用,显示出与形象思维论的较大差异。其次是突出、肯定了感性—感情活动对文学方式的决定作用,把想象、虚构的位置(虽然包括幻觉、灵感等)退步到感性—感情的背后,即认为想象、虚构、幻想、灵感的出现,不过是感性—感情的召唤使然而已。因此,传统的形象思维论对于文学方式的阐释是缺乏力度的。它与其说需要补充和调整,还不如说需要革新——其根本缺陷在,承认了文学方式中所谓逻辑思维的作用,未提出也未寻找观念与文学关系的合理规则。另外,观念双感化的论述,也使一些新的观点的价值(如情感思维、灵感思维等),出现了有意义的转移。

终于能够作出一个归纳:由于感性—感情的自我活跃,由于观念双感化的自我完善,合点作为必要张力的产物,在立体的、全方位的、超时性的运动中,仿佛成为一个变动着得自在之物,一个难以透视的魔点—需要坚韧的追寻和探索,或许是接近、把握魔点的唯一办法。我视此为一个文学哲学的原则,一个简约、精要的规定:是出发点,又是终点。文学哲学的庄严召唤,曾经是茫茫黑幕之后的隐隐雷鸣。历史无情地撕落了真理蒙难的黑纱,时代潮流终于以洪然涛声,呼应神圣的文学觉醒的号角—文学独立品格的崇高与伟大,在火与剑,血与泪的淬炼中,终将雄气磅礴,不可动摇。

电视是可以阅读的吗？[①]

电视已经成为当今最重要的大众传媒，甚至成为一个家庭日常生活中不可缺少的部分，电视已是"挡不住的诱惑"。它的先进的现代传播手段，其前所未有的生动性、直观性和纪实性，较之广播、报纸、杂志、图片、书籍，确实要优越得多。但电视的短处较之报刊书籍也很突出。人们说的看电视，一个"看"字，对电视来说主要是指看图像，虽然生动直观，但转瞬即逝，对报刊书籍图片来说，却可读之再三，反复吟咏，可"看"形象文字，也可"看"抽象文字，可深可广，任意驰骋。所以，电视可"看"但不可阅读，可形象而不可抽象，不能把更多理性层面的东西输入观众脑中。因之，人们往往认为电视档次较低，品味难高，虽然老少咸宜，文盲半文盲不碍事，但毕竟有如连环图画小人书，只与下里巴人接轨，难同阳春白雪联姻。一句话，电视只能"看"，不能阅读，短莫大于此焉。

但情况并非如此简单。电视含图像、声音、字幕3个部分。图像是看的，声音是听的，字幕乃是可以阅读的。当然，阅读电视字幕只是一种极简单、原始的电视阅读，因为字幕充其量只是看电视的一个辅助条件，而不是必要条件，比起读书读报读杂志，这不能算阅读。然而，照此推论，电视是否就不能也不必阅读了呢？非也。撇开这一头，站在更广泛的意义上说，电视不仅可以看而且可以阅读。其理由有三条，一，电视应该成为媒介的"媒介"，即把报纸、杂志、书籍上的各种信息量，通过电视新闻中的口播，必要时加上简明扼要的字幕，向社会及时播报，其时效性和影响力都是报刊书籍所不能达到和不可替代的。不读书不看报的人到处都有，不看电视、或不通过电视来接收各种信息量的人却几乎没有。这可以说是一种转换后的阅读，难道不比阅读报刊书籍还要更省事更有效吗？二，电视事业的迅猛发展，也在促使电视突破本身的局限。以中央电视台"东方时空"节目为代表，一种新的杂志型电视新闻节目，以其结构栏目化，内容

---

① 原载《声屏世界》1996年第8期。

深度化的面目出现于国人面前。不难想象,这种杂志型电视新闻节目的问世,不仅标志着电视节目结构的杂志化,而且充分说明,现代社会生活中各种杂志的栏目内容,挟带着诸如医药保健、体育文艺、科技军事等大量的丰富的文字信息,都将可能进入到电视的声音、图像、字幕中,这应该说是对杂志文字的精炼和再造,重新被观众接收阅读。三,目前电视的一些文艺性栏目中,搬进了一些大部头或小部头的小说,通过电视说书人的表演朗诵,赋予观众以一种视听兼备的阅读享受。而一些电视伦理片,如江西电视台的《擎天之柱》,把邓小平理论通过电视的特殊形式来表述,体现了电视艺术与理论文字、哲学理解和美学表述的有机结合,给观众以新型的美的阅读感受。浙江电视台 1996 年元旦推出的"新世纪论坛",同样是张扬着理论 TV 的旗帜,力图通过电视使观众产生一种读科学理论书籍所没有的"阅读感觉"。通过这种特殊的阅读,抽象与形象相融,文字与画面交汇,造成全新的美的阅读感。观众在审美欣赏中不知不觉学习、熟悉了抽象、陌生的理论。试想,如果电视能够敞开胸怀,以更大的气度扫视我们的学术殿堂和科学领地,把那些大部头的经典著作和艰深晦涩的理论系统,通过理论工作者和电视工作者的合作,起用有才华的主持人和播音员,创造一些更为独特、更为有效的电视表述形式,把理论文字化为电视语言,这将会出现一个多么令人鼓舞的前景!那些无缘或不敢涉足这些学术殿堂和科学领地的人们,甚至那些厌倦了"大部头"而愿意换种方式去接受这些大部头理论的人们,他们又会是多么高兴和幸运,这难道不也是一种更为新颖、有效的阅读吗!

　　显而易见,电视若能够起到这样的"阅读"作用,无疑会使电视内容发生革命性的变化,从而大大提高我们民族的文化理论素质,功莫大焉!那些贬低电视却离不开电视,那些离不开电视却不能在电视上得到更多东西的人们,都将重新获得电视,重新获得阅读。所以笔者断言:电视是可以"阅读",也是能够"阅读"的。

多知 心计 预见性 超脱^①

——政研人员素质漫谈

"打铁卖糖,各干一行",政策研究工作的特殊性,自然对其工作人员有着较为特殊的要求。我们的政研人员,是为党为人民的利益工作的,素质上应有较高的要求,德、才、识、学都须具备。此外,还应重视四个要素的培养。

强调"多知"的基本要求

"多知",重要的是"上知天文,下知地理"。我理解为,上知天文,是说对党的方针、政策、国家法规条例、上级文件等,要全面了解,重点把握。不知这个"天文",政研工作就会失去方向,也将失去全部意义。下知地理,是要眼睛向下,深入实际,熟悉国情、省情、区情、县情或市情。大至经济文教,小至种植喂养、柴米油盐,都应知晓,做个"百事通"。上知天文,避免做井底之蛙,只有一孔之见,反而沾沾自喜,夜郎自大。下知地理,避免高高在上,凡事一问三不知。

因此,"多知",强调的是知世事,知人生,知稼穑之难,知市井引车卖浆诸事,从耳闻目睹的经验积累,取代单一的书本知识。

如何做到"多知"? 调查研究是重要途径。

调查研究则须行千里路,知万种事,调查要有针对性、时效性、典型性,研究报告则要有启发性、实效性、深刻性。没有调查搞研究,就是搞无米之炊,也不能做到"多知"。

怎样搞好调查呢? 我认为,要从观察、"舌辩"、务实上下工夫。

善于观察。察人,不仅听其言,还要观其行,不为表面文章所迷惑;察事,注意了解全过程,把握特点,有主次,别真伪,不被假象欺骗;察物,认真细致,视点

---

① 原载《老区建设报》1990 年 6 月 7 日。

灵活，一回生，二回熟，三回心中要有数。

勤于"舌辩"。不耻下问，不怕多问，敢于打破沙锅问到底，不得真谛不死心；还要费口舌，争是非，广征博取有识之见。个别谈，座谈会，研讨会，都是好方法。

惯于务实。接触实际，最忌浮，浮在表面，有唱功，无做功；又忌空，下去走马观花，回来言而无物。务实，就是要去掉这两个毛病。

讲究"心计"的思考艺术

政研人员要善于思考，工于"心计"，三思而行，贵在用脑。

讲究思考的功夫，要多动心计，勤打腹稿，做到多谋善断。

在问题和矛盾面前，有两种常见现象：一是缺乏思考或经验说不出任何解决意见；二是虽有意见，却多是"拙见"或"浅见"，无补于事。政研人员不应有这样的情况出现，要强调"多谋"，围绕某一问题，多方面、多角度、多层次地提出各种解决办法、计划、方案，择优选用。不用心计，懒于思考，自然就做不到"多谋"。无谋，少谋，就是无能，对事业有害无益。多谋，还要"善断"。懒而无谋，或勇而无谋固然不好，谋而不断，或优柔寡断，也不好。善断，即善动脑筋，准确抉择。不用心思考，不反复盘算，是不可能做到"善断"的，即使"断"了，也未必准确，甚至更坏。

多谋善断，人所向往，工于"心计"，却少有人注意。无心计不成良谋，有良谋者必有心计。没有不思考而获良谋，无心计却有对策的。工于"心计"，肚藏"城府"，是工作需要，事业需要。政研人员应该做到：一是经常性地在脑袋中装若干个有针对性的问题，日有所思，夜有所梦，一有触动，必能迎刃而解；二是须做到学有专长，熟悉某一方面、某一领域，有一块思考得以驰骋的"根据地"，到时才能触类旁通，受益无穷。三是要"多疑"，不轻信结论，不迷信权威，不相信耳闻，遇事多问、多想，重视防"患"，亦注意兴"利"。

工于"心计"，还包括这样的意思：训练自己随机应变、速筹良策的思考能力；学会全面分析、深入思考的辩证方法。

强化"预见性"的工作意识

预见，是超前思考的结果。政研人员是为领导决策服务的，要站在领导的位置或角度上，高层次、全方位、多视角地去考虑战略性、宏观性、全面性的大问题,为领导分担思考的负担和运筹的分量。要及时提出问题,发现问题,提出解决问题的建议、设想、意见。既要考虑解决现实性的问题,又要考虑解决未来性的问题;要看到暴露在表面的矛盾,也要看到隐藏在内部深处的矛盾。这就要有预见性,凡事想在前面,三年早知道,所谓"明者防祸于未萌,智者图患于将来",就是这个意思。

预见性要求人们在事物发展的内在矛盾尚未出现或尚未激化时,就应该审时度势,预测发展趋势,预拟解决办法。贯彻大政方针,实施政策时是这样,制订计划,设计方案时就更应该这样了。应注意三点:

预见的科学性。预见是科学预见,不是瞎子算命,胡编乱造,不能脱离实际,面壁虚构。科学性讲的主要是从大量的偶然性中发现必然性,寻找规律性,主观顺应客观,又引导客观。注意预见性与现实性的一致,科学性与可行性的一致。

预见的创造性。没有创造性,预见就像机器没有动力,运转不起来,飞鸟没有翅膀,翱翔不起来。毛主席说,中国革命要走农村包围城市的道路。就是创造性的预见,在中国,在世界共运中都是首创。

预见还是逻辑思考的产物,政研人员要善于从感性上升到理性,个别过渡到一般,具体飞跃到抽象,站到逻辑思考的高度,眺望远方,俯瞰全面,把握事物发展的总脉络,估量趋势,准确预见。

提倡"超脱"的处事态度

政研工作人员要增强既参与又旁观的意识。参与,就是围绕党和政府的大事搞好调研工作;旁观,是说要有超脱的处事态度。

政研机构不是权力机构,也不是办事的职能机构,政研人员既无发号施令之权,又无杀伐决断之事。因此,政研人员应和"文山会海"保持若干距离;能抽身时即抽身,当旁观者,作壁上观是常事。旁观,就是超脱。要有超脱于事外的心境,观察、分析问题才能客观公允。调查是政研人员的专项工作,须聚精会神,一心一意,才会全面了解情况,不致走马观花,空有调查之名,而无调查之实。研究更须静坐一隅,摒除杂念,或分析,或思考,与喧闹嘈杂断交。这样才能凝神结想,思有所得,用心著文,有上乘之作。调查要当"飞毛腿",勤走,勤问,勤记。研究则要做到"淡泊以明志,宁静以致远",坐得住,才能沉得住气,做到冷静,理智,不肤浅,不毛躁,思虑周密,识见深远,才会有较大收获。

政研人员要提倡耐得寂寞的精神,追求难得清静的境界。应该认识到,工作杂乱不得清净,人际交往多不得清静,杂务缠身不得清净,都是不好的,要尽力排除,为自己创造一个良好的工作环境。要不慕虚荣,不图实惠,务求心安理得,做到坦然,超然,淡然。这样才能保持清醒的头脑,不致落入忙碌的泥淖,成为一个事务主义者;也才会有时间、有精力来总结经验,提高认识,不当鼠目寸光的经验主义者;也才能不唯文件,唯批示,为一个文牍主义者,等等。

总之,超脱,不是超凡脱俗,而是从繁杂的事务中超脱出来,从不良的心态中超脱出来,专心致志,决不旁骛。超脱是为了更好的参与,是超脱于"羡鱼"或捕鱼,安心做"结网"的工作。

论小说典型细节①

　　小说中的细节描写,作为文学理论的微观研究一面来说,自然有认真探研的必要。恩格斯对细节评价甚高,把它的真实看成现实主义原则之一。可是,什么是典型细节,其特点、规律、与一般细节的关系又是如何,这就是本文想说明的。

一

　　文学的价值表现包含两方面:空间的延伸与时间的持续。事实证明,带有强烈特征性的典型细节,当做小说艺术整体的具体代表,能够在历史的鉴赏过程中经久不衰。

　　典型细节是特定情境中含有特殊意蕴的具体描写。当然,典型细节具有特征性的具体描写,无论是量的浓缩抑或是质的深入,都有了与众不同的特点。试看柳青笔下姚富成父子的一段对话:

　　　　"大米好吃? 还是玉米糊糊好吃?"铁爪子这样启发地问小蒙生。
　　　　戴黑缎皮帽的白胖小子如实地回答:"大米好吃。"
　　　　"啥人喝玉米糊糊? 啥人吃大米?"
　　　　"穷庄稼人喝玉米糊糊,财东家吃大米喀!"
　　　　"你长大要当啥人呀?"
　　　　"我要当财东……"
　　　　"着!"铁爪子满意极了。"我娃灵醒着哩! 是这,你就要好好学放账和买地的本领!"②

----

①　原载《宜春师专》1982 年第 2 期。
②　柳青:《创业史》第二部上卷 27 页。

不难看出这段有特征性的细节描写,与作品其他部分相比,有一种独立存在的凝聚力。观察类似的细节,便可把高度的集中看做是此种凝聚力的外在形式。深入一步,则不妨将各类细节的集中性析为三句:在一个确定的焦点上;一个极短暂的瞬间;近距离有选择的精细描写。

人物性格通过或动作、或言语……造成一个情趣盎然的小型氛围。柳青就是抓住姚富成贪婪成性的特点,活活剥开了他卑污的脏腑。另外,性格特点及特点的具体表现形式,有一个在何处实现的问题。小镇上的将军喝令小战士"立正"的细节,其焦点就是在混乱的肉铺门口。① 因而典型细节的焦点,有虚的辐射,又有实的铺陈设置,有机结合,互为表里。其次,莱辛在《拉奥孔》一书中指出,绘画和雕刻这样的表现艺术,都只能局限在飞逝的瞬刻上面。典型细节表现的也是性格逻辑演绎中的"一瞬间"。在小说艺术中,能否"仅有一个特征,一句话,就能够把任你写上十来本书也无法表现的东西生动而充分地表现出来呢?②"典型细节的一瞬间,恰好就为此提供了绝妙的方便;或者说,有相当多精彩的典型细节,已经达到、跨越了这一高度。换言之,典型细节的一瞬间,与绘画等表现艺术捕捉的某片刻,有异曲同工之妙。咸亨酒店的孔乙己请小孩吃茴香豆,摇着头说"不多不多,多乎哉? 不多也"的笑话;曹操杀吕伯奢,说出"宁教我负天下人,休教天下人负我"的惊人之言,都是在有限的时间内,给予人物以一次 X 光透视。由此看来,"瞬间"只是典型细节的存在形式,或者说,典型细节生命的寄托,只能属于这副躯壳。此外,作为比较,小说典型细节类似电影艺术中的意义重大的特写镜头,其要旨是在一个瞬间的一点上,近距离精细地刻画人物或环境。因为是近距离逼近,故小说典型细节往往是放大的具体描写,但它的角度、着色、面积等,又并不是自然的临摹,而是经过极严格的取舍与甄别。小说典型细节的集中性,较之电影特写镜头,诚然有相同的一面;不过因为视觉艺术与语言艺术的天然差别,特别是电影特写镜头的便利较之任何艺术特征性的具体描写,有着不可比拟的优势,所以小说典型细节的难度要高得多。一条周转于玻璃缸的鱼,与一条回旋在池塘中的鱼相比,受客观条件的制约要更多些,但恰好由于这种多方面的限制,使玻璃缸里鱼的美,别有一种情致,一种能久被品尝的风味了。

集中性的诸要素使典型细节一般具有固定的形式。但也有例外的一种典型细节,携带着一个中心旨趣,通过几个瞬间表现出来。高晓声《李顺大造屋》

① 陈世旭:《小镇上的将军》。
② 《别林斯基选集》二卷 2 页。

里李顺大买烟报恩的情节，就是如此。这自然使我们想到那种可以叫做重复细节的典型细节，如林黛玉的多泪，牛虻的瘸腿等，则跨越的空间更大。这是否妨碍了典型细节的集中性？或者说，集中性不能概括所有的典型细节呢？显然不能这样作出结论。当然，此类典型细节与那些整体性典型细节略有不同，其一是形式分散，其二就是离开作品整体则毫无生气，这是由于生活原始细节的非整体性，由于人物性格和典型环境发展的必要使然。尽管这一类典型细节取了一种特殊形式，却始终是盯在一个焦点上，始终是一种精细、逼真的特写。不过是舍弃了某一点，突出了某一点而已。

二

小说艺术世界中典型细节具有多样性，简直使人们置身于一个变化无穷的万花筒中。一个喷嚏竟然断送了小公务员的生命；那个装神扮鬼致使"米烂了"的三仙姑是怎样的引人发笑呵；骂人的焦大，被塞了一嘴马粪后，这老汉又到哪儿去了；乔厂长的老搭档石敢诅咒自己的舌头，并真的咬掉了它，多么不可思议！如此纷纭复杂的典型细节现象，象斯芬克斯的笑脸一样，富有迷惑人的魅力，和谜样的色彩。人们期望在典型细节密布的世界寻找一条清晰的线索。那么，典型细节群之中有没有共同性？什么又是典型细节之间的共同性呢？

已经"死"去的保尔·柯察金，突然在坚强的布尔什维克丽达面前出现了，会场上的邂逅，重新唤醒了两人心间炽热的爱情。但他们冷静地、不分失寸地妥善处理了这一微妙且复杂的感情。会场角落里那段典型细节描写，以发烫的语言，机智的辞锋，深沉的幽默中透出的惋惜，激动时涌起的情思，托出两个革命者高尚的道德情操。读至此，可叹息，可玩味，可联想，此情此景，简直无法以言语表达。

这就是小说典型细节的特殊意蕴。

意蕴是一种较为复杂的艺术形象，它首先就要有较强的情绪上的感染力。从纯艺术的观点看来，它似乎是激情与技巧融合的结果。它虽然有时隐身于怡然自得的飞来境界之中，有时又潜伏在默默无闻的固有园地里，都无一不以崇高、激越的生活理想，深沉、隽永的思想情趣，叩动敏感的心弦，在灵魂的深宫合奏一曲动人的弹唱。命运、奋斗、幸福、人生观，在艺术语言的撞击下，一旦遇到合适的场地，就会闪出一串串火花，这极易引起燎原大火的火花可以看做是意蕴——那么典型细节意蕴的特殊性又表现在哪些方面呢？

典型细节是意蕴的发射场，又是意蕴的储存处。逐步蓄积，一次发生，是典型细节的意蕴之特点。保尔和丽达相互间的深厚感情，处理这种感情别具一格的方式,都有着冰冻三尺非一日之寒的缘由。当着保尔与丽达的友爱发展到顶点,而保尔突然中断了来往之后,这段典型细节的意蕴在那时就已开始了。会场上的猝然相遇,不过是将这种意蕴赋予了一种特殊性,犹如顺势而下的河水在礁石上激起的浪花,以一瞬间的美显示了河流潜在的力量。王蒙《悠悠寸草心》里的吕师傅去访老朋友唐久远,不料当了市委书记的唐久远竟不认识他了:

> "老唐!"我叫了一声。
>
> 他看着我,疲劳压迫着他的身躯和眼皮,茫然地看着我,忽然眼前一亮:
>
> "啊,啊,是老许,你来了。"他走过来,无力地拉起我的手。
>
> "您,忘了我姓什么了?"我忧伤地、责备地看着他。
>
> "对对对,啊,对,你姓李,不,你是老吕呀,吕师傅! 看我,真是老了!"

这段描写很有分量,但是孤立看去,相当平淡。原因是脱离了前因后果的关系,脱离了细致的蕴蓄过程,以致深藏在这段描写中的丰富意蕴随着根系的被切除而流失殆尽。即使很多整体性细节能够独立于故事结构之外广被传诵,如鲁达倒拔垂柳,张飞长坂坡喝退曹兵百万之类,该细节也还是作品整体前波后澜所推起的一个浪峰,故读者窥其一斑可知全豹。南宋诗人叶绍翁有首著名的七绝:"应怜屐齿印苍苔,小扣柴扉久不开,春色满园关不住,一枝红杏出墙来。"一枝出墙的红杏,原是极普通的自然现象,但再加以多层次的烘托、渲染之后,竟然成了寓意深刻的象征。

典型细节的出现,以人物故事衍变的时间、地点、条件为转移,乃势所必然之产物。典型细节注定了是在作品的这一点而不是在那一点上出现,首先就说明了一种必然性,说明了典型细节的生命和生命的光华——意蕴,都理所当然地为这块天地所养育,有如一株扎根于春之沃壤中的植物,不能脱离大自然全部的维系,却又更亲密地依恋着故乡的泥土。典型细节必然性的直接形式就是此时此地的客观环境。人物性格发展的阶段性又是通过艺术具体性表现的——典型细节的具体性自然是情感活动的结晶,那么艺术的情感活动包孕着的意蕴,也就必须是此时此地的此情此景了。这给人一个深刻的印象:典型细节不是天外来客,只是连绵不断的山脉中的一座山峰,它之所以是这座山峰而不是那座山峰,特有的意蕴就是其分界线。有趣的是我们找出了典型细节之间的情愫,同时也发现了这些各自不同的特殊情愫不过都是此时此刻和此情此景的产物罢了。

由于典型细节在特定条件下恰到好处的作用,更由于其丰富的蕴蓄,其完美性甚至可达到这样的程度:整篇作品的活跃与否,取决于它的出现与否。典型细节的特殊蕴涵又在于,读者倏忽间领略到的时代精神的风貌,抑或人生哲理刹那间的闪光,无一不是依赖它神奇的肌体发出的高频率,直接输进审美记忆的心灵深处。由此观之,小说典型细节的生命,当做人物性格逻辑演绎中的一个镜头,一个契机,一种提纲挈领般的启迪,集中地体现着人物性格此时此地、此情此景中的特殊意蕴。这就是小说典型细节处于多样性中的共同性,其妙处在于:"如果诗人给你描绘出他的生活的特定瞬间,你就能讲述这瞬间以前和以后的整个生活"①

三

历来的作家,尤其是严谨的现实主义作家,极其注重细节的真实。司汤达就说过,作家描写的必须是"关于某一种情欲或一种生活情境的最大量的细小的真实的真实。"②细节失真,必然会损害人物形象,破坏艺术的整体真实感。

如果说小说作品的整体真实感是建立在细节真实与生活真实一致之上的话,那自然也可以说,作为细节真实更高程度上的浓缩,典型细节真实也必然与生活真实相符合。不过,当我们用 A = A 的同一律推理方式来观察典型细节之时,会发现事实将大相径庭。

《创业史》中的富农分子姚士杰,可以说对共产党恨之入骨,却也有一回咬牙切齿地说,他最痛恨的是蒋介石,盛怒之下,将国民党证也撕毁了,心情是如此真实,似乎与实际情况背道而驰。果戈理笔下的伊凡·伊凡诺维奇同伊凡·尼基福罗维奇转眼间化友为敌,翻脸不相认,打了一辈子官司,只是因为一方被另一方失口骂了句"公鹅",也是荒唐至极的事情。此外如严监生临死不断气,竖着两根指头,一定要挑灭一根灯芯才闭眼睛;刘备落难到一个猎户家里,主人因无菜肴相待,乃杀其妻以供食之等,更是到了不近情理,令人难以相信的地步。

然而,读者并未怀疑这些典型细节的真实性,倒是从如此出格、出奇的描写中,窥探到生活的某些隐秘,在回味中体会到某些暂时只可意会的深意。

这究竟是什么原因呢? 一方面似乎违背了生活真实,一方面却又能使读者深信不疑,岂不是矛盾到了难以解释的程度?

---

① 《别林斯基选集》二卷 126 页。
② 朱光潜:《西方美学史》下卷 734 页。

原来源于生活真实的艺术真实,其实主要是典型的人物性格及其赖以活动的种种社会与自然因素,作用于人意识中的总感觉。所谓性格与环境的典型性,无非是指生动而独特的故事情节,在错综复杂的人物关系之演变中,所包含的精湛而博贯的社会意义,所储藏的浓郁而隽永的生活情趣。因之,个性化、特征化的艺术具体性描写,就是表现典型性格及他种因素最有力也最有效的方法了。典型细节恰好就是这样,在不同瞬间的不同焦点上,把读者的视线引进典型性格及造成典型性格条件的个人与社会心理的深处,或者说,把人物形象所拥有的审美意义上的思想财富,逐次慷慨地献给求知者们。既然典型性格是尘世生活提取的精粹,既然典型细节又是时时暴露典型性格的艺术闪电,自然可以说,典型细节的真实必须合乎人物性格逻辑的真实,必须合乎艺术整体内在的发展趋向。因为典型性格是人物真实的概括,它所决定的作品整体就有特殊的要求,在此条件下,典型细节真实就必然自始至终地胶着于典型性格及特殊的要求之中,至与个别的、活生生的生活真实产生某种合理的、正常的距离,犹如齐白石绘画中空游无水的鱼虾蝌蚪、花红却叶墨的荷莲,并未与生活原型相符合,却十分真实生动。反之,如果典型细节不符合作品整体和性格逻辑的发展,纵然没有游离生活真实,在艺术欣赏中也仍会产生虚假的感觉。结论是,局部的典型细节真实必须与总体的人物性格真实相一致,从这个意义来说,它超出了一般细节必定与生活原始细节相符的原则(所谓"超出",并不排斥典型细节与一般细节甚至与生活原始细节的一致,而仅仅是说,除了通常情况下的一致之外,典型细节的真实领域里还有着较高的追求与寄托),从而使人物形象的真实感处于一种更高的典型程度:集中,强烈,逼真,精炼。

艺术贵在独创,典型细节尤其如此。一般而言,作家对生活要有深刻周到的观察能力,才能捕捉到带有特征性的生活细节。独创性的典型细节,是观察力与想象力结合产生的婴儿。在人物性格的创造性工作中,作家的艺术思维等于创造亚当、夏娃和伊甸园的上帝。作一简单的俯视,典型细节的独创性至少包括两个方面:带有强烈的个性化特征;通过绝无仅有的唯一方式准确地加以表现。

诚然,独创必定是发前人之所未发,也必然是见后人之所未见。典型细节之独创性,则必于是之外,方圆咫尺之内,潜伏着独具慧眼的机谋,须再睹方能辨清面目,三思而后才可得其精髓。夏侯惇拔矢啖目,大呼曰:"父精母血,不可弃也!"自然是英雄气概,风味殊异,阿Q画圆圈,更是神思运行的产物。这一典型细节的画面,是那个遥远时代的真实写照。它是如此独创地表现在这样个凝结、简单、沉郁的形式里,带着一种怜悯下的诙谐,一种淡淡的默然的调侃,半个多世纪难以磨灭:一个死囚犯画押时还埋怨自己圆圈未画圆。怎样的令人低回感叹啊! 作家的笔触,在典型细节描写的厚重气氛下,总是一种强烈的颤动——除了感情的沉重负荷外,作家首先的感觉是,他蓄积已久的思想冲动,在情感的推动下,是第一次也是最后一次消融到这一独特的流露中去了。现实的广博,生活的深刻,使得独创性的典型细节不断丰富着人物的塑造。不过,即便是描写同一事物,典型细节的独创性也经常会使人们在同类型的人物身上看到巨大的差别。譬如吝啬鬼之刻画,莎士比亚笔下的夏洛克与巴尔扎克手里的葛朗台老头就大有不同;这两个欧罗巴闻名的悭吝鬼,与伸出指头要掐灭灯芯才断气的中国之严监生就更有所差异了。对于雄伟的大自然来说,一条河流是独创,一座山峰是独创,而同一棵树上的千万片叶子,每一片又何尝不是独创。

典型细节的逼真程度,与独创性尺度的延伸,有着一种水涨船高的关系。独创性给典型细节披戴上了个性化的盔甲,同时也输入了个性化的素质所能压缩的丰富意蕴。因此,从细节走向典型细节,独创性是不可缺少的必要的一座桥梁。

四

列宁在论述辩证法时曾经这样说过,"从最简单的东西、最普通的东西、最大量显而易见的东西等等开始,从任何一个命题开始:树叶是青的;伊凡是人;朱其卡是狗,等等。"①典型细节作为一种个别的事物,就其现象形态而言,无不隐现着辩证法的神韵。首先典型细节既是个体又是整体,有如家庭之于实际生活是集体,之于社会又是细胞一样。但是典型细节特殊的内涵及其表现形式,又不仅仅是一个普通的个体存在。在艺术辩证法中,典型细节个体究竟储藏了多大能量,埋伏着多少普遍性的意义,久为作家批评家所注意。饱有创作经验的歌德,倡导"在特殊中显出一般",强调从特殊事例出发,抓住生动的个别的具体形象,并且进一步指出了这种特殊的个别事物必须是具有特征的。无数成功的中外文学名著证明,具有特征性的个别事物的描写,就是典型细节。特征是典型性格本质的集中暴露,是个别之于一般的特出表现。文学大师们无不精通于此。马克思提出的"莎士比亚化"的著名论点,精辟地概括了歌德的艺术思想,同时也就相应地肯定了典型细节在文学艺术中的重要作用。

历来对典型细节没有一个明确的概念,总是混于一般意义上的细节中论说着,以致制造了一种自然的假象,典型细节约等于细节,起码是大体无异,

---

① 列宁《谈谈辩证法问题》。

不存在何者彼,何者为此的问题,仅仅是提法不同、措词不同而已。因此,典型细节与细节虽然实际上营垒分明,阵线清楚,并且此种分界在理论上也每被涉及而愈益趋向明显,但在通常的理论认识中,究竟还只是一个模糊的、游移的投影。现在,首先必须弄清的是,细节是什么呢? 简单地说,细节是"文学艺术作品中细腻的描绘人物性格、事情发展、社会环境和自然景物的最小的组成单位。"①这个定义包含三层意思,第一,细节描绘的对象,无疑囊括了小说作品的每一部分,实际上等于宣布:小说作品就是细节或具体描写的结晶,换句话说,作为基本的建筑材料,细节自始至终地贯串了小说作品整体,与情感的回旋循环相契合,活作出一幅幅写生、人物、风俗、景致的画像。第二,细节描绘的特征是细腻。所谓细腻,就是通过可知可感的线条、声音、色彩等的直接描绘,诉诸审美的感性活动过程,使之产生真实的立体感和美感。所以,对动作、对话、景色、心理活动的刻划,即必须具体而详尽,反之,则不能算细节,如托尔斯泰《战争与和平》中大段的哲学历史议论,即使饱吸了情感的液汁,也不能算。第三,细节的外在形式必须是一个最小组成单位,无非是说,每一细节内容应有一个完整的意思。仅仅是字、词、句的结合,而无一个确定意思或意思不完整,即便是具体描写,也不能算是细节。细节的特征大致如此,此时应提出比较的是典型细节的定义及特点。综观通篇论述,可初步归纳为:典型细节既有生动精细的艺术具体性,又有时空上的高度集中性;既富诡谲莫测的多样性变化,又含席卷万类于一己之胸的共同性;既无比忠实地合于性格逻辑之变迁,又频频放射出独创的强烈光线。于是,典型细节的定义不妨这样下定:典型性格必然发展中瞬间含有特殊意蕴的独创性特写。典型细节的基本形式特征与细节大致相当。而典型细节构成自身本质内容的集中性、共同性、特殊意蕴、独创性等等,则又是一般细节所绝对没有的。由此论之,典型细节之不同于细节,是在于它不仅跃出了一般细节的窠臼,而且在生活故事的形成过程中,充当了一个极其活跃且又极含蓄的角色。在臻于完善的小说作品中,典型细节是机灵的引路人,是打开主题和典型性格大门的锁眼。它以最快的速度,最潇洒的方式,把读者的思维从淡泊的乡间小路过渡到汹涌的大江之滨,从幽闭的山谷引向广阔的原野。小说艺术理论,尤其是小说艺术创作的深入发展,完全有理由、也应该把典型细节与细节加以区别。这无疑是小说艺术发展的历史趋势,也是小说典型细节自古以来、而愈到现代则愈显清晰的个性特征进化的结果。

----

① 《辞海》文学分册13页。

　　小说典型细节是珍珠,是玛瑙,是不可多得的琥珀,但它们对于小说艺术的大自然,却又是显得极为渺小! 然而,寸土乃可堆成高山,积水自能汇为深渊,从这个意义说来,我们不妨以黑格尔老人的一句话作为本文的结束语:

　　如果一粒微尘被破坏了,整个宇宙就会崩溃。[1]

---

① 转引自列宁《哲学笔记》82 页。

马列主义,还是 X 主义①

"你信仰什么?"

假使现在去问某个青年,他也许会摇摇头:"我什么都不相信!"

但在十多年前,同一个人的回答却会截然不同:"我坚信马列主义,头可断,血可流,毛泽东思想不可丢……"

今天,在一些曾经笃信过马列主义的青年中,一股非马列主义思潮已经出现,它囊括了各种资产阶级思想,诸如无政府主义、极端个人主义、西方式自由民主主义和所谓"持不同政见"等等。然而对一些青年说来,到底信奉什么,连他们自己也觉得是个未知数。

中国实现社会主义四个现代化需要坚定的信念和巨大的热情,以及人们思想走向的一致性和明确性,更需要马列主义的指导。因此,这就向我们提出了一个至关重要的课题:这股非马列主义思潮,会把受其羁绊的青年人引向何方?

在湍流的涡旋中

马列主义是被阿芙乐尔巡洋舰的炮声送到中国的。中国这只庞大而虚弱的睡狮,没有这剂强心剂,也许永远不会苏醒过来。

一九四九年,继十月革命之后,中华人民共和国的成立标志着马列主义与中国革命相结合的伟大胜利。我们这一代青年,便与新中国一同呱呱坠地了。一百多年灾难深重的中国近代史表明:这一代青年人有多么的幸运,第一次睁开眼睛,祖国就已是朝霞满天的黎明。新中国成立后,革命传统教育,社会主义革命和建设所取得的辉煌成就,以及多少个英雄劳模的事迹在每颗童稚的心灵中激起了神奇的向往和崇敬。三年自然灾害和苏联政府废止合同、撤退专家,

---

①　原载《求实》1980 年第 2 期,与李严、李伟合作。

激发了每个青年对敌人的痛恨,他们带着纯朴的感情,去读"九评",读"雷锋日记",看泥塑"收租院"。他们并不是懂马列主义,却自认是马列主义者。其实,他们只是从感情上接受了老一辈无产阶级家仔细咀嚼过而自己并未消化的思想观点。

突如其来的"文化大革命"使人头晕目眩。谁也没有料到,一股强大的离心力正在使中国偏离马列主义轨道。生气勃勃的马列主义被某些人从群众、从实践中夺走了,把它当作"圣经"一样无休止地叫人们背诵。理论上的混战此起彼伏,"在瞬息之间,一些原则为另一些原则所代替,一些思想勇士为另一些思想勇士所歼灭。"[1]一时黑浪翻滚,折磨着忠义耿直和功高德昭的老一辈,而那些沽名钓誉的政治庸人,倒是常常挤进天安门的国庆观礼台。贤人被奴才摧残,禾苗被稗草淹没,"野心在黑夜发酵,情欲随权力增长,自私与狂妄赛跑,良心走进拍卖行。"[2]林彪、"四人帮"掀起的层层恶浪,一次次冲击着安定团结的方舟。在那个难忘的年代,有多少青年在狂热、怀疑、冷却的三部曲里打了个转又跑了出来!

风云变幻的政治斗争使青年的眼光更敏锐了。他们用自己所认识的马列主义来观察生活,用昔日的朴素感情来维护马列主义的权威。然而,青年人对现实生活的失望与对马列主义的怀疑几乎是成正比例地日益增长了。他们寻求着思想出路和个人出路,似乎又在重复着"五四"运动发生前的那段沉闷时期。相当多的人一头栽进了"人生得意须尽欢,莫使金樽空对月"(李白《将进酒》)的泥淖中,钟情于家具、住宅和小家庭。对酒当歌,人生几何? 更有人凭着自己的社会阅历,凭着复杂情绪冲动下的直观,对社会主义的前途几乎丧失信心。他们在应付种种公式化的思想灌输和政治说教时抱着同一态度:"对于人家教给你的东西,你相信也罢,不相信也罢,可是千万不要提出反对的意见。"[3]

"人创造环境,同样环境也创造人。"[4]在政治湍流的涡漩中,在现实生活贫乏的阳光、空气和水的混合体中,毫不奇怪,这一代青年人也受到了深刻影响。他们中的一些人,在这些年头里,说着一种使上一代感到陌生而又惊心动魄的语言。对马列主义,对社会主义,对无产阶级专政,对党的领导,迷惘着者有之,怀疑者有之,抨击和否定者亦有之。这是一种真实却又可悲的社会现象。

昨天在问今天:你们将怎么办?

---

① 《马克思恩格斯选集》第一卷,第20页。
② 《艾青诗选》第359页。
③ 司汤达:《巴马修道院》第153页。
④ 《马克思恩格斯选集》第一卷,第43页。

君不见黄河之水滚滚来

历史告诉我们:生产力的发展,总是不断挣脱旧的或不甚完善的生产关系的约束,牵动政治和经济的社会变革。十年"文化大革命"的结局证明,生产力的发展并不以违背它的要求的政治意志为转移,迟早会为自己开辟前进道路的。

现在,经过十多年闭关自守的中国人民开始清醒地认识到严峻的现实:世界已经进入电子计算机时代,我们仍在银行和商店的柜台上使用着古老的算盘;别人的宇航事业在突破太阳系的藩篱,我们依旧只有绕地球旋转的几颗卫星;北美洲一个农民可以养活五、六十个人,中国一个农业劳动力只能养活三、四人;在高度物质技术基础上膨胀起来的霸权主义,对我们这贫穷落后的社会主义中国虎视眈眈。毛泽东同志在五十年代就指出过,如再不努力,那就从地球开除你的球籍。

中国人民行动起来了,在"四个现代化"的道路上迅跑,澎湃的时代浪潮荡涤了多年泛滥的政治渣滓,将生活之船推向阳光灿烂的前程。倾斜的社会主义大厦已在扶正位置,与中国革命相结合的马列主义也在恢复本来面目。正本清源,"极左路线"万人批判;拨乱反正,现代迷信顷刻破产。冤狱,平反了,民气高昂;错案,纠正了,人心大快。二十年的忧愁,一日间破涕为笑,思想禁区被突破,实事求是的精神大发扬。与每个人物质和精神生活紧密相连的各条战线、各个领域,都在发生着前所未有的巨大变化。现实的变革带来思想的大解放,无数青年也在对自己作出鉴定与总结,确定自己在时代潮流中的正确态度。他们被真正的马列主义所折服,被翻天覆地的事变所打动,被正在前进的崭新生活所召唤,新的思考得出了新的结论。他们痛恨林彪,"四人帮"的暴虐专制,惋惜已经丧失的青春年华,在通向明天的大门前,整理行装从起跑线上出发了。是的,现实生活造就了这样一批青年人,他们曾经最肤浅地接受过马列主义也最"勇敢"地怀疑过马列主义,现在又较深刻地认识了马列主义。正反两方面的经验告诉他们:中国只有沿着真正的马列主义道路走下去,才有光明灿烂的前程。

随着思想解放运动的掀起,闭关锁国状况的冲破,人们接触到外部世界的先进科学和文化艺术,眼界大为开阔。但是,也有那么一些人,他们与新时代精神格格不入,在多年的禁锢中,习惯了陈旧的生活方式;他们思想僵化,落后于时代的潮流。同时,有一些青年人,在控制论、系统工程、结构主义、喇叭裤、西皮头、周末舞会等组成的混合"交响乐"中陷入了新的思想混乱。他们把实践是检验真理唯一标准的讨论,看做是腻烦的政治游戏;而资本主义国家的先进科学技术,却被当做社会主义应自叹弗如的佐证。似乎中国的月亮真的没有外国的圆。

不过,这也不值得大惊小怪。"对真理作粗鲁而错误的理解,并不能消灭真理本身。"①我们有历史的伟大气魄,不怕暴露自己的弱点,勇于弥补新铸造的过失。搞四个现代化,本身就是一场社会制度之间的竞赛,也是一场意识形态领域的交锋。只要我们不把科学当神学,让马列主义扎根于人民生活的现实土壤中,时代的"黄河之水"将把一切人推到波澜壮阔的前进洪流中去。

轻舟未过万重山

马列主义者是彻底地唯物论者,在历史前进的潮流中始终能够保持清醒的头脑。他们敏锐地看到:现实生活中存在的非马列主义思潮,并没有在四个现代化的潮流中立刻消失,对马列主义、社会主义制度丧失信心,持怀疑甚至否定态度,在一些青年中曾一度有蔓延之势。产生这股思潮的条件,有些消失了,有些依然在发生作用。

世界是复杂的,当太阳照耀着整个地球,乌云也能笼罩某块土地。百花争妍,自然也有杂草丛生。不是吗,从实践中产生并与实践相结合的生动理论,有些仍然禁锢子在一种陈腐的方式中,囿于环境,不能突破,似乎因循太多,创新太少,保守色彩太浓,革新气势稀薄,而实事求是之风,复始吹起,探求真谛之心,又总在门槛间辗转。语言上是巨人,行动中是侏儒的现象没有完全消除。落后的经济管理制度,缺乏科学性,更缺乏民主性,适应不了生产力的发展。积弊重重的干部制度,在它存在的条件下是合理的,但在四化征途中,犹如一辆久待修理的大型旧牌卡车,负担不起新时期的重荷。国外纷纭复杂的思想文化,带着种种奇形怪状的面貌,钻进了措手不及而又无限惊奇的青年眼底。谁能保证那些青年不用非马列主义观点进行判断、对比、推理,从而得出一个使人既不能点头又不能摇头的概念:"社会主义既然如此,那资本主义岂不是要好得多吗? 请看事实! ……"他们反而振振有词地告诉反驳者。因此,人们不无根据地担心:青年是未来的主人,如果他们连马列主义都不相信了,那明天的中国将会是个什么样子,不是太令人心寒吗?

轻舟未过万重山。面对现实,究竟怎样对青年进行马列主义的思想教育

---

① 《车尔尼雪夫斯基论文学》上卷,第474页。

呢? 拿不能令人信服的理由来说明某些病态的社会现象,以互相矛盾的观念分析五光十色的西方文化,这样能解决问题吗?"理解的要执行,不理解的也要执行"已是昨天的闹剧,如今中国青年的头脑,是一张写满了各种字迹的白纸,谁要再往上面涂抹不高明的几笔,恐怕不是那么容易了。他们是被耽误了的一代,也是更有了思想独立感的一代。他们不会轻信,因为有了上当受骗的教训;也不会不信,上当受骗之后,追求真理的决心更加强烈了。因此,我们要有勇气和决心树立这样的战略目标:青年思想教育必须和祖国的前途、理想、现实的路线、政策结合起来。要使青年去鄙视资本主义,正如全面认识社会主义一样。要用科学的分析代替枯燥的灌输,创新的理论顶替过时的教条。隐瞒和回避是对付聋子和哑巴的办法。归根结底,要让事实来证明:社会主义就是比资本主义好。鲁迅在六十年前感叹说,六○六可治病,也希望有一种七○七可治思想病。① 今天有没有这种七○七呢? 有的,和"五四"时期一样,仍然是科学,即赛恩斯先生。马列主义就是认识人类社会的科学。中国社会再也不能充当精神原子弹的试验场了,更不允许 X 主义来干扰我们。

"向前看"是正确的,"向后看"也必要,"看现在"更加急迫,更有意义。历史辩证的奥秘就在于:现在从过去走来,将来是一个个连续不断的现在,认真"看现在",在历史奔腾的长河中,轻舟定能闯过万重山。

不识庐山真面目,只缘未入此山中

由于历史的深刻原因,中国人曾经从西方拿来过许多主义,如风行一时的安,那其主义,托尔斯泰的不抵抗主义,罗素的"社会主义"等等。在人民革命的暴风雨中,它们很快便泡沫般地破灭了,唯有马列主义与中国革命实践相结合的毛泽东思想,展现出极其强大的生命力。

但是,任何一种真理,只要使其与现实脱节并推向极端,它就不可避免地走向谬误。在那个言必称马列、手不离语录的年代里,人们曾把硫化铜当做真金膜拜。而今天,在谎言和假象被揭穿之后,一些人却把马列主义真金当做硫化铜扔掉。"黑格尔在某个地方说过,一切伟大的世界历史事变和人物,可以说都出现两次。他忘记补充一点:第一次是作为悲剧出现,第二次是作为笑剧出现。"②"文化大革命"的历史事变也以它特殊的形式将青年人捉弄两次。他们

---

① 《热风》第 22 页。
② 《马克思恩格斯选集》第一卷,第 603 页。

先是被假马列主义骗子搅起的政治湍流可悲地玩弄了一次,省悟之余,便断然拒绝真理,可笑地将其同宗教教义相提并论,这一次却受到真正的马列主义的嘲弄。

十多年来,昂贵的代价换来了深刻的教训:不识庐山真面目,只缘未入此山中。马列主义是一座精神资源极为丰富的宝山,人们站在唯物辩证法的高山之巅,可以眺望整个世界的运动,把握其发展的脉络;在科学社会主义的园圃中,展望祖国景象如画的明天;站在历史唯物主义的山麓,饱览社会风云的变幻,不致误入歧途;更可以在《资本论》的大森林中,呼吸到新鲜的气息,坚信人类的未来必定是光明灿烂的共产主义。马列主义的巨大功能,不仅在于科学地解释世界,而且在于能动地改造世界。马列主义是生长在生活之树的长青果,她必将伴随着社会生活的前进,修正过时的结论,充实新的内容,不断发展和创新。

现在,我国正处于思想大解放的新的历史时期,对那些在非马列主义思潮中徘徊的青年,我们必须积极引导他们走出迷宫,踏上真理的大道。要知道,思想问题的解决仅仅诉诸于思想的解释,是不能取得良好效果的。应当把理论中的"现实"变成现实中的理论,使青年在丰富的物质和精神的社会生活中感受到马列主义强大生命力,感受到理论与现实的统一、经济与政治的统一,重振马列主义权威,重新唤起青年对她的信仰。

如今普遍流行着一种观点,将十多年的政治动荡、经济紊乱完全归咎于"极左路线"和野心家、阴谋家的倒行逆施,这无可非议。可是,我们要问:"极左路线"与野心家又是如何产生的呢? 难道说,一个人或几个人的主观意志,或者说,属于封建意识之类的东西,能够制造这样一场惊人的社会动荡吗? 从社会的表面现象和人们的思想观念里找问题的根源,显然没有充分的说服力。我们在此不想作较深的探讨,只是提出一点:中国没有经历完全发展了的资本主义阶段,就在半殖民地半封建经济的混合体上,直接进入了社会主义。当然,不能走回头路。社会制度的革命宣告成功,展示它的优势性,但一场更艰巨、更深刻的经济革命却摆在人们面前。可以说,我们的经济革命搞得不怎么好,政治制度也有一些缺陷,生产关系也久待完善。林彪、"四人帮"得以猖狂一时,难道不正是在我们社会生产力先天落后,后天发展又颇为坎坷的情况下产生的吗? 我们相信,只有把马列主义、毛泽东思想同我们新的历史时期的实践相结合并推向前进,改造产生非马列主义思潮的社会土壤,由一个落后的国家变成社会主义现代化强国,这才是治本的良方。

向 X 主义告别

"向过去告别",这是法国作家罗曼·罗兰的一句名言,也是他思想发展中的一座里程碑。告别,这是一个诙谐而又亲切的字眼,它表明一个人在经历了长时期探索和痛苦之后,终于寻到了真理,奔向光明的喜悦心情。

我们这一代大多数青年在经受"文化大革命"浩劫之后,开始认识什么是马列主义,什么是非马列主义。那些在时代潮流与非马列主义思潮的交会口中犹豫不决的青年,正在作出抉择,迟早将归回到马列主义的广阔胸怀中来。这是时代的期望,祖国的呼唤,每一个怀有赤子之心而误入思想歧途的青年,怎么会不热爱自己的母亲,听从她谆谆的教导呢!? 诚然,也会有少数不识国家大局、民族大局的人,以一孔之见,讥诮时代的潮流,抛弃马列主义,那也不足为奇,中国自古就有不知晦朔的朝菌,不知春秋的蟪蛄,但晦朔照样交替出现,春秋依旧递嬗循环。况且,"镜虽明,不能使丑者妍;酒虽美,不能使悲者乐。"①马列主义真理的巨大力量,丝毫不会因为这小小喧嚣减少一两半钱。"五四"时期曾有过主义之争,宣告结束的是一九四九马列主义指导下的中国革命成功。非马列主义思潮实质上也是一种主义之争。可以预言,解决这场主义之争的途径,也必然是四项基本原则指导下的社会主义四化建设的胜利实践。我们具有这样强烈的信念,马列主义将使中国青年的黑色眼睛燃烧起理想的火焰,他们会以坚实的步伐走完眼前这一段思想发展中的重要途程,亲手树起一座里程碑:坚信马列,向 X 主义告别!

---

① 陆游:《对酒叹》。

赣中，文学的共和国的梦想①

——评《地牯的屋·树·河》

　　她的名字叫《地牯的屋·树·河》。

　　使我感到极大兴味的，是她乃为一篇尝试之作。一切行动的开始就是尝试——云霞散绮于山水之间，而雁阵惊寒；渔舟唱晚，是社会与自然默契的预习。人类或飞船凌空，遨游太虚；或空想乌托邦，玄思万年之后，也是必然王国解体前精妙的模拟。我想，开风气之先，先他人之作而作，尝试虽未必尽善，亦已足矣。但且慢：

　　地牯是一个旧时代未觉悟的农民，战争的炮声惊扰了乡村的沉静，也在一夜之间改变了地牯的社会地位。侵略者的暴行导致了他的反抗意识——他领导了一场抵抗运动，并以惊人的胆魄杀死了一个日本兵。他自己终于也死了，同着那个已经死去的时代一道，带着那仅有的、也是最可宝贵的反抗意识。在三、四十年代的赣中土地上，在国统区片面抗战路线的笼罩下，也许只能如此而已。但是，更多的意义却是关于这个人物的性质或色彩。尘灰见斑的古旧乡风，掺和着朦胧的追忆，与黯淡又浓烈的个性，与神秘的古樟和苍老的宗族，孕育了这个民间传说般的生活故事，也引起了人类特有的迷惘与疑问。那些属于智者，属于稚童，甚至也属于愚妄者的驳难。

　　当代柔弱而多情的文学之气，曾勾动过诸多的忧虑。不过，甚至来不及作更多的反思，突然降临的观念和改革，突如其来的涌进与逐出，像伟大的社会革命到来时那样的激情，那样的胸襟，那样的眼光，猛然（不是慢慢地、细碎地、无力地）把当代文学推向了一个前所未有的制高点，使深远的历史意趣与醇厚的现实韵味推出了成群的、成集团的"你"、"我"、"他"——读者社会面临的最大的精神贫困乃是，复杂、丰繁的人物结构，多半只能相对于简单的盘诘。恐怕地

---

　　① 原载《宜春》1986 年第 2 期。

牯也不能摆脱令人如此艳羡的"厄运"。

是的,不能以旧的评介思维来对《地牯的屋·树·河》作苛刻的检测,那样也许坠入陈腐。她确无人为的政治氛围的渲染,主人公也缺乏代表那个时代精神主流的革命品格。环境与人物是极其原始、自然的田园式的,如地牯所唱:

> 红番薯,茶壳火,
> 除了皇帝就算我……

隽永的乡村风俗,消融着小农经济的狭隘、自满的心理,呈现出一派浑浑噩噩的混浊气象。她深含独有的、娓娓叙旧的诙谐感,深入心理剔缕的遒劲中;而简括与细密的大面积推移,又是在性格成长或成熟的刹那间完成的。没有明媚的照射,也无阴暗的凝结,大多执著于有意无意之间,有油画的浓郁,白描的素淡。地牯的生态环境是毋容置疑的,家庭的破败,养成了他的懒散与执拗。那些滑稽的举动,掺杂在不无夸张、迹近于无赖的情爱故事中,显得喜剧味十足。生活逼迫他浪迹四方,见多识广。但是,一个毫无自觉意识的无业游民,一个身无分文的破落户子弟,一个有几分无赖气和滑稽气的穷光棍,最后竟成为了宗族的、或说是群众的领袖人物。可谓挥手一呼,应者云集。这是怎么回事呢?

有趣的是小说心理和动作的描写。在突然闯至的日本兵面前,地牯恐惧得瘫软,束手无策。敌人的暴行使他愤慨了(固然也挟带着玩世不恭的、戏谑态度般的个人英雄主义在内),也使他沉默了。灭火,蜷缩于古樟盗枪,组织老俵伏击日本兵……人们对他另眼相看了,默认他是残酷报复的领导人,乃至崇拜他、赞颂他。险恶的抗战环境,使地牯抛弃了游民的流氓习气,固有的拗烈闪出崭新的光泽。量变到质变的过程是颇富说服力的,决定的因素是行动,是受到冲击和强烈刺激的人物心理。农民看重事实。地牯的勇敢,胆识,终于取得了信任。他的威望树立起来了。地牯是成功的。当然,他的反抗是旧时代一个中国农民的行动,必然充满着旧中国的全部色彩。报复是残酷的,但地牯又是善良的。当愤怒的农民用四齿耙锄死捆在麻袋中的敌人时,地牯叫道:

> 咯些日本兵理该天收,炮打油煎都不冤枉。老班人哇,孪心子都是肉长个。念它也是人投胎,有崽女也有娘爷,且放它个完尸转东洋……

这就满溢着旧中国乡下佬的伦理和道德气味。但是他自己仍然亲手劈开了一个日本兵的脑袋。人道与残酷,对立,又统一了。地牯的两极心理是他人格质变的最好注脚。人物与小说的深邃就恰好敞开在这里。第一，环境改造人，存在决定意识。如无战乱，地牯终其一生也许只能在浪荡、吹牛、无聊、沉闷的生涯中增添些老炼或狡黠罢了，何谈群众领袖之美称。暴行扭曲了心理的平衡线；血与火的战争，重组人性因素的排列。地牯是这样走到人生的舞台的前列。历史事件左右了他的个性的发展，激荡的心灵折射出人性的丑与美，并在战火洗礼中冲刷了旧意识的污垢，吸收了英雄主义的新素质。第二，人性并不尚恶，人民是善良的。但敌人施之以残暴，则人民必将报之以同物。以其人之道还治其人之身，天经地义。托尔斯泰勿以暴力抗恶的说教是行不通的，人性本质乃是社会、阶级、民族诸关系的集中反映。千古以往始终如此。第三，通过地牯及其特殊环境的艺术处理，非正义的战争被谴责了。它摧残、毁灭人性，是该诅咒的。同时，通过对非正义战争的对抗，也歌颂了人类生活或民族生活中的英雄主义，催发出人性深处的浩然之气。

　　我有意把这篇小说的内涵引向一个更广阔的天地，即人对战争的态度。战争对人的扬弃。这不仅仅是地区和民族的，更是世界的。二次大战后文学中的沉思、追寻，可资借鉴。以今天这样开放的目光，这样磅礴的宏观气度，去审视那样的区域性的闭塞的环境，那样浊闷、古朴的人物(均不指解放区战场)，是很有意义的。为此，或许能够把作者的题旨摸索得更为清楚些，也为作品中隐伏的更为执著的信念，辟出一块深耕细耘的田地。

　　地牯形象的竖立是颇费心机的。显著的是民族传统手法的继承。开篇的介绍、渲染与结尾的引申、神奇，很有当今通俗小说大师的韵味和笔法。绘声绘色，颇能引人胜境。落俗处亦不能免。所谓通俗，就不能不落俗吧。因此，即或是纯粹西洋式的细部描绘时，嘲弄般的幽默与调侃，仍不能不具有民族的超脱、含蓄的微笑。令人神往，也令人困惑的是大量方言的使用。作者不乏美文写作的才能，何故又苦至于如此呢？刻意的挖掘使人目瞪口呆，赣中方言盛行一时。动词趔、冇、发始等，形容词墨古打黑，眼白如瓷，涩牙板齿等。俚语如摸到桩蒿洗澡，老鼠嘴巴虾公背，除了骨头就是皮之类。有前所未见之感。固然方言多，土气必大张，然细读之余，亦颇感赣中方言之节奏、韵律、乐感，念之铿然有致。于此才说得达·芬奇说过的话：谁能到泉源去汲水，谁就不会从水壶里取水喝。南方方言久为文学界所忌讳，赣方言尤甚。熟而遗忘，是可悲哀的事情。作者对赣中方言破格擢用，眼力深透，消化取得了一定的成效，是可取的。不能满意的是如同方言的未尽熟练一样，世界文学思潮的影响，亦有匆促收取的端倪之存在。地牯是善良的，他杀了人，按照性格逻辑，却不至于即刻就恶心而呕吐起来，人道主义与残忍、报复之间的对立，会引起某种矛盾与痛苦的。但以地牯这样一个浪荡不羁又有几分蛮气和邪气的人物,在复仇的愤怒中杀死仇敌,会出现这样的反应吗?

然而,尝试带来的启示,毕竟比产生的问题更有价值。包蕴深长的雕塑,独辟蹊径的捭阖,使作者深隐的心机多有泄漏。是在作一阵急促的奔走,企图吸引后随的大风;是登至高处兀的一声大呼,希求在缥缈的远方,收获更为宏远的回音;是在被人遗忘的偌大山隅,掇拾艳美的山花,幻想风靡庭院的盆栽——无须作简单而徒劳的比喻,也不必就小说的老俵味,做过多的首肯或过分的贬斥。真实的凭证在于事实:地牯这个文学中的新生婴儿,是两种范围、结构、色相完全不同的文化相交叉的产物。换言之,作者把握着一种总体性、综合性的思想认识,站在哲学伦理的世界观的高度上,鉴选了人文科学(为现实主义、人道主义,和现代科技等所构组的世界文化,并将其毫不犹豫地、颇具创见地与赣中的地方文化),与那些厚积薄发的原始习俗,那些宗族聚居、村落联盟的厚重风尚,那些土文明中的道德训诫、庄严或可笑的礼仪人情,那些无孔不入、四方洋溢的小农、小市民的人生哲学,作了一个巧妙的嫁接,一个雍容大度的交叉。尝试的实质即在此处,耕作于兹,风流于斯。有益的是,这不单是一个新的创作方式的试验,更重要的是预告了绚丽的前景的出现。赣中,这个逾千万人口的,拥有若干条长江支流、属副热带气候区的温和、潮湿、美丽的地方,会孕育出毫无愧色的文学典型、流派、思潮来么——现代著名哲学家维特根斯坦曾迭发奇想,蔚为新的哲学观。他正是站在这个世纪与那个世纪,站在自然科学与社会科学的交叉点上,完成了奇杰的使命的。试以两种文化交叉的方式来创造文学典型,也许文学中的维特根斯坦将出现很多。更可能,也更具体的是,赣中,也许会在当代文学广袤的土地上,建设起属于自己的独立的共和国——这也许是作者的追求,一个彩色缤纷而永远不朽的梦想。

诗词选辑

六州歌头·毛泽东

　　二〇一二年秋游韶山,瞻仰毛泽东铜像久之,遂得句如次。

　　惊天一问,书生担沉浮。沃土裂,无辜血,失明眸。百年仇。凭谁捩斗牛?辛亥枪,湘江文,真国手,岳麓石,爱晚愁。征友论剑,眼空尧舜业,慷慨同游。饥腹饱韬略,笑谈噤公侯。长空霹雳,九月秋。

　　旷世勋劳,西江月,沁园春,俱风流。起田畎,究天人,文心稠。司马俦。恨狼烟弥地,是可忍,英雄羞。五谷身,补天胆,弄吴钩。叹易手山川路,叩伊人,此际何求?空想桃源子,今掬感世泪,时乎悠悠!

八月十五中秋南惹村赏月

山月久仰之，闹市无月晕。
今据重峦地，暮色渐已曛。
举目拨鳞云，千层动南移。
隐约月终现，灼然远峰临。
薄氛散四隅，谷壑大块阴。
溪喧犬影倏，风拂杏果新。
乡老笑敬酒，依稀沧桑人。
遥举招明月，浑色照我心。
不尽古人句，此际万籁吟。
非无箫笛怨，吹送悲欢情。
人性重欲有，其实万归一。
明月抚客伤，宇宙夜正宁。
慨然观月上，太玄应忭欣。
山兮绕我衣，月兮裹我巾，
沉沉入其中，人月毋忍离。
席馔供天地，山神邀倾杯。
记取嚣嚣世，无处胜此宜。

（2012 年 9 月 30 日）

永州柳子庙及愚溪

此地余空榭,溪凫知忧否。
才名与山俱,零落孤雁愁。
感乎永野蛇,黑白属九州。
客子伤江晚,钓叹岁月流。
中原板荡日,荒陲楠桧朽。
无聊柳后句,倏忽难淹留。
勒石石无性,何物与共仇。
返嚼空山远,念之志未酬。
呜呼潇湘水,辽旷八月秋。

(2012 年 10 月游感)

九嶷山·舜陵

舜非逝矣四百纪，
两妃故事湘竹心。
古径未辨山色碧，
潇水敢洗日月新。
错落莲峰存公意，
对语石人说君轻。
云海九万鲲鸟翼，
拨天雄襟指迷津。

（2012 年 10 月）

入闽杂咏二首

其一
赴闽途中·福建莆田

依旧望尽山河阔，
无际天海换新黛。
日照老榕辨物异，
云移高崖疑洞开。
救亡闽杰拨指数，
蹈海先哲犹向台。
百年糜烂今收拾，
佳人西眺衣未裁。

其二
弘一大师（李叔同）石像前·福建泉州

不世绝才不世相，
云烟遮断梦钱塘。
倦鸟暮归愁始启，
弱帆夜移路异乡。
生堪蜉蝣形即灭，
神比兰蕙香应长。
问经堂下木鱼缓，
秋声点滴过客伤。

（2011 年 11 月）

遵义行

少年怀遵义,不知伟槐垂,
旧楼惟静寂,人去两万随。
时忽电雷击,环炸凌空追,
凝神迎狂飓,檐下心潮飞。
天我彼此意,命运叹绝奇,
英雄终鲲起,泱泱北上星。
山涛旧时雨,今作九天行,
吾侪非蝼蚁,何畏百战辛。
知否乌蒙水,岁岁瀑如新,
人生慨苦短,抚髀感巨勋,
迟迟徘徊久,雷雨体余馨。

(2011 年 6 月)

大渡河

日照雪峰湍流下，
绝峦亘古云端家。
红枪笠闪穿雨云，
火炬夜龙扫恶鸹。
长叹洋人惊世罕，
慷慨战士骄中华。
此际乡老登高处，
竟把热血沃黄花。

（2011 年 6 月）

秋 兴

二〇一〇年"九一八",日本扣我船长未放,时城市警报声起,触耳惊心。此诗示海南友人李伟先生,江西宜春刘密。

海飙倏至惊帘内,
入梦帆移雁秋追。
烽火烫国渔何去,
潮汛孤岛渡问谁?
峥嵘警报排空叫,
寥廓戎号横眉吹。
热血云霞今犹布,
不须风信鼙鼓擂。

答友人

手遮赣鄱北望空，
秋水落霞与庐峰。
未闻滕王绝后嗣，
且借唐韵续诸公。
敢叩郡望乡师早，
归叹刘项微时穷。
文非书蠹灯下剑，
得句不输大江东。

（2010 年 7 月）

荷塘夏咏

荷起东风渐，飞蓬下九天。
晨醒惊池绿，夕照浮雨莲。
为嗟万物长，荣枯岁岁怜。
叹尔与时俱，心绪逐云烟。

（2010 年 6 月）

满江红·台湾

二〇〇〇作,时台湾风云诡谲,忧从心起,遂有是词。二〇〇五年秋抄寄福建汪毅夫,先生系台胞,隔海怅望,其无忧乎。

手揽昆仑,今古渺,问谁长叫。拾案几,辛刘词调,报国一啸。投笔叹为百年恨,闭目痛记失土否。有胆心付与我中华,秋月照。

鸦片火,圆明吊;甲午恶,台澎消。岂无精忠字,海填而笑。大陆眺兮黄河血,高山葬矣魂魄绕。算施郎才力计犹成,神人翘。

谷雨致五梅山诗社

五梅山下诗相会，
天籁疏徐皆作吟。
谷雨啼鹃惊人世，
红春白瀑孕文星。
千丈峭崖如日起，
万般心境感时新。
乡愁犹作少年梦，
溪色近晚远岫晴。

（2010 年 4 月）

冬日有感

大潮天外起，横空白霜飞；
仄听复兴歌，不意人五十。
山青亦已苍，石老披苔衣；
人世如转轮，滔滔有至情。
神州念犹感，百战我血寄；
此心脱河汉，茫茫怀生灵。
至斯遂淡泊，功业无与评；
水烟东望杳，迢迢壮山移；
莫谓为霞晚，灿照若黎明。

（2009 年 12 月宜春）

观珠海

海天连潮起,势若大块移。
鸥鸟与日逐,旭潮逼云低。
我心弋海阔,壮岁念疆情。
南溟烟波启,思得十万兵。
此际得宏略,身世泊海滨。
一朝风雷急,风雨偕谁归?
笑谈百年后,未解痴人行。

(2009 年 11 月广东珠海)

金桥水上人家诗二首

题袁州下浦金桥水上人家得胜亭

其一

一流穿眼亮，野风襟吹开。
孤亭守江渚，欣然鸟倏来。
石老岸草劲，秋酣枫醉哉。
犬吠隐远村，林谧去燥怀。
无为古人调，不登幽州台。

（2009 年 10 月）

其二

郊外风烟一亭孤，
白鹭寂飞亭外洲。
千古沧桑江水去，
万缕暮云地角收。
金桥失鲈芳洲改，
银岭得寿苍天悠。
霜至老树无倦意，
青山精气化江流。

（2009 年 10 月）

秋 题

白风起矣敝禾稼，
暮色隔帘染归鸦。
老苔恋旧留履印，
新藤忆春闻菊茶。
碧水当歌舟失楫，
长袖欲舞庭皆杈。
夜短箫长苦时尽，
喟然起叹月褪华。

（2009 年 10 月）

宜春月亮节歌

噫乎兮吾居宜春！
建城公元前，
有如秀江水，
迢迢两千年。
豪杰据此吹拂戈剑，
吴头楚尾气蒸九边。
北门内，
西楼外，
风水摇荡生巨变。
古称状元傲，
今举月亮节，
昌黎阁下湖，
"秋晚"至无眠。
万千铙鼓惊世间，
世界与我，
今始有缘。

（2009 年 10 月）

八月咏桂

一蓬独幽透钩月，
溪声若催来暗馨。
记得月宫君住久，
羞挂嫦娥衣沾星。
非为暮色入山静，
必移醇香潜我心。
沁脾多借清飓递，
一束叮咛留醉人。

（2009 年 9 月宜春）

明月山歌

——写给中国光彩事业宜春行暨明月山森林温泉旅游节

汉皇封侯驭八方，①云梦一瞥指宜阳。②
高士披发袁山下，③乃知明月出江南。
古来猿猱愁幽谷，长啼如飞惊强梁。④
昌黎初知袁州府，⑤系马古庙有石桩。⑥
嗟尔山形奔龙势，都官抚额鹧鸪伤。⑦
慧寂栖隐仰山寺，⑧银杏苍然木鱼响。⑨
混沌初开多歧路，何处归程欲断肠。
万古明月照，得名更妖妍。
危石累累寂寞故，层峦森森皆无言。
谷深莫测孕诡险，天高鸟浮说神仙。
茫茫然兮，烟华雾海水流年。
幽幽然兮，今古滔滔人无眠。
北山悬飞瀑，东麓华木莲，
问尔何方来，泻泻又绵绵。
若晴必去骄倨气，一碧如洗心如渧；
若雨则将明暗昧，昏昏蒙蒙练慧眼。
兽王一吼百虫走，⑩孤崖冷落对荒原。
君不见地心极处热潮滚，喷薄一吐为温泉；
君不见仰山绝顶雪谷潭，⑪慷慨勒石辛稼轩；
两龙常从水中起，阅尽千古名利园。
眨眼百年过，荣枯草翩跹。
夜静听风南山密，天籁握笔写玄机。
涛乎岚乎相对过，静矣动矣启阳阴。
遥将飞流做白练，一缕飘然逍遥行。
劳劳不如弃喧嚷，寄结草庐纾幽情。

如仙脱浴风尘出,灵府⑫一洗凡胎轻。

风吹天外兮世界殊,空谷足音变数新。

李杜⑬再生称无咏,云霓才剪骨相奇。

毋如兴起舒长袖,舞之蹈之歌离离。

尔身若飞兮,眺吼奔腾曙气微;

尔心若狂兮,翻手转托触天危。

浩然一笑眼若虹,手揽海内人纷纷;

地利独得明月景,更兼入禅形与神。

圣人太息兮,逝者逝者如斯夫;

今我长啸兮,来者犹可追。

川流浩浩兮,生命生生不息遍全球;

万古不灭兮,神龙凌空矣中华腾飞。

且作明月歌,且刻今古明月铭,

歌我颂我美丽山,人间袁州喜凭临!

（2006 年 10 月）

注释:

①封侯,指汉武帝刘彻在元光六年,即公元前 129 年,封长沙定王的儿子刘成为宜春侯。

②云梦,古代的大湖泊,位于长江中游江汉平原一带。

③高士指袁京,东汉隐士,今袁山公园有袁京墓。

④强梁,古称强盗或绿林侠客一类人。

⑤昌黎,韩愈为河北昌黎人,号韩昌黎,曾任袁州刺史。

⑥系马石桩,此为悬想之辞,史称韩愈曾到古庙祭祀仰山二龙。

⑦都官指晚唐著名诗人郑谷。郑谷,宜春人,曾任尚书都官郎中一职,时称郑都官,其著名诗作为《鹧鸪》诗。

⑧慧寂,南禅沩仰宗创始人,仰山栖隐禅寺为其所建。

⑨银杏,仰山栖隐寺遗址有两棵千年银杏古树。

⑩兽王指老虎。百虫,泛称原始山林中各种毒蛇猛兽。

⑪雪谷潭位于仰山集云峰下,传说为仰山二龙的藏身之地。辛弃疾,字稼轩,南宋著名爱国词人,有题诗于潭侧石壁上。

⑫灵府,灵台,即人的内心,心灵。

⑬李杜,指唐代大诗人李白与杜甫。

甲申农运会四题

其一
风华卓绝开幕式，
一夜古郡秀百州。
辛苦敢问上山事，
但凭忠忱砥中流。

其二
势若天来惊海内，
每论农运幕开时。
胸富甲兵百万数，
慷慨动员鼓钹催。

其三

悠悠百事成一瞬，
心仪秋盛成功时；
鲜花百万诚民意，
一枝一叶论与谁？

其四

樟树前头大江浮，
忆君抖擞出诸舟。
春风渝水揖去日，
今把"造杨"畀袁州。

（2004 年）

词二首

——兼纪念井冈山革命根据地创建 70 周年

其一　水调歌头·黄洋界

又上黄洋界,手携赣与湘。世纪烽烟凋落,相约觅草莽。星火文心缀处,号角一啼天亮,犹记五更寒。我怀罗霄久,故居逸思长。

枯石醒,新酒酿,糙米香。风物能识、朱毛扁担万家粮。云海沧桑一瞬,竹叶两丛向晚,余兴下夕阳。放眼鸢飞过,寥廓欲何方?

其二　贺新郎·井冈山

大哉神龙弋。莫闲觑峦头走雾,越山鸢唳。壮士砍头风吹帽,烈气于今厉厉。问父老,英灵安寄? 且作誓言留山鬼,鸟无声、冬月若澄壁。天与地,共妩媚。

后来寻梦多流丽。笑谈间毛朱诗魄,角楼遗迹。曲径生惆怅,了却油灯蓑笠。叹锦绣得之非易。千古江山谁堪守,看关河烟火无疏密。难袖手,断肠际。

庚辰南昌秋歌（五首）

庚辰年秋，余在南昌学习，课余无事，积习难去，遂得芜诗数首。

其一

秋气如潮洗豫章，
西风万啸裂薄裳。
闲读板桥卧斋句，
约看"抉择"剧院忙。
同室考斠怀旧事，
故人倾谈有衷肠。
廿年一叹城郭老，
滕王功业也寻常。

其二

江鄱一线烟雨密，
忽起西风有意归。
秋桂欲闻香楼苑，
冬梅难见伴乡篱。
无歌对酒沦尘俗，
有味端茶好传奇。
故乡怨嗟因何故，
吟余袖手观虹霓。

其三

九月金风吹碧落，
袁河景致如锦河。
风云万种恣香桂，
气象千般叹嘉禾。
古树官山神工秀，
奇石明月鬼斧割。
心由境造知何事，
且咏且歌秋声和。

其四

暮深眺校园,林鸟寂当眠。
开卷有深意,秋虫送余弦。
无语接千载,车流若绵绵。
回首阑珊处,文稿冷灯前。

其五　踏莎行·寄宜春

月河天隔,凝云愁断,堪记子夜梦出户。絮絮已作秋籁逝,孤心兀兀谁相护?

落桐衰草,斜雨哓哓,佳气蹒跚觅归路。勿言涸鱼濡沫苦,总把低处作高处。

(2000 年)

仰山寺

1998 年春与友人游明月山仰山寺旧址,除塔林外,仅见两棵苍老银杏,独然天外,当年气象难以想见矣。

千年古寺惊空旷,
农舍俨然嗟杏伤。
碑草爬疏朝露浸,
塔篁冷兀暮风凉。
幼安留唱集云下,
郑谷遗诗古庙旁。
冷眼仰山唐宋月,
苍然徒照草木长。

有所思一首

孤楼更尽寸八笔，
懒雨逐檐歌舞休。
灯前墨气思屈贾，
梦后书香忆曹刘。
虫作一啸窥神意，
砚露两痕泻人忧。
无心过客城头草，
独借春风续晚愁。

（1997 年春）

一九九五年抒怀，时年四十

少年喜雄赋，奇情寄遨游。

坎坷百折得脱颖，北向齐鲁识项刘。

京中睥睨多哲圣，语出座惊动金秋。

小试即知昊天意，揖别书卷血性遒。

流连秀水如斯夫，肝胆奈何照浊流。

诗文一卷为谁唱，旧朋飘零望神州。

俯玩数峰明沉昧，眼光独旋三万周。

一代风云天地覆，茫茫九派黎民忧。

梦中思之每浩叹，欲济欲善欲何求。

古来才俊与豪士，皆为魏阙叩其首。

久落困窘不可畏，但惧尧舜理想收。

孔儒精粹马恩意，百揽入怀且兼收。

屡筹大略夜半啸，读史常愧扪蚤羞。

人生恢宏吞万象，一眼扫尽惟寂寥。

知我者矣百年内，忧我者矣为同仇。

往来悠悠贯古今，吟罢远眺心事多。

长嗟叹兮锋芒敛，坐卧天底思故国。

任重道远岂无惑，忧思漫漫若星河。

我今向何方，辗转路正长。

东方未曙夜未央，苍生应知仁者伤。

江右地，爱亦深，

中华魂，绕我心，

天若有意催我起，我当修剪会有时。

水调歌头·忆曲师

　　天高齐鲁远,拳拳已十年。书生忧患,正气烈烈倡激言。热血昼夜岂敢忘,一场风云慷慨,须眉让红颜。晨醒唱大雪,隔窗咏古原。

　　圣人曰,降大任,是上天。学子欲效鲲鹏,先生指方圆。难忘斗室相争,孔师雄辩惊座,一时奇想联翩。今与诸君别,何时续旧缘?

（1995 年）

读《左宗棠》得辞

　　有今日读左公事,大丈夫当如是也。一腔血几番沸热,哭英雄豪迹,赏千古勋名。仗一身坦荡气,横扫六合,好调看大人间,舒我奇志。

　　知生也艰难百折,不屈不挠挫辱中。明万理莫如归一,得闲书窗下,寻友百年内。把一副热心肠,付与中华,天赋浩气与我,命我激烈。

(1994 年冬)

登常熟虞山

江东人杰今安在，
千古文气滚滚来。
放眼混沌顾龚恨，
极情佳丽钱唐埋。
天公一抖百年过，
英豪几度胸襟开。
虞山看尽神州路，
万姓依旧识雄才。

（1993 年）

七言诗一首

大气飞扬没尘土，
苍黄秋色念今古，
百无一用书生错，
蓦然两番学子骨。
误入桃源陶潜憾，
急出灵台鲁迅孤，
感时莫叹川如逝，
岁去何物斩鬼狐。

（1992 年秋）

冬日游袁山昌黎阁

一登此阁得大气，
百里袁州云与烟。
缘阶但说宜春远，
吟对只推范仲淹。
文章可诵人可画，
江山空濛向谁边？
辛苦韩公今得闲，
万古人心流名篇。

（2005 年）

百字令·宜春

何处袁州,见西赣连绵,壮哉浩浩。流连一顾又数载,放眼苍凉冬草。化成蜷伏,钓台收迹,秀江流亦老。几番兴叹,仍是状元孤岛。

莫等一道招啸,摇落寒星,挥手去杳杳。但把天降澄清志,留与东风关照。轻闭门扉,养脏腑清气,跌宕自晓。只理些小,闲则凭栏远眺。

（1995 年冬）

卜算子·豫章秋咏

秋雨失赣江,鄱鱼顺潮壮。白鸢一叹烟波长,孤舟系野旷。
北游未出关,壮岁复惆怅。莫悔齐鲁歧途泪,无语灯初上。

(2000 年秋)

水调歌头·己卯年宜春杂咏

岁老袁州路,秀水未淹留。匆匆九岭阅尽,毕竟多胜游。通鉴一读惊倒,半部红楼痛忆,无语任春秋。莫叹关河阻,昨日海西流。

昌黎骨,卫公泪,状元洲。千年彦俊心意,化作歧途愁。尘事无非碌碌,文气空空去矣,烟雨下浮舟。独把短笛啸,曲尽欲何求。

（1999 年）

吊父诔

　　维凉秋初始，朝云爨戁，飑风飒飒，百般阒然。予独寓中，四顾寂而惆怅，意绪怆恨，无缘悲涛，浩浩滔滔。遂搴翰下帛，撰不肖言，涂竖子语，聊释郁郁之怀，暂了惴惴夙素。父逝矣、亲去也，若星陨荒野，山崩土流，天堕霾尘，月垂中天，自然之势，物之常数矣！何所睹生耶？何所目归耶？况父之作为，足满一生，上无疢下无愧矣！且住愍忧，且息恻痛，衔哀为述，悼而叙之：夫人生大衢，或阳关逢日，或险隘壅蔽，或峻崿，或舒坦，尽跻昊苍之艰，逾汪洋之难，步幽径之愉，饮甘露之祜。不亦苦乎？不亦乐乎？生者斗士耳。父幼牧，兼受于书塾，后村学，事农桑，勤稼穑，爱诣意师范。适兵燹逐地，盗匪横行，屡番辗转，历负累劫，始结业瑞州。恰天翻地覆，中华新生，父以发扬蹈厉之志，热血慷慨之情，隳囚己之图圄，断缚身之桎梏，跃然奋身，参加革命。二十余载，聆听真谛，攻读马列，兢兢业业，克勤克俭，严己宽人，虚怀若谷。落人褒贬，无不称誉，朴实热诚，尤令人缅怀。外勤党之事业，内抚吾侪昆仲，正理育心，冀成一代风流！其为人者，如此矣。不若微溪见底，一世浅薄矣！不若水上浮沤，须臾殄灭矣！不若轻雾裹霞，俄顷之美矣！为其譬，若金浪一穗，似万木一松，实而无华，灼灼有神，去非绰著，其光固在。其精神高矣，穹苍比之也低，其品德贵矣，金玉无与媲美。予负重致远，立意文字，父母与谈，励言壮语，激扬后来，奋己之志。又严以身教，戳予之纰缪，责予之懒怠。四方奔走，八方交涉，操儿之心，亦已瘁矣！而予未能辅弼于外，且无匡助于内，悠然自得，不知其乐，予之愆矣，罪之无赦！遽闻父之溘然长逝，举家悲恸欲绝！讵料端午前夕一别，顿成永诀。呜呼，未达龟龄，蕙荃早殀，永憩玄壤，悲哉痛哉！罹此不幸，何所舒乎？虽涕泗横流，亦未解悼心，靡释哀意，乃作一歌，谨呈英灵：

　　擎伯牙之琴泣歌兮，悲箫狂飙且为歌。歌兮歌兮，雪絮乱飞顷作雨，愀兮怆兮，万燹济济顿暗成，忧兮戚兮，萋萋草木遒坠泪。临牖睇然兮，流碧无声也呜咽，倾闻万籁兮，遐迩萧萧唯无语。怅然伤神暗淡兮，独歔欷长咨嗟。忄替（憯）

懔瘵寐不宁兮,霭烟渺茫更助情。噩耗宛若霹雳兮,众亲萃集已憔悴,哭震四方大恸兮,道者未询亦掩面。哀乐沉洪兮,嗡然袭吾心,悼曲茕茕兮,愁悲盖脑颠。扶枢行兮,爆震火息皆不闻,秉遗像兮,出殡漫行均无视。恩父兮,畴昔言行犹在耳,念父兮,音容笑貌未泯灭,哭父兮,泪溅血涌双目黑,闵父兮,肝胆俱裂内崩摧。顾养育之邃恩兮,瞻呕血竭心容,凭矗立之人格兮,吊五十载之春秋。神往兮,悠悠也歟父未亡。沉浸兮,欣欣然哉父如在。畅予言兮,出乎阃塞尽其怿。幡而此乃梦兮,泪未干襟尚湿。云重雾浓兮,慈父一去兮不复还。不复还兮不复还,哀天悲地哭断肠。魂不归兮魄不回,慈父黾勉奋志来。君不见巍巍昆仑万千载,人生一代复一代,君不见江河流水斩不断,革命汹湧复澎湃! 慈父逝矣,殷望尚切切,靡中寓兮,目犹存温热。负重昂然疾步兮,壮精卫填海心,焚膏继晷竭予力兮,效夸父逐日行! 且无琼浆兮,未备美馔,祈祷慈父兮,抱怍唯飨!

　　歌毕,犹深憾文陋,愧对赋鄙,不足为祭。然予未能匪夷所思,才疏情薄耳! 况哀哀诉诉,悲情切切,未免过甚,庶几不适。另拟一首,或可弥憾补隙。

　　诗曰:
　　躯殁本若飚尘飞,
　　世间犹存身后名,
　　人生遂古死至今,
　　唯有革命丞尊荣。
　　宇宙自行代谢律,
　　万般递嬗是真谛,
　　逝者已随日月去,
　　关山依旧后人继。

(1975 年 8 月 13 日)

父亲

——献给我辞世二十八年的父亲

那一个

暗淡的夏夜

他如秋叶般凋谢

风把我的少年梦吹灭

从此

开始我对父亲的追念

呵　父亲

你是一个古老家族的一滴血

凝结了半个世纪

然后有如缕缕烟雾

恋恋不舍的散去

你寂寞地走向了哪里

为何

为何消失得如此彻底

我在无意识的原野寻觅

荒原的苍凉使我空虚

远古的河　废墟

那无声的飞鸟

迅捷地抛下

无解的弧线

你莫非寄寓家乡的白塔

触动风铃响得轻微
呵　勾动乡愁的风铃
一定落入你惆怅的梦里

如今温润厚软的故土
是你永恒的梦的游园
一只只彩色的蝴蝶
在你的记忆中翻飞
不必沿着沿着泥泞的小路
也能听到故乡河水的啸叫

呵　多少年了
如烟如雾的岁月
你在黄昏离开祖居
那被歧视的狗尾草
可曾轻抚
可曾轻抚你青春的颜面
你走得愁肠百结
炊烟是你的无言

二十年的沧桑百变
是你少小离家老大回吗
虫儿识你的步履
深长的古巷曲折的回味
你叫唤着苍老的亲人
一个字有一百颗泪珠
你亲吻家乡的空气
双膝向一个老人弯曲
那时的凝固
是伤感
是伤感的樟树下
浓荫的稠密
你黯然是因为沉重
哽咽是艰涩的预言

预告夜深紧张的狗吠
低价推销恐慌的氛围

呵　流向天边的白云
可还记得恐慌的狗吠
那饥饿而谢顶的山丘
犹如零落的补丁
我童年的明媚
我美丽的一湾耶溪
还有杂草环绕的老宅
长蛇潜入的墙底
父亲这也是你的烙印
苦难
使我与你同行
你的厄运是被践踏的眼神
也包孕了报国的激情
我曾经写下痛苦的吊父诔
诉说命运的莫名
诅咒天荒地远的搁置
淹没了一个博大的心灵

或许才智
是你的过失
高贵
是你的不幸
呵　父亲

你在人群中失落
缓慢地走向那个世界
交给我一部家族的历史
一篇血泪欢欣的故事
还有那个神奇的书柜
蜷藏着多少风云人物
我曾经想把自己

也变成那些灿烂的名字
这都是你父亲
在那盏昏黄的煤油灯下
给我渲染过的
一簇簇闪烁的星群
你的忧郁无形
你的期望无际

呵　父亲
你已进入生命的奥秘
在浩瀚的星空倾听
天籁中
你熟悉的声音
是我呱呱坠地后
无比嘹亮的第一声
那稚嫩的笔迹
涂抹出的少年的惊异
你的凝视是赞许
你的沉默是庇佑

呵　父亲
你是我永久的记忆
我是你不朽的继续

（2003 年夏）

遥远的声音

毛主席万岁
多么遥远了这个声音
历史的山峦
仿佛把她的回声吸尽
有如奔月而去的
嫦娥
留下的只是美丽而惆怅的
记忆

曾经是那样的含着泪
那样的癫狂着
那样的在东风轻拂下
在温馨的黑夜
在狗吠的村庄
在恢宏的天安门广场
一声声
一声声
把激情与沸腾奏响

我们喊
我们吼
喊是百年被压抑了的
感情的宣泄
吼是这个兴奋得忘了形的
民族的

狂热

喊出一个新的民族
吼出一个新的中国

喊得血液发烫
吼得心中痛畅
虽然
革命与历史的蜜月
也有苦涩
也有下乡时的慌张
那泥泞的路
少油的笋
多盐的菜
那混乱的争辩
还有
失学的迷惘

一个伟人
成为我们的敬仰
一个声音
发自多少稚嫩的衷肠
遥远了的会陌生
陌生了的却又会去
追想
有如奔月而去的嫦娥
引起多少记忆的
美丽
美丽而又惆怅的
记忆
酝酿在昨天
成熟在今日
多么遥远了这个声音

（1994 年 12 月）

共青城胡耀邦陵园留辞

——兼忆瞿秋白

人生是什么，
一句隐语？

那一年，
他突然消逝，
我在那个暗淡的夜，
唸出沉重的诗句。
多少年了，
多少年
如歌的岁月，
至今
唯有这陵墓的沉默。

一段历史，
一块无情的碑石。
一种人生，
一句隐语。
呱呱问世，
刹那静止，
多角的墓碑，
流淌无尽的含意。
他，
便是这样的一句，
苍茫独立，

寂无了续。

这个世界
并非冷漠，
并非缺少滚烫的感情。
即便缺少
我
此刻的吟咏，
也还是会有暗蓄的眼泪，
为别人，
也为自己。

又一个年代，
已然铺轨，
握别
那个年代的激情。

或者
又是隐语式的一句，
或者一句隐语。

熟悉的恍如隔世，
新鲜的似曾相识，
高利贷进刺激，
低价售出良知。
焦急的历史
失去积淀的冷静。

人生是什么，
一句隐语？

我在初夏独步，
在空旷的陵园
收获寂静。
耳边是旧日，
眼前是此时。

没有人，
没有人的叹息。
我想
那句话是个立体，
那个句号也是。
圆圆的结束，
高高的开始。

（1998 年）

祖父

——以此纪念伟大的抗日战争胜利 60 周年

我走到祖父坟前
向蓬乱的野草致歉

祖父是个永远的梦
还有我的父亲
父亲把家族的传说
交给我
然后一去不再复回

那是一个遥远的故事
惨酷的战火
淹没了
一座百年老屋
鬼子兵要焚烧的
是我的祖居
至今遗存的老樟树
仍能触摸到
锲入年轮的痛处

那是料峭的初春
无畏的祖父
一拳劈倒冲刺而来的
纵火兽兵
那张狰狞的脸

被故乡的泥土屠戮

在一片陌生的嚎叫中
祖父
扎进故乡的湍流
我未曾与闻的陌生嚎叫
竟是今日要学的外语
因为祖父
我拒绝了这种学习

我的祖父是条好汉
他的铳打得很准
他抵抗了日本人的屠洗
把鬼子兵的惨叫
永远注入了祖宗留下的土地
也注入了我的心灵
他让日本人记住了
中国有的是
决死之气

我的父亲
在我幼小的心灵
常常会夸耀
家族尚武的习性
但我觉得
没有什么招式
能比祖父那一拳
更让后人陶醉
我常常流泪
为民族蒙受的屈辱
泪眼模糊中
这一拳却是如此清晰

我为我的祖父骄傲
我那从未见过面的至亲

那因为冰冷的河水
才消失的生命
我骄傲
他是英雄
我是他的子孙

我来得太晚
今天才走到祖父坟前
我向蓬乱的野草
致歉
我猜想
这或许是他的留言

（2005 年）

给永远不再失落的

刺骨的风
卷起枯叶，
流动的冰
滑过心间。
稚童的鼻子吹得通红
太冷太冷的天……

梦中。
我哭了。
哭得伤心。

我丢失了一支
深墨色的铅笔。
铅笔头上，
有浅红的橡皮头。

多少次写错字，
用它轻轻擦掉。

我再也擦不掉了，
我写了很多错字。
老师会骂我的，
她有温柔而亲切的笑容。

在苍茫的原野里，
我哭着。
墓场在寂静中排列，

冬眠的蛇，
在阴冷的土里吮牙。
死人，
在荒草底下吁气，
仿佛沉睡够了。
没有鲜花，
没有妈妈的爱抚。

多么伤心的哭呵，
是他们打了我。
我逃走了，
小铅笔，
在殴打中失落。

洁白的纸
留下稚嫩的笔记
一片
天真的憧憬
一片
狂热的迷离

我寻找着……
"睡吧，
睡吧
小宝宝！"
那是妈妈的声音，
遥远又模糊

"起立！
老师好！"
这一切都死了，
像我匆忙谢世的父亲。

我哼着悲伤的曲子，
好像流浪的孤儿
夜是迷惘的，

星是狡黠的。
月儿渴望的眼中
游移。

小铅笔，
你在哪里？
黑黑的
短短的
小铅笔……

一个深黑的
梦。
一段不短的
路程。

小铅笔，你在哪里？

（1980 年）

四月

四月,夜晚的窗外
一声一声的哀乐
在北方,在这无言的四月
一切都沉睡了
凄惋的微风
清冷的雨滴
本该是清明时节的世界
都融进了这游荡的哀乐

你——
就这样走了,匆匆地
带着星辰般的眼睛
雷霆般的声音
还有那高昂的头颅

假如——
没有闪耀的星辰
也许就没有我的纯情的追随
没有希望
没有那艰难的腾飞
假如——
没有刺破死寂的雷霆
我们向何处寻找真理
寻找告别过去的光明
你的高昂的头颅

就是我们辉煌的旗帜
就是旗帜上闪烁的星星

那时,不是四月
夜晚
也没有飘拂的哀乐
那时,
有雨,却不是泪水
有风,却不是呜咽
那时是欢欣是激动
那时你如春日的阳光
洒在国民的心里

你走了
像往日那样
从容地
去东亚去澳洲
去沐浴那欧风美雨
你穿着银灰色的西装
结着鲜艳的领带
肩负着民族希望
走出封闭
走向那色彩斑斓的世纪
然而
你不再返回
不再微笑
不再一声长吟
"心事浩茫连广宇"

我们
再也没有机会
聆听你热情慷慨的演讲
再也没有机会
看到你神采奕奕的笑容

再也没有机会
握一握你的手
道一声珍重道一声珍重

四月
夜晚的窗外
一声一声的哀乐
在北方
在这无言的四月